StPO
Grundzüge des Strafverfahrensrechts

2020

AF860831

Dr. Martin Soyka
Staatsanwalt (GL)

ALPMANN UND SCHMIDT Juristische Lehrgänge Verlagsges. mbH & Co. KG
48143 Münster, Alter Fischmarkt 8, 48001 Postfach 1169, Telefon (0251) 98109-0
AS-Online: www.alpmann-schmidt.de

Zitiervorschlag: Soyka, StPO, Rn.

Dr. Soyka, Martin

StPO
– Grundzüge des Strafverfahrensrechts –

Korrigierter Nachdruck zur
20., neu bearbeiteten Auflage 2020

ISBN: 978-3-86752-741-5

Verlag Alpmann und Schmidt Juristische Lehrgänge
Verlagsgesellschaft mbH & Co. KG, Münster

Unterstützen Sie uns bei der Weiterentwicklung unserer Produkte.
Wir freuen uns über Anregungen, Wünsche, Lob oder Kritik an:
feedback@alpmann-schmidt.de.

1. Teil: Strafverfahrensrecht im Staatsexamen 1

1. Abschnitt: Allgemeiner Überblick 1

A. Ablauf des Strafverfahrens im Überblick 2
I. Vorprüfung 2
II. Ermittlungsverfahren 3
III. Zwischenverfahren 4
IV. Hauptverfahren 5
V. Vollstreckungsverfahren 5

■ Zusammenfassende Übersicht: Prozessuale Tat 6

B. Verfahrensgrundsätze 7
I. Rechtsstaatsprinzip 7
II. Offizialprinzip 7
III. Akkusationsprinzip 7
IV. Legalitätsprinzip 7
V. Untersuchungsgrundsatz 8
VI. Beschleunigungsgrundsatz 8
Fall 1: Vollstreckungslösung 8
VII. Grundsatz der Öffentlichkeit/Mündlichkeitsgrundsatz 9
VIII. Grundsatz des Strengbeweises 9
Fall 2: Beweisantrag I 10
Fall 3: Freibeweis bei Prozessvoraussetzungen 10
IX. Unmittelbarkeitsgrundsatz 10
X. Grundsatz der freien Beweiswürdigung 11
XI. In dubio pro reo 11
Fall 4: in dubio pro reo und Wahlfeststellung 11
XII. Nemo tenetur se ipsum accusare 12
Fall 5: Zwangsweises Frisieren 12
XIII. Grundsatz des fairen Verfahrens (fair trial) 13
Fall 6: Angestifteter Staatsanwalt 13

■ Zusammenfassende Übersicht: Verfahrensgrundsätze des Strafprozesses 15

C. Die Verfahrensbeteiligten 16
I. Staatsanwaltschaft 16
Fall 7: Befangener Staatsanwalt? 16
II. Polizei 17
III. Gerichte 17
IV. Beschuldigte 18
Fall 8: Unterbliebene Beschuldigtenbelehrung 19
Fall 9: Vorübergehende Trennung 21
V. Verteidiger 22
Fall 10: Umfang der Akteneinsicht 24
VI. Beweispersonen 25
1. Der Zeuge 25
Fall 11: Zeugnisverweigerung bei Einstellung 26

2. Der Sachverständige ... 28
VII. Verletzter ... 28

2. Abschnitt: Zwangsmaßnahmen ... 30
A. Untersuchungshaft und vorläufige Festnahme ... 30
I. Der Untersuchungshaftbefehl ... 30
1. Dringender Tatverdacht ... 31
2. Haftgründe ... 31
■ Zusammenfassende Übersicht: Untersuchungshaft ... 35
II. Die vorläufige Festnahme ... 36
III. Maßnahmen zur Identitätsfeststellung ... 38
■ Zusammenfassende Übersicht: Freiheitsentziehende Zwangsmittel ... 39
B. Durchsuchung, Sicherstellung und Beschlagnahme ... 40
I. Durchsuchung beim Beschuldigten, § 102 StPO ... 40
Fall 12: Anforderungen an einen Durchsuchungsbeschluss und Zufallsfunde ... 40
II. Durchsuchung bei anderen Personen, § 103 StPO ... 41
III. Anordnungskompetenz, § 105 StPO ... 42
Fall 13: Kein Wiederaufleben der Eilanordnungskompetenz ... 43
IV. Durchsuchung zur Identitätsfeststellung ... 44
■ Zusammenfassende Übersicht: Durchsuchung ... 45
V. Herausgabe, Sicherstellung und Beschlagnahme ... 46
Fall 14: Kein Auskunftsrecht nach Zustellung ... 48
■ Zusammenfassende Übersicht: Herausgabe, Sicherstellung und Beschlagnahme ... 49
VI. Führerschein und Fahrerlaubnis ... 50
C. Zwangsweise Beobachtung und Untersuchung von Personen, §§ 81 ff. StPO ... 52
I. Unterbringung, § 81 StPO ... 52
II. Körperliche Untersuchung, § 81 a StPO ... 52
Fall 15: Täuschung bei Blutprobe ... 53
III. Erkennungsdienstliche Behandlung, § 81 b StPO ... 54
IV. Untersuchung anderer Personen, § 81 c StPO ... 54
V. Molekulargenetische Untersuchung, §§ 81 e ff. StPO ... 55
D. Überwachung und Einsatz technischer Mittel, §§ 100 a ff. StPO ... 56
I. Telekommunikationsüberwachung ... 56
Fall 16: E-Mails beim Provider ... 57
II. Online-Durchsuchung, § 100 b StPO ... 58
III. Akustische Wohnraumüberwachung, § 100 c StPO ... 58
IV. Grenzen der Überwachung, § 100 d StPO ... 59
V. Überwachung außerhalb von Wohnraum, §§ 100 f, h StPO, und Observation, § 163 f StPO ... 59
VI. Erhebung von Verkehrs- und Bestandsdaten, §§ 100 g, j StPO ... 60
VII. Technische Ermittlungsmaßnahmen bei Mobilfunkendgeräten, § 100 i StPO ... 62

■ Zusammenfassende Übersicht: Überwachung und Einsatz technischer Mittel 63
E. Verdeckte Ermittler, §§ 110 a ff. StPO, V-Personen, noeP und legendierte Kontrollen 64
I. Voraussetzungen 64
II. Befugnisse 64
Fall 17: Abgenötigte Selbstbelastung 65
III. Vertrauenspersonen 65
IV. noeP 65
V. Legendierte Kontrollen 66
Fall 18: Kein Vorrang des Strafprozessrechts 66
F. Rechtsschutz gegen Zwangsmittel 67

3. Abschnitt: Entschließung, Anklage und Hauptverhandlung 69
A. Die Einstellung des Ermittlungsverfahrens 69
I. § 170 Abs. 2 StPO 69
II. § 153 StPO 70
III. § 153 a StPO 71
IV. § 154 StPO 72
V. Sonderfall § 154 a StPO 72
VI. Sonstige wichtige Einstellungsvorschriften 72
VII. Rechtsbehelfe gegen Einstellungsverfügungen der Staatsanwaltschaft 73
Fall 19: Umdeutung 74
B. Die Erhebung der öffentlichen Klage 75
Fall 20: Mängel in der Umgrenzungsfunktion 77
C. Das Zwischenverfahren 79
D. Das Hauptverfahren 79
I. Die Hauptverhandlung 79
1. Aufruf der Sache 79
2. Vernehmung des Angeklagten über seine persönlichen Verhältnisse 79
3. Verlesung des Anklagesatzes durch den Staatsanwalt 80
4. Positiv-/Negativattest 80
5. Vernehmung des Angeklagten zur Sache 80
6. Beweisaufnahme 80
Fall 21: Freibeweis bei Verwertungsverbot 81
7. Schlussvorträge und letztes Wort 81
Fall 22: Das (aller-)letzte Wort 81
8. Beratung und Urteilsverkündung 82
II. Beweisantrag und Beweisermittlungsantrag 82
Fall 23: Keine Unzulässigkeit bei strafbarem Aussageverhalten 84
III. Beweispersonen 89
Fall 24: Widerrufenes Geständnis 90
Fall 25: Vergesslicher Zeuge 91
IV. Beweisverbote 92
1. Beweiserhebungsverbote 93

2. Beweisverwertungsverbote ... 94
a) Selbstständige Beweisverwertungsverbote ... 94
aa) Tagebuchaufzeichnungen ... 95
bb) Selbstgespräche ... 95
Fall 26: Selbstgespräche und Kernbereich ... 95
cc) Heimliche Aufnahmen ... 96
dd) § 252 StPO ... 96
Fall 27: Übergebene Beweismittel ... 97
Fall 28: Spontanäußerung ... 98
Fall 29: Gestattung der Vernehmung bei Zeugnisverweigerung ... 98
Fall 30: Gesperrte Aussage trotz richterlicher Vernehmung ... 99
b) Gesetzlich geregelte Beweisverwertungsverbote ... 100
aa) Uneingeschränkte Beweisverwertungsverbote ... 100
(1) Hörfalle ... 100
(2) Ausnutzen von Haftsituationen ... 101
(3) Spontanäußerungen und informatorische Befragung ... 101
(4) Vertrauenspersonen und verdeckte Ermittler ... 101
Fall 31: Selbstbelastungsfreiheit gegenüber verdeckten Ermittlern ... 101
(5) Täuschung vs. kriminalistische List ... 103
bb) Eingeschränkte Beweisverwertungsverbote ... 103
cc) Beweisverwendungsverbote ... 105
c) Unselbstständige Beweisverwertungsverbote ... 105
■ Zusammenfassende Übersicht: Unselbstständige Beweisverwertungsverbote ... 106
aa) Rechtskreistheorie ... 107
bb) Schutzzweckgedanke ... 107
cc) Abwägungslehre ... 107
Fall 32: Hypothetischer Ersatzeingriff ... 108
Fall 33: Verstoß gegen den Richtervorbehalt des § 105 Abs. 1 StPO ... 109
dd) Widerspruchslösung ... 110
ee) Typische Fehlerquellen: Belehrungsfehler ... 112
(1) Fehler bei der Beschuldigtenbelehrung ... 112
Fall 34: Abwägung bei Belehrungsverstoß ... 113
■ Zusammenfassende Übersicht: Fehler bei der Beschuldigtenbelehrung/-vernehmung ... 115
(2) Fehler bei der Belehrung von angehörigen Zeugen ... 116
(3) Fehler bei der Belehrung von auskunftsverweigerungsberechtigten Zeugen ... 117
d) Fernwirkung von Beweisverwertungsverboten ... 117
Fall 35: Fernwirkung bei rechtswidriger Durchsuchung ... 118
e) Früh- bzw. Vorauswirkung ... 119
V. Absprachen im Strafprozess ... 120

VI. Urteil ... 121
1. Reichweite und Grenzen der richterlichen Kognitionspflicht ... 122
Fall 36: Prozessualer Tatbegriff bei Erfolgsdelikten ... 122
Fall 37: Prozessuale Tat bei Tötungshandlungen zum Nachteil mehrerer ... 123
2. Inhalt des Urteils ... 124
a) Prozessurteil ... 124
b) Sachurteil ... 124

2. Teil: Instanzenzug und Rechtsmittel ... 128
A. Allgemeine Vorschriften ... 128
Fall 38: Reformatio in peius und Zurückverweisung ... 129
B. Instanzenzug ... 130
I. Eingangsinstanz ... 130
II. Rechtsmittelweg ... 131
III. Berufung ... 132
1. Annahmeberufung ... 132
2. Form und Frist ... 132
3. Berufungshauptverhandlung ... 132
IV. Revision ... 133
1. Form und Frist von Einlegung und Begründung ... 133
2. Revisionsgründe ... 134
a) Verfahrensvoraussetzungen und -hindernisse ... 134
b) Verfahrensfehler ... 135
aa) Absolute Revisionsgründe ... 135
(1) § 338 Nr. 1 StPO: Vorschriftswidrige Besetzung ... 135
(2) § 338 Nr. 2 StPO: Mitwirkung eines ausgeschlossenen Richters ... 136
(3) § 338 Nr. 3 StPO: Der abgelehnte Richter ... 136
(4) § 338 Nr. 4 StPO: Unzuständigkeit des Gerichts ... 137
(5) § 338 Nr. 5 StPO: Vorschriftswidrige Abwesenheit ... 137
(6) § 338 Nr. 6 StPO: Ungesetzliche Beschränkung der Öffentlichkeit ... 137
(7) § 338 Nr. 7 StPO: Fehlende oder verspätete Urteilsbegründung ... 138
(8) § 338 Nr. 8 StPO: Unzulässige Beschränkung der Verteidigung ... 138
bb) Relative Revisionsgründe ... 139
c) Verletzung sachlichen Rechts ... 140
3. Entscheidung des Revisionsgerichts ... 140
V. Beschwerde ... 141

3. Teil: Besondere Rechtsbehelfe ... 142
A. Wiedereinsetzung in den vorigen Stand ... 142
B. Wiederaufnahme des Verfahrens ... 143

I. Zulässigkeitsprüfung (sog. Additionsverfahren) ... 143
II. Begründetheitsprüfung (sog. Probationsverfahren) ... 143

4. Teil: Besondere Verfahrensarten ... 144
A. Die Privatklage ... 144
B. Die Nebenklage ... 145
C. Das Strafbefehlsverfahren ... 145
D. Das beschleunigte Verfahren ... 147

5. Teil: Rechtskraft ... 149
A. Die formelle Rechtskraft ... 149
B. Die materielle Rechtskraft ... 149
I. Strafklageverbrauch ... 150
II. Prozessurteile ... 150
III. Nichtige Urteile ... 151
IV. Rechtskraft des Strafbefehls ... 152

Stichwortverzeichnis ... 153

LITERATURVERZEICHNIS

Verweise in den Fußnoten auf „RÜ“ und „RÜ2“ beziehen sich auf die Ausbildungszeitschriften von Alpmann Schmidt. Dort werden Urteile so dargestellt, wie sie in den Examensklausuren geprüft werden: in der RechtsprechungsÜbersicht als Gutachten und in der Rechtsprechungs-Übersicht 2 als Urteil/Behördenbescheid/Anwaltsschriftsatz etc.

RÜ-Leser wussten mehr: Immer wieder orientieren sich Examensklausuren an Gerichtsentscheidungen, die zuvor in der RÜ klausurmäßig aufbereitet wurden. Die aktuellsten RÜ-Treffer aus ganz Deutschland finden Sie auf unserer Homepage.

Abonnenten haben Zugriff auf unser digitales RÜ-Archiv.

Lehrbücher:

Roxin/Schünemann	Strafverfahrensrecht, Studienbuch, 29. Auflage 2017
Krüger	Strafrecht AT 1, 19. Auflage 2018

Kommentare:

Fischer	Strafgesetzbuch, 67. Auflage 2020
Karlsruher Kommentar	zur Strafprozessordnung, 8. Auflage 2019 (zit.: KK/Bearbeiter)
KMR	Kommentar zur Strafprozessordnung, Köln, Neuwied Loseblatt, Stand Januar 2018 (zit.: KMR)
Löwe/Rosenberg	Die Strafprozessordnung und das Gerichtsverfassungsgesetz Band 1 (Einleitung, §§ 1–47), 27. Auflage 2016 Band 2 (§§ 48–93), 27. Auflage 2020 Band 4/1 (§§ 112–136 a), 27. Auflage 2019 Band 5/1 (§§ 151–157), 27. Auflage 2020

	Band 6 (§§ 212–255 a), 27. Auflage 2020
	Band 7/2 (§§ 312–373 a), 26. Auflage 2013
	(zit.: LR/Bearbeiter)
Meyer-Goßner/Schmitt	Strafprozessordnung, 62. Auflage 2019 (zit.: Meyer-Goßner/Schmitt)
Münchener Kommentar	zum Strafgesetzbuch, Band 4, 3. Auflage 2017
	zur StPO, Band 2 1. Auflage 2016
Schönke/Schröder	Strafgesetzbuch, 30. Auflage 2019 (zit.: Sch/Sch/Bearbeiter)

1. Teil: Strafverfahrensrecht im Staatsexamen

Die Bedeutung des Strafverfahrensrechts für beide juristische Examina wird von den Kandidaten oft unterschätzt. Die Landesgesetze und -verordnungen bezeichnen – stark unterschiedlich in der Formulierung – als Gegenstand der Pflichtfachprüfung im Strafprozessrecht meist Verfahrensgrundsätze, Gang des Strafverfahrens, Rechtsstellung der Verfahrensbeteiligten, Festnahme und Untersuchungshaft, sonstige Zwangsmittel, Rechtskraft, Zuständigkeiten, Instanzenzug, Ablauf der Hauptverhandlung, Beweisaufnahme, Beweisantragsrecht und Beweisverbote, Urteil, Rechtsbehelfe und verfassungsrechtliche Bezüge.[1] 1

Im ersten Staatsexamen kommt das Strafverfahrensrecht in erster Linie im Rahmen von Zusatzfragen nach dem materiell-rechtlichen Gutachten zur Strafbarkeit vor, die in der Regel knapp im Urteilsstil beantwortet werden können. Die Art entspricht den in diesem Skript dargestellten „Fällen". Es ist auch möglich, dass es der Klausursachverhalt erfordert, über die StPO in die materiell-rechtliche Prüfung einzusteigen, z.B. wenn nicht nach der Strafbarkeit gefragt wird, sondern danach, ob Haftbefehlsantrag gestellt werden kann. Ferner kommt es häufig vor, dass im Rahmen einer materiell-rechtlichen Prüfung strafprozessuale Fragen geklärt werden müssen. Eine sachgerechte Prüfung eines Widerstandes gegen Vollstreckungsbeamte ohne Kenntnisse der StPO ist oft nicht möglich, insbesondere wenn über die Rechtmäßigkeit der Diensthandlung gemäß § 113 Abs. 3 S. 1 StGB entschieden werden soll. Auch enthält die StPO diverse Rechtfertigungsgründe, z.B. § 127 StPO hinsichtlich der vorläufigen Festnahme. Nicht vergessen werden sollte, dass auch in der mündlichen Prüfung häufig Fragen aus dem Verfahrensrecht gestellt werden.

Dass die Bedeutung des Strafprozessrechts im zweiten Staatsexamen noch ansteigt, liegt auf der Hand. Ohne profunde Kenntnis über den Regelungsgehalt der StPO ist die Bewältigung einer staatsanwaltschaftlichen Abschlussklausur kaum möglich. Ein Urteil in Strafsachen setzt selbstverständlich voraus, dass sich der Verfasser in diesem Rechtsgebiet nicht nur materiell-rechtlich auskennt, und eine Revisionsklausur ohne Strafverfahrensrecht ist geradezu undenkbar. Hinzu kommen die Fragen, die sich bei der Aktenbearbeitung in der Referendarstation stellen können.

1. Abschnitt: Allgemeiner Überblick

Mit der Tat entsteht der **staatliche Strafanspruch** gegen den Täter. Das materielle Strafrecht (StGB und Nebenstrafgesetze) bestimmt die Voraussetzungen für das Entstehen des Strafanspruchs. Wie eine Straftat verfolgt wird, d.h. welche Maßnahmen zur Erforschung und Urteilsfindung zulässig sind, ist im Strafverfahrensrecht normiert. Das Strafverfahrensrecht regelt – von einigen Ausnahmen abgesehen – nur ein **repressives** Vorgehen (Erforschung und Ahndung von Straftaten). Hingegen ist ein **präventives** Vorgehen (zur Gefahrenabwehr) in den Polizeigesetzen der Bundesländer normiert. All- 2

1 Siehe für die Einzelheiten § 3 Abs. 4 Nr. 1 JAVO-SH, § 5 Abs. 1 Nr. 2 d JAPG-HB, § 14 Abs. 2 Nr. 6 b JAPrVO LSA, § 14 Abs. 3 Nr. 7 b) SächsJAPO; § 1 Abs. 2 Nr. 2 HbgPrGVO, § 16 Abs. 2 Nr. 2 b) NJAVO, § 8 Abs. 2 Nr. 8 JaPrO BW, § 18 Abs. 2 Nr. 7 c) JAPO Bay, § 11 Abs. 2 Nr. 2 c JAPO M-V, § 7 Nr. 3 c JAG Hess, § 11 Abs. 2 Nr. 8 JAG NRW, § 8 Abs. 2 Nr. 4 JAG Saar, § 3 Abs. 4 Nr. 4 b BbgJAO, § 3 Abs. 4 Nr. 4 b JAO Berlin, Anlage B III zu § 1 Abs. 2 Nr. 1b) JAPO RPF, § 4 Abs. 2 Nr. 5 ThürJAPO.

gemeine Anweisungen enthalten die Richtlinien für das Straf- und Bußgeldverfahren (**RiStBV**; abgedruckt im Schönfelder Ergänzungsband unter Nr. 90 e). Es handelt sich aber nur um eine interne Anleitung und richtet sich in erster Linie an den Staatsanwalt (StA), einige Hinweise wenden sich aber auch an den Richter (vgl. Einleitung RiStBV). Daneben enthält die MiStra Anordnungen über Mitteilungen in Strafsachen, z.B. an Dienstvorgesetzte von Beamten, Beschäftigte im öffentlichen Dienst, ferner in Verfahren gegen Richter, Soldaten, Zivildienstleistende, Geistliche, Notare, Ärzte, in Jugendsachen an die Jugendgerichtshilfe, an das Ausländeramt bei Strafverfahren gegen Ausländer usw.

A. Ablauf des Strafverfahrens im Überblick

3 **Ausgangspunkt** des Strafverfahrens **ist die Tat im prozessualen Sinne**. Der prozessuale Tatbegriff i.S.v. §§ 155, 264 StPO ist weiter als der materiell-rechtliche Tatbegriff i.S.v. §§ 52, 53 StGB. Gemeint ist der gesamte Sachverhalt, der nach der Lebensauffassung bei natürlicher Betrachtungsweise zusammengehört (siehe zum prozessualen Tatbegriff Rn. 217 ff.).

Das Strafverfahren besteht aus zwei Teilen, nämlich dem Erkenntnisverfahren (§§ 1–444 StPO) und dem Vollstreckungsverfahren (§§ 449 ff. StPO). Für die Examina von Bedeutung ist ersteres. Das Erkenntnisverfahren kann in folgende Abschnitte unterteilt werden:

- Vorprüfung (§ 152 StPO)
- Ermittlungsverfahren (§§ 160–177 StPO)
- Zwischenverfahren (§§ 199–211 StPO)
- Hauptverfahren (§§ 213–295 StPO)
- ggf. inkl. Rechtsmittel (§§ 312–358 StPO)

Führt das Erkenntnisverfahren zu einer vollstreckbaren Entscheidung, schließt sich das Vollstreckungsverfahren an (§§ 449 ff. StPO).

I. Vorprüfung

4 Gemäß § 152 Abs. 2 i.V.m. § 160 Abs. 1 StPO ist die Staatsanwaltschaft verpflichtet, sobald sie durch eine Anzeige oder auf anderem Wege von dem Verdacht einer Straftat Kenntnis erhält, den Sachverhalt zu erforschen. Maßgebend ist, ob zureichende tatsächliche Anhaltspunkte für Straftaten vorgetragen werden oder sonst ersichtlich sind. Dieser **Anfangsverdacht** muss in konkreten Tatsachen bestehen, vage Anhaltspunkte oder Vermutungen reichen nicht aus. Bei der Beurteilung des Anfangsverdachts besteht kein Ermessen, wohl aber ein gewisser Beurteilungsspielraum. Ausreichend ist, wenn es **nach kriminalistischen Erfahrungen möglich erscheint, dass eine verfolgbare Straftat vorliegt.**[2] Erst die Bejahung des Anfangsverdachtes eröffnet der Staatsanwaltschaft die Möglichkeit, von den Ermittlungsmöglichkeiten der StPO Gebrauch zu ma-

2 Meyer-Goßner/Schmitt § 152 Rn. 4 m.w.N.

chen. Der Grundsatz „in dubio pro reo" gilt insoweit nicht.[3] Der mitunter verwendete Begriff „Vorprüfungsverfahren" ist irreführend, weil die StPO keine Verfahrensvorschriften enthält, sondern nur davon ausgeht, dass der Anfangsverdacht von StA oder Polizei geprüft und bejaht worden ist. Gleichwohl besteht Einigkeit, dass auch ohne gesetzliche Regelung Vorermittlungen möglich sind. Diese dienen der Klärung, ob aufgrund vorliegender tatsächlicher Anhaltspunkte die Einleitung eines Ermittlungsverfahrens veranlasst ist. In Betracht kommen insbesondere informatorische Befragungen oder die Einsichtnahme in freiwillig herausgegebene Unterlagen. Ein förmliches Vorermittlungsverfahren gibt es indes nicht.[4]

Beispiel: Gegen eine Person wird Strafantrag bei der Staatsanwaltschaft wegen Prozessbetruges erstattet. Der Sachvortrag ist nicht ganz eindeutig und es werden auch nicht alle maßgeblichen Schriftsätze in Ablichtung beigefügt. Um zu klären, ob ein Anfangsverdacht besteht, kann der Staatsanwalt die Zivilakten beiziehen und Einsicht nehmen. Erweisen sich die Vorwürfe bereits jetzt als abwegig, kann er noch immer von der Einleitung eines Ermittlungsverfahrens Abstand nehmen.

II. Ermittlungsverfahren

Werden Ermittlungen eingeleitet, hat die Staatsanwaltschaft den Sachverhalt aufzuklären, wobei sie nicht nur die zur Be-, sondern auch die zur Entlastung dienenden Umstände zu ermitteln hat, § 160 StPO. Richten sich diese gegen eine namentlich benannte Person, wird diese zum **Beschuldigten** (vgl. zu den Bezeichnungen in den jeweiligen Verfahrensstadien § 157 StPO). Diesen Status behält sie, bis entweder Anklage erhoben wird, oder die Staatsanwaltschaft die Ermittlungen einstellt. Die Polizei ist rechtlich nicht in der Lage, den Beschuldigten aus seinem Status zu entlassen. 5

Die Ermittlungen dauern bis zur sog. **„Entschließung gemäß § 170 StPO"** an. Bieten hiernach die Ermittlungen genügenden Anlass zur Erhebung der öffentlichen Klage, geschieht dies durch Einreichung einer Anklageschrift beim zuständigen Gericht. Andernfalls stellt die Staatsanwaltschaft das Verfahren ein. Im Rahmen der Entschließung wird vom Staatsanwalt prognostiziert, wie das Gericht nach Aktenlage entscheiden wird. Gemäß § 203 StPO wird es die Eröffnung des Hauptverfahrens beschließen, wenn **hinreichender Tatverdacht** besteht, also die **Verurteilung in einer Hauptverhandlung wahrscheinlicher als der Freispruch ist**.

Im Rahmen der Ermittlungen hat der Staatsanwalt eine ganze Reihe von Ermittlungsmöglichkeiten, die er auch an die Polizei delegieren kann (§ 161 StPO). Die Staatsanwaltschaft wird allgemein als „Herrin des Ermittlungsverfahrens" bezeichnet, aber auch als „Kopf ohne Hände", da sie keinen eigenen Polizeiunterbau hat. Allerdings sind die Beamten und Behörden des Polizeidienstes nach § 161 S. 2 StPO verpflichtet, den Aufträgen der Staatsanwaltschaft Folge zu leisten. Eine besondere Stellung kommt den Ermittlungspersonen der Staatsanwaltschaft i.S.d. § 152 GVG zu. Diese haben weitergehende Anordnungsbefugnisse als die sonstigen Beamten des Polizeidienstes. Die StPO normiert in diversen Fällen, dass bei einigen Eingriffsmöglichkeiten unter bestimmten 6

3 LR/Mavany § 152 Rn. 28.

4 Meyer-Goßner/Schmitt § 152 Rn. 4 b.

Voraussetzungen, insbesondere bei Gefahr im Verzug, eine Anordnung durch die Staatsanwaltschaft oder deren Ermittlungspersonen ausreicht, so z.B. bei der Beschlagnahme (§ 98 StPO) oder der Durchsuchung (§ 105 Abs. 1 S. 1 StPO). Welche Beamten Ermittlungspersonen sind, regelt nach § 152 Abs. 2 GVG das jeweilige Landesrecht.

Zu den Ermittlungsinstrumenten zählen die Beschuldigtenvernehmung (§§ 163 a, 136 StPO), Zeugenvernehmung (§§ 161 a StPO), Durchsuchung (§§ 102 ff. StPO), Sicherstellung und Beschlagnahme (§§ 94 ff. StPO), Telekommunikationsüberwachung (§ 100 a StPO), Online-Durchsuchung (§ 100 b StPO), die akustische Wohnraumüberwachung (§ 100 c StPO), Erhebung von Verkehrsdaten (§ 100 g StPO), Überwachung außerhalb von Wohnräumen (§ 100 h StPO), spezielle Ermittlungsmaßnahmen bei Mobilfunkendgeräten (§ 100 i StPO), Bestandsdatenauskunft (§ 100 j StPO) und vieles mehr. Besonders invasive Maßnahmen sind der Entzug der Freiheit des Beschuldigten durch die Untersuchungshaft (§§ 112 ff. StPO) und die vorläufige Entziehung der Fahrerlaubnis gemäß § 111 a StPO. Diese beiden Maßnahmen setzen einen gesteigerten Verdachtsgrad voraus, nämlich den **dringenden Tatverdacht**. Dieser besteht, wenn die **ganz überwiegende Wahrscheinlichkeit besteht, dass der Beschuldigte Täter oder Teilnehmer einer verfolgbaren Straftat ist.** Hierin ist allerdings nicht der hinreichende Tatverdacht enthalten, da der dringende Tatverdacht in der Regel am Anfang des Ermittlungsverfahrens geprüft wird, der hinreichende dagegen am Ende.

III. Zwischenverfahren

7 Im Zwischenverfahren gemäß §§ 199 ff. StPO überprüft das Gericht, ob die Entschließung der Staatsanwaltschaft richtig gewesen ist, also ob hinreichender Tatverdacht besteht. Das Gericht kann gemäß § 202 StPO selbst Beweiserhebungen anordnen. Ist der **Angeschuldigte**, wie er im Zwischenverfahren genannt wird, hinreichend verdächtig, eröffnet das Gericht gemäß § 203 StPO das Hauptverfahren, ggf. gemäß § 207 Abs. 2 StPO mit Änderungen. Bis zu diesem Zeitpunkt verbleibt die Verfahrensherrschaft bei der Staatsanwaltschaft, da so lange noch eine Rücknahme der Anklage und eine Einstellung des Verfahrens durch sie möglich ist. Auch eine Einstellung nach Opportunitätsgesichtspunkten (§§ 153 ff. StPO) ist immer noch möglich, z.B. wenn sich die Schwere der Tat nach Anklageerhebung anders darstellt als vorher.

Beispiel: Gegen A wird Anklage wegen Diebstahls (Schaden: 100 €) erhoben. Die Anklageschrift kann ihm nicht zugestellt werden, weil er unbekannten Aufenthaltes ist. Das Verfahren wird zunächst gemäß § 205 StPO vorläufig eingestellt und der Angeschuldigte zur Aufenthaltsermittlung ausgeschrieben. Durch den Zeitablauf sinkt der staatliche Sanktionsanspruch kontinuierlich. Es ist durchaus denkbar, nicht bis zur (absoluten) Verjährung abzuwarten, sondern z.B. drei Jahre nach Anklageerhebung davon auszugehen, dass nun kein öffentliches Verfolgungsinteresse mehr besteht. In diesem Fall kann das Verfahren wieder aufgenommen und gemäß § 153 Abs. 2 StPO eingestellt werden.

Weiteres Beispiel: Gegen B wird Anklage wegen Körperverletzung erhoben. Unmittelbar darauf wird er in anderer Sache wegen eines Verbrechens zu einer Freiheitsstrafe verurteilt. Da die Verurteilung wegen Körperverletzung nicht zu einem wesentlichen Mehr führen würde, kann jetzt auf Antrag der Staatsanwaltschaft gemäß § 154 Abs. 2 StPO eingestellt werden.

IV. Hauptverfahren

Eröffnet das Gericht das Hauptverfahren, wird der Angeschuldigte gemäß § 157 StPO zum **Angeklagten**. Das Hauptverfahren besteht zunächst aus der Vorbereitung der **Hauptverhandlung** gemäß §§ 213 ff. StPO und der Hauptverhandlung selbst (§§ 226 ff. StPO). Mit dem Urteil und seiner mündlichen Begründung (§§ 260 ff. StPO) sowie ggf. ergänzenden Beschlüsse endet die Instanz, das Hauptverfahren selbst erst mit Rechtskraft des Urteils. Bis zu diesem Zeitpunkt sind noch die **Rechtsmittel** der Berufung und der Revision möglich. Daraus folgt, dass die Rechtsmittel Teil des Hauptverfahrens sind und kein selbstständiger Verfahrensabschnitt. **8**

V. Vollstreckungsverfahren

Ist das Urteil rechtskräftig und enthält es einen vollstreckungsfähigen Inhalt, folgt das Vollstreckungsverfahren gemäß §§ 449 ff. StPO. Die Staatsanwaltschaft führt die Vollstreckung in Erwachsenenstrafsachen durch. **9**

Prozessuale Tat

Prozessuale Tat (§ 264 StPO): historisch zusammengehöriger Lebensvorgang

↓

Anfangsverdacht, §§ 158, 160 StPO

↓

Ermittlungsverfahren, §§ 160–177 StPO: Hinreichender Tatverdacht gegen **Beschuldigten**?

Wenn (–): Einstellung, § 170 Abs. 2, ggf. auch §§ 153 ff. StPO?	Wenn (+): Öffentliche Klage, §§ 170 Abs. 1, 200 StPO	oder: Strafbefehl, §§ 407 ff. StPO

↓

Zwischenverfahren, §§ 199–211: Ist der **Angeschuldigte** hinreichend verdächtig? Ist das Hauptverfahren zu eröffnen?

Ggf. Einstellung, z.B. §§ 153 ff. StPO?	Wenn (+): Eröffnungsbeschluss, §§ 203, 207 StPO	Wenn (–): Nichteröffnungsbeschluss, § 204 StPO

↓

Hauptverfahren, §§ 212–295 StPO: Ist der **Angeklagte** schuldig?

Ggf. Einstellung, §§ 153 ff. StPO	Bei Verfahrenshindernis: Prozessurteil, § 260 Abs. 3 StPO	Sachurteil: Verurteilung oder Freispruch, §§ 260 ff. StPO

↓

Ggf. **Rechtsmittel:** Berufung oder Revision, §§ 296–358 StPO

↓

Rechtskraft

↓

Vollstreckung gegen den **Verurteilten**, §§ 359–373 a StPO

B. Verfahrensgrundsätze

Im Strafrecht gelten verschiedene Verfahrensgrundsätze, auch Prozessmaximen genannt. Sie gehören zum Basiswissen der StPO und sollten nach Möglichkeit auswendig beherrscht werden. 10

I. Rechtsstaatsprinzip

Das Rechtsstaatsprinzip bedeutet, dass das Verfahren nach festen Grundregeln gestaltet sein muss, vor einem gesetzlich feststehenden (Art. 101 Abs. 1 S. 2 GG) und unabhängigen (Art. 97 Abs. 1 GG) Richter stattfindet und dass in diesem Verfahren die verfassungsmäßigen Grundrechte, insbesondere Art. 1 Abs. 1, 103 GG, gewährleistet sind. 11

II. Offizialprinzip

Hiernach obliegt die Strafverfolgung grundsätzlich dem Staat, nicht dem einzelnen Bürger.[5] Dieser Grundsatz wird durch die sog. Privatklagedelikte i.S.d. § 374 StPO durchbrochen. Gemäß § 376 StPO erhebt die Staatsanwaltschaft bei diesen Delikten nur dann die öffentliche Klage, wenn dies im öffentlichen Interesse liegt. Anderenfalls verweist sie den Verletzten auf den Privatklageweg. Dieser kann dann gemäß § 381 StPO selbst eine Anklageschrift einreichen (sofern nicht zuvor noch ein Sühneversuch erfolgen muss, § 380 StPO). 12

III. Akkusationsprinzip

Das Akkusationsprinzip, auch Anklagegrundsatz genannt, ist in § 151 StPO geregelt. Hiernach ist die Eröffnung einer gerichtlichen Untersuchung durch die Erhebung einer Klage bedingt. Ein strafgerichtliches Verfahren ohne Anklage ist nicht möglich. 13

IV. Legalitätsprinzip

1. Das Legalitätsprinzip – auch Verfolgungszwang genannt – ergänzt das Offizialprinzip. Es verpflichtet die Strafverfolgungsbehörden zur Verfolgung von Straftaten (§ 152 Abs. 2 StPO) und zur Anklageerhebung. Auch dieses Prinzip wird durchbrochen, und zwar durch das sog. Opportunitätsprinzip, das sich insbesondere in §§ 153 ff. StPO niederschlägt und Einstellungsmöglichkeiten trotz Tatverdachts eröffnet, z.B. bei Bagatelltaten. 14

2. Die wichtigsten Einstellungsgründe aus Opportunitätsgesichtspunkten sind:

a) § 153 StPO wegen geringer Schuld und fehlendem öffentlichen Verfolgungsinteresse

b) § 153 a StPO, wenn das öffentliche Verfolgungsinteresse durch Auflagen oder Weisungen kompensiert werden kann. Deren Erfüllung führt dazu, dass die Tat nicht mehr als Vergehen verfolgt werden kann, sondern allenfalls, wenn sie sich nachträglich als Verbrechen darstellt

5 Meyer-Goßner/Schmitt § 152 Rn. 1.

c) § 154 StPO, wenn die zu erwartende Sanktion im Hinblick auf eine andere Sanktion nicht beträchtlich ins Gewicht fällt

Diese Vorschriften haben gemeinsam, dass sie nach dem jeweiligen Abs. 1 vor Erhebung der öffentlichen Klage durch die Staatsanwaltschaft verfügt und nach diesem Zeitpunkt durch das Gericht beschlossen werden können.

V. Untersuchungsgrundsatz

15 Im Strafverfahren wird die Wahrheit von Amts wegen erforscht. Anders als im Zivilprozess, wo der Beibringungsgrundsatz gilt, muss die Staatsanwaltschaft gemäß § 160 Abs. 2 StPO die be- und entlastenden Umstände aufklären. Auch das Gericht muss von Amts wegen die Wahrheit erforschen § 244 Abs. 2 StPO. Es ist dabei nicht an die Anträge der übrigen Verfahrensbeteiligten gebunden, siehe z.B. §§ 155 Abs. 2, 206 StPO.

VI. Beschleunigungsgrundsatz

16 Bereits aus Art. 6 Abs. 1 S. 1 EMRK folgt das Recht jeder Person, dass gerichtliche Verfahren innerhalb einer angemessenen Frist verhandelt werden müssen. Die rasche Durchführung eines Strafverfahrens liegt im Interesse der Allgemeinheit und auch des Beschuldigten. Insbesondere bei Haftsachen ist der Beschleunigungsgrundsatz von erheblicher Bedeutung. Niederschlag findet dieser z.B. in § 163 Abs. 2 S. 1 StPO, wonach der Staatsanwaltschaft ihre Ermittlungsvorgänge ohne Verzug und vollständig von der Polizei übersandt werden müssen. Für Haftsachen von größter Bedeutung ist § 121 StPO, wonach eine Freiheitsentziehung über sechs Monate hinaus nur unter besonderen Bedingungen vom OLG angeordnet werden kann. Eine überlange Verfahrensdauer schmälert zudem den staatlichen Strafanspruch.

Fall 1: Vollstreckungslösung

A hatte einen im Eigentum seiner Mutter stehenden, aber von ihm genutzten Landgasthof in Brand gesetzt, um Leistungen aus den hierfür abgeschlossenen Versicherungen zu erlangen. Er wurde wegen besonders schwerer Brandstiftung (§ 306 b Abs. 2 Nr. 2 StGB) und versuchten Betruges (§§ 263 Abs. 1 und 2, 22, 23 StGB) angeklagt. Zwischen dem Eingang der Anklageschrift und dem Erlass des Eröffnungsbeschlusses lag ein Zeitraum von über 19 Monaten. Die große Strafkammer hält wegen der Verfahrensverzögerung den Mindeststrafrahmen des § 306 b Abs. 2 von fünf Jahren Freiheitsstrafe für verfehlt. Eine weitere Milderung analog § 49 Abs. 1 StGB kommt allerdings nicht in Betracht. Wie kann die Verzögerung bei der Strafzumessung kompensiert werden?

Ist der Abschluss eines überlangen Strafverfahrens rechtsstaatswidrig derart verzögert worden, dass dies bei der Durchsetzung des staatlichen Strafanspruchs unter näherer Bestimmung des Ausmaßes berücksichtigt werden muss, so ist der Angeklagte gleichwohl zu der nach § 46 StGB angemessenen Strafe zu verurteilen. Zugleich ist in der Urteilsformel auszusprechend, dass zur Entschädigung für die überlange Verfahrensdauer ein bezifferter Teil der verhängten Strafe als vollstreckt gilt (sog. **Vollstreckungslösung**).[6] Der Tenor könnte wie folgt lauten: „Der Angeklagte ist der besonders schweren Brandstiftung sowie des versuchten Betruges schuldig. Er wird zu einer Gesamtfreiheitsstrafe von fünf Jahren und sechs Monaten verurteilt, von denen ein Jahr als vollstreckt gilt. Er trägt die Kosten des Verfahrens."

VII. Grundsatz der Öffentlichkeit/Mündlichkeitsgrundsatz

Die Öffentlichkeitsmaxime dient dem Informationsinteresse der Allgemeinheit.[7] Dass Strafverfahren grundsätzlich öffentlich durchzuführen sind, ist in Art. 6 Abs. 1 S. 2 EMRK und § 169 GVG geregelt, jedoch kann die Öffentlichkeit aus bestimmten, in §§ 170 ff. GVG geregelten Gründen ausgeschlossen werden. Ansonsten gilt, dass jedermann die Möglichkeit einzuräumen ist, den Verhandlungsort zu betreten. Allerdings ist es gemäß § 169 S. 2 StPO verboten, Bild- und/oder Tonaufnahmen zum Zweck der öffentlichen Vorführung oder Veröffentlichung anzufertigen. 17

Entscheidungsgrundlage kann nur das werden, was in der Hauptverhandlung mündlich vorgetragen worden ist, vgl. z.B. § 261 StPO („aus dem Inbegriff der Verhandlung"), § 257 Abs. 1 StPO („ … soll der Angeklagte befragt werden, ob er dazu etwas zu erklären habe"), § 249 Abs. 1 StPO („Urkunden und andere als Beweismittel dienende Schriftstücke werden in der Hauptverhandlung verlesen") usw.[8] Diese Grundsätze sollen eine Kontrolle der Gerichte durch die Öffentlichkeit ermöglichen.

VIII. Grundsatz des Strengbeweises

Unter dem **Strengbeweis** versteht man das Beweisverfahren nach §§ 244–257a StPO unter Beachtung der Grundsätze der Mündlichkeit und Öffentlichkeit der Verhandlung. Das Gericht ist bei der Feststellung der Schuld- und Rechtsfolgentatsachen in der Hauptverhandlung grundsätzlich auf die Angaben des sich nicht auf sein Schweigen berufenden **B**eschuldigten, **Z**eugen, **S**achverständigen, **U**rkunden und **A**ugenscheinsobjekte beschränkt, soweit nicht das Gesetz ein Surrogat zulässt. Klassische Eselsbrücke zum Merken: **SABUZ**. 18

Gegenbegriff ist der **Freibeweis**, der z.B. für das Vorliegen der Prozessvoraussetzungen möglich ist. Auf ihn finden die Grundsätze der Mündlichkeit, Unmittelbarkeit und Öffentlichkeit keine Anwendung. Das Gericht kann im Freibeweis z.B. schriftliche oder telefonische Auskünfte einholen und sämtliche ihm zugänglichen Erkenntnisquellen nutzen, so lange nicht gegen Beweisverbote verstoßen wird.[9]

6 BGHSt 52, 124.
7 Meyer-Goßner/Schmitt § 169 GVG Rn. 1.
8 Eine Ausnahme hiervon bildet dagegen das sog. Selbstleseverfahren gemäß § 249 Abs. 2 StPO.
9 Meyer-Goßner/Schmitt § 244 Rn. 9 m.w.N.

Fall 2: Beweisantrag I

Der Verteidiger stellt den Antrag, den Tatort – einen Parkplatz – bei Nacht in Augenschein zu nehmen. Der Vorsitzende verliest eine Erklärung, wonach die erkennenden Richter diesen bereits privat in Augenschein genommen hätten. Es sei damit gerichtsbekannt, wie es dort aussehe. Daraufhin wird der Beweisantrag abgelehnt.

Zu Recht?

Nein. Das Gericht darf einen Beweisantrag nicht mit der Begründung ablehnen, die Beweisfrage sei bereits freibeweislich geklärt.[10] Auch dürfen die Berufsrichter den Tatort nicht privat besichtigen, die Ergebnisse in einer Erklärung zusammenfassen und diese in der Hauptverhandlung verlesen, sodass die maßgeblichen Tatsachen dann gerichtsbekannt wären.[11]

Fall 3: Freibeweis bei Prozessvoraussetzungen

Verteidiger V rügt die Verwertung der Ergebnisse einer Durchsuchung mit der Begründung, es liege wegen einer unwirksamen richterlichen Anordnung ein Beweisverwertungsverbot vor. Muss das Gericht jetzt den Durchsuchungsbeschluss und die Sicherstellungsprotokolle im Urkundsbeweis einführen?

Nein. Das Gericht muss den Durchsuchungsbeschluss und ggf. Sicherstellungsprotokolle nicht im Urkundsbeweis verlesen, denn Prozessvoraussetzungen und sonstige prozesserhebliche Tatsachen werden auch dann freibeweislich erhoben, wenn sie die Urteilsgrundlagen unmittelbar beeinflussen, z.B. Verfahrenshindernisse, Verwertungsverbote, Eidesverbote usw. Das Gericht kann daher den Akten entnehmen, ob die Voraussetzungen eines Beweisverbotes vorliegen und dies formlos mitteilen.[12]

IX. Unmittelbarkeitsgrundsatz

19 Hiernach muss das erkennende Gericht die für die Urteilsfindung bedeutsamen Tatsachen selbst feststellen. Beruht der Beweis einer Tatsache dabei auf der Wahrnehmung einer Person, so ist diese gemäß § 250 StPO in der Hauptverhandlung zu vernehmen. Dies darf nicht durch die Verlesung eines Vernehmungsprotokolls oder einer schriftlichen Erklärung ersetzt werden. Der **Unmittelbarkeitsgrundsatz** wird aber durch §§ 251 ff. StPO aufgeweicht. Weitere Einschränkungen finden sich in § 420 Abs. 1 StPO für das beschleunigte Verfahren und in § 411 Abs. 2 S. 2 StPO für eine Hauptverhandlung nach einem Einspruch gegen einen Strafbefehl (siehe Rn. 261, 264).

10 BGH StV 1995, 339.
11 BGH StV 2013, 548.
12 Fischer § 244 Rn. 6, 7, 9.

X. Grundsatz der freien Beweiswürdigung

Das Gericht entscheidet gemäß § 261 StPO über das Ergebnis der Beweisaufnahme nach seiner freien, aus dem Inbegriff der Verhandlung geschöpften Überzeugung. Beweislastregeln wie im Zivilrecht gibt es daher im Strafprozess nicht.[13] Der Staat muss die Schuld des Angeklagten beweisen. Urteile anderer Gerichte haben grundsätzlich keine Bindungswirkung. Gleichwohl muss der Beweis mit lückenlosen und nachvollziehbaren logischen Argumenten geführt werden und auf einer tragfähigen Tatsachengrundlage beruhen. Die Beweiswürdigung ist dabei ureigene Aufgabe des Tatrichters und unterliegt nur einer eingeschränkten Kontrolle durch das Revisionsgericht. 20

XI. In dubio pro reo

Ist das Gericht nach Ausschöpfung der Beweismittel nicht überzeugt i.S.d. § 261 StPO, den Sachverhalt als bewiesen (oder widerlegt) anzusehen, muss nach dem Grundsatz „Im Zweifel für den Angeklagten" ein Freispruch erfolgen. Dieser Grundsatz gilt allerdings nur hinsichtlich des dem Verfahren zugrundeliegenden Sachverhalts, nicht jedoch hinsichtlich der Voraussetzungen von Beweisverwertungsverboten. 21

Fall 4: in dubio pro reo und Wahlfeststellung

A ist wegen verschiedener Einbruchstaten angeklagt. In der Beweisaufnahme stellt das Gericht fest, dass am 6. Juli um 13 Uhr zwei unbekannte Männer versuchten, eine Terrassentür aufzuhebeln, um in ein Wohnhaus zu gelangen. Als die Alarmanlage ausgelöst wurde, stiegen sie in einen grünen Golf, der von einem dritten Mann gesteuert wurde. Am selben Tag zwischen 12 und 13:50 Uhr brachen Unbekannte in ein weiteres Wohnhaus in der Gegend ein, indem sie die Terrassentür aufhebelten. Im Inneren entwendeten sie Bargeld, Wertsachen sowie eine Geldkassette mit Papieren, eine blaue und eine rote Tasche. Am selben Tag gegen 13:50 Uhr sahen Polizeibeamte an einer Stelle, ca. 28 km vom ersten und drei km vom zweiten Tatort entfernt den Golf. Er war mit A und den gesondert Verfolgten T und X besetzt. Bei der Durchsuchung des Pkw wurden die Geldkassette und die beiden Taschen gefunden. A wird in der Hauptverhandlung von keinem der Zeugen wiedererkannt. Er passt auch nicht auf die Beschreibung des ersten Fahrers des Golfs. Der Vorsitzende ist der Auffassung, A sei vom Vorwurf des (versuchten) Wohnungseinbruchsdiebstahls nach dem Zweifelssatz freizusprechen, da keine Beweismittel zur Verfügung stünden, die einen Tatnachweis ermöglichten. Er ist der Auffassung, er müsste anschließend wegen Hehlerei angeklagt werden. Der Beisitzer ist der Auffassung, dass zwar eine Verurteilung nach den Grundsätzen der echten Wahlfeststellung möglich sei, jedoch die Hehlerei nicht angeklagt ist. Zu Recht? (BGH RÜ 2017, 377)

A kann nur freigesprochen werden, wenn vernünftige Zweifel an seiner Täterschaft bestehen, § 261 StPO. Aus § 264 StPO folgt, dass das Gericht die gesamte prozessuale Tat würdigen muss (sog. Kognitionspflicht). Es stellt sich daher die Frage, ob das Gericht

13 Meyer-Goßner/Schmitt § 261 Rn. 2 a.

prüfen muss, ob A anderweitig an den Taten beteiligt war (z.B. durch psychische Beihilfe) oder ob er selbstständig Anschlussdelikte (Begünstigung oder Hehlerei) beging. Dann müssten auch diese Taten Gegenstand der Anklage sein. In der Anklageschrift sind sie nicht erwähnt. Allerdings bilden nicht nur verschiedene Formen der Beteiligung an einer materiell-rechtlichen Tat einen so engen Zusammenhang, dass auch von einer prozessualen Tat auszugehen ist, sondern auch Vortat und Anschlussdelikte, wenn der zeitliche Abstand nicht zu groß ist. So liegt es hier. Damit sind auch mögliche Anschlussdelikte von der Anklage umfasst und unterliegen der Kognitionspflicht des Gerichts. Ist dieses daher – wie der Vorsitzende – der Auffassung, A sei nicht an den Diebstahlstaten beteiligt, dafür aber Hehler, ist er wegen Hehlerei zu verurteilen, auch wenn dies in der Anklageschrift nicht ausdrücklich beschrieben worden ist. Ist es dagegen – wie der Beisitzer – sicher, dass A entweder Dieb oder Hehler war, ist er nach den Grundsätzen der echten Wahlfeststellung wahldeutig zu verurteilen. Da zwischen dem Verbrechen des Wohnungseinbruchdiebstahls nach § 244 Abs. 1 Nr. 3, Abs. 4 StGB und der Hehlerei gemäß § 259 Abs. 1 StGB keine rechtsethische und psychologische Vergleichbarkeit besteht, ist in dubio pro reo von einem Diebstahl i.S.d. § 242 StGB auszugehen. A wäre dann wegen Diebstahls oder Hehlerei schuldig zu sprechen.

XII. Nemo tenetur se ipsum accusare

22 Der Beschuldigte darf nicht gezwungen werden, aktiv an seiner eigenen Überführung mitzuwirken. Dies ergibt sich nicht ausdrücklich aus der StPO, sondern aus Art. 2 Abs. 1 i.V.m. Art. 1 Abs. 1 GG und wird auch aus Art. 6 Abs. 1 EMRK abgeleitet. Der Beschuldigte kann z.B. bei Verdacht einer Trunkenheitsfahrt nicht dazu gezwungen werden, einen Atemalkoholtest durchzuführen, da er hierbei durch Abgabe der Atemluftprobe unter Umständen zu seiner Überführung beitragen würde. Umbekehrt ist gemäß § 81 a StGB die Entnahme einer Blutprobe auch gegen seinen Willen und ggf. unter Einsatz von Zwangsmitteln möglich. Diese hat er zu dulden. Auch kann der Beschuldigte bei dem Verdacht einer Urkundenfälschung nicht zur Ableistung einer Handschriftenprobe genötigt werden. Dafür ist es zulässig, gemäß §§ 102, 105 StPO bei ihm zu durchsuchen, um Vergleichsproben aufzufinden. Auch diese hat er zu dulden.

Fall 5: Zwangsweises Frisieren

Gegen A wird wegen Raubes ermittelt. Die Tat liegt längere Zeit zurück, der Täter wurde vom Opfer gesehen. A hat momentan deutlich kürzere Haare als der mutmaßliche Täter und trägt einen Bart. Staatsanwalt S erwägt, A zu fotografieren und damit diesen äußerlich der Täterbeschreibung anzunähern, um diese Fotografien dann mit anderen dem Opfer zur Identifizierung vorzulegen. Ist dies zulässig?

Die Staatsanwaltschaft kann anordnen, dass der Beschuldigte erkennungsdienstlich behandelt und fotografiert wird, um eine sequenzielle Wahllichtbildvorlage mit dem Opfer durchzuführen. Bei dieser werden dem Zeugen nacheinander (also nicht alle auf einmal) Fotografien verschiedener Personen gezeigt, darunter auch solche des Beschuldigten. Soweit es für die Zwecke der Durchführung des Strafverfahrens oder für die Zwecke des Erkennungsdienstes notwendig ist, dürfen gemäß § 81 b StPO Lichtbilder und Fingerabdrücke des Beschuldigten auch gegen seinen Willen aufgenommen und Messungen und ähnliche Maßnahmen an ihm vorgenommen werden. Zur Vorbereitung der Identifizierungsmaßnahmen kann die Veränderung des äußeren Erscheinungsbildes des Beschuldigten angeordnet und zwangsweise durchgeführt werden,[14] z.B. das Aufsetzen einer Perücke. Auch die Veränderung der Haar- und Barttracht wird für zulässig gehalten (wobei unterschiedlich beantwortet wird, ob als Rechtsgrundlage hierfür § 81 a StPO heranzuziehen ist).[15] Ein Verstoß gegen den nemo-tenetur-Grundsatz kann hierin nicht gesehen werden. Die Anordnung ist zulässig. (Siehe zu diesem Grundsatz auch Rn. 114.)

XIII. Grundsatz des fairen Verfahrens (fair trial)

Dieser ergibt sich aus Art. 20 Abs. 3, 2 Abs. 1 GG und Art. 6 Abs. 1 EMRK. Der Grundsatz 23
kommt zur Anwendung, wenn die StPO keine Einzelbestimmung für den Fall zur Verfügung stellt. Eine Verletzung des Rechts auf ein faires Verfahren liegt vor, wenn eine Gesamtschau auf das Verfahrensrecht auch in seiner Auslegung und Anwendung durch die Fachgerichte ergibt, dass rechtsstaatlich zwingende Folgerungen nicht gezogen worden sind oder rechtsstaatlich Unverzichtbares preisgegeben wurde. Dabei sind auch die Belange einer funktionierenden Strafrechtspflege und der Beschleunigungsgrundsatz zu berücksichtigen.[16]

Fall 6: Angestifteter Staatsanwalt

Staatsanwalt S ist verdächtig, bestechlich zu sein. Im Zuge der Ermittlungen wird – rechtlich einwandfrei – ein verdeckter Ermittler eingesetzt (vgl. Rn. 87 ff.). Dieser nimmt unter einer Legende Kontakt mit S auf und bietet ihm 3.000 € Bestechungsgeld an, falls einer ein bestimmtes Ermittlungsverfahren einstellt. S willigt ein, nachdem ihm das Geld in zwei Tranchen zugänglich gemacht worden ist. S wird wegen Rechtsbeugung und Bestechlichkeit angeklagt. Er wendet ein, er hätte die Straftat niemals begangen, wenn er nicht von dem verdeckten Ermittler dazu angestiftet worden wäre. Die so gewonnenen Beweismittel seien unverwertbar. Zu Recht?
(Fall nach EGMR NJW 2009, 3565).

Der Einsatz von verdeckten Ermittlern und V-Personen ist grundsätzlich zulässig, allerdings kann das öffentliche Interesse hieran die Verwendung von Beweisen nicht rechtfertigen, die durch polizeiliche Anstiftung gewonnen wurden. Anstiftung durch die Polizei liegt vor, wenn die eingesetzten Personen, Mitglieder der Polizeikräfte oder Personen, die in ihrem Auftrag tätig werden, sich nicht darauf beschränken, strafbares Verhal-

14 BGH NStZ 1993, 47.
15 BVerfGE 47, 239 (246); Meyer-Goßner/Schmitt § 81 b Rn. 19.
16 BVerfG NJW 2012, 907 (909); Meyer-Goßner/Schmitt Einl. Rn. 19.

ten nur zu verfolgen, sondern diejenigen, auf die sie angesetzt sind, derart beeinflussen, dass sie sie anstiften, eine Straftat zu begehen, die sie sonst nicht begangen hätten, um so die Straftat nachweisen zu können, d.h. um Beweise für sie zu haben und sie zu verfolgen. Die Zulassung solcher Beweise würde dem Angeklagten von Beginn an und endgültig das Recht auf ein faires Verfahren nehmen.[17] Die durch die Anstiftung gewonnenen Erkenntnisse sind unverwertbar.

---

17 EGMR NJW 2009, 3565, 3566.

Verfahrensgrundsätze des Strafprozesses	
Offizialprinzip	Die Verfolgung einer Straftat steht allein dem Staat zu und wird grundsätzlich ohne Rücksicht auf den Willen des Verletzten von Amts wegen (ex officio) durch Staatsorgane durchgesetzt ⇨ Einschränkungen: Antrags- oder Ermächtigungsdelikte ⇨ Durchbrechung: Privatklage, §§ 374, 376 StPO
Akkusationsprinzip, §§ 151, 155, 264 StPO	Ein gerichtliches Strafverfahren ist nur durch Erhebung einer wirksamen Anklage möglich.
Legalitätsprinzip, §§ 152 Abs. 2, 170 Abs. 1 StPO	Verpflichtung der StA, bei Anhaltspunkten für eine Straftat zu ermitteln und bei hinreichendem Tatverdacht anzuklagen ⇨ Einschränkungen: Privatklagedelikte, §§ 374, 376, Einstellungen gemäß §§ 153 ff. StPO
Untersuchungsgrundsatz, § 160 Abs. 2 StPO	Wahrheitserforschung von Amts wegen
Beschleunigungsgrundsatz	⇨ § 163 Abs. 2 StPO: unverzügliches Einschalten der StA; § 121 StPO: Länge der U-Haft ⇨ Die Hauptverhandlung soll möglichst in einem Zug durchgeführt werden. ⇨ Strafbefehl, §§ 407 ff. StPO ⇨ Beschleunigtes Verfahren, §§ 417 ff. StPO
Grundsatz der Öffentlichkeit und Mündlichkeit	Nur das, was mündlich in einer öffentlichen Hauptverhandlung erörtert worden ist, darf Urteilsgrundlage sein.
Grundsatz des Strengbeweises	Tatsachen für Schuld und Strafe dürfen nur in einer Beweisaufnahme nach Maßgabe der §§ 244–257 a StPO ermittelt werden.
Grundsatz der Unmittelbarkeit	⇨ Vorrang des Personal- vor dem Urkundsbeweis, § 250 StPO ⇨ Ausnahmen: §§ 251, 253 ff. StPO
Freie Beweiswürdigung, §§ 261, 262	⇨ Bei der Überzeugungsbildung aufgrund der erhobenen Beweise ist das Gericht nicht an feste Beweisregeln gebunden ⇨ Das Gericht muss für eine Verurteilung des Angeklagten von seiner schuldhaften Begehung der Tat überzeugt sein
in dubio pro reo	Bei tätergünstigen Sachverhaltszweifeln: ⇨ „Im Zweifel für den Angeklagten“: Freispruch! (Vorrang vor Einstellung)
nemo tenetur se ipsum accusare	Ein Beschuldigter darf nicht gezwungen werden, aktiv an seiner Überführung mitzuwirken.
Fair trial	Gebot des fairen Verfahrens

C. Die Verfahrensbeteiligten

I. Staatsanwaltschaft

24 **1.** Die Staatsanwaltschaft (StA) wird als **„Herrin des Ermittlungsverfahrens"** bezeichnet. Sie entscheidet über die Einleitung, den Fortgang und den Abschluss der Ermittlungen durch Einstellung oder Anklage und führt in Erwachsenenstrafsachen die Strafvollstreckung durch (§ 451 StPO). Die Ermittlungen werden von ihr selbst oder unter Einschaltung der Polizeibehörden durchgeführt. Dabei sind nicht nur die be-, sondern auch die entlastenden Umstände zu ermitteln, § 160 StPO.

2. Die StA ist hierarchisch aufgebaut und **von den Gerichten unabhängig**, §§ 147, 150 GVG. Die zuweilen geäußerte Ansicht, bei der StA handele es sich um einen verlängerten Arm der Gerichte, die ihr Ermittlungen in eine bestimmte Richtung verbieten könnten, ist daher unrichtig. Zutreffend ist allerdings, dass die StA bei ihren Ermittlungen zwar grundsätzlich frei ist, aber nicht schrankenlos. Insbesondere stehen gewisse Ermittlungsmaßnahmen unter Richtervorbehalt (z.B. die Durchsuchung, § 105 StPO). Zudem ist der Staatsanwalt anders als ein Richter nicht unabhängig, sondern als Beamter weisungsgebunden, § 146 GVG. Den „gesetzlichen Staatsanwalt" gibt es nicht, d.h., dass Verfahren innerhalb der Behörde von jedem beliebigen Dezernenten betrieben werden können und jederzeit eine anderweitige Zuweisung erfolgen kann.

Fall 7: Befangener Staatsanwalt?

Eine Hauptverhandlung vor der großen Strafkammer gestaltet sich als langwierig und schwierig. Insbesondere Staatsanwalt S und Verteidiger V geraten immer wieder persönlich und sachlich aneinander. V hat bereits mehrere Dienstaufsichtsbeschwerden gegen den Sitzungsvertreter erhoben, die vom Leitenden Oberstaatsanwalt als unbegründet zurückgewiesen worden sind. V ist der Auffassung, S sei nicht objektiv, vielmehr zeige sein Verhalten, dass er von vornherein von der Schuld des Angeklagten überzeugt gewesen sei. Er überlegt, welche Möglichkeiten er hat, gegen S vorzugehen.

Anders als bei Richtern ist es nicht möglich, einen Staatsanwalt wegen Befangenheit analog §§ 22 ff. StPO abzulehnen.[18] Wie auch gegen Verteidiger können gegen Staatsanwälte gemäß § 178 GVG Ordnungsmittel wegen Ungebühr nicht verhängt werden. Es bleibt nur die Möglichkeit, bei der Leitenden Oberstaatsanwältin oder dem Leitenden Oberstaatsanwalt auf eine Auswechselung des Staatsanwaltes gemäß §§ 145, 146 GVG zu drängen, z.B. bei Missbetragen in der Hauptverhandlung. Sonstige Möglichkeiten, den Staatsanwalt zu entfernen, hat V nicht.[19]

---

18 BVerfGE 25, 345, BGH NStZ 1991, 595. Gleichwohl ist es durchaus üblich, dass ein StA die Bearbeitung eines Falles ablehnen kann, wenn er den Beschuldigten oder das Opfer privat kennt. In diesem Fall wird die Endbearbeitung vom zuständigen Abteilungsleiter einem anderen Dezernenten übertragen.

19 Nach § 11 AGGVG-BW und § 7 AGGVG-Nds darf der StA in Fällen, die § 22 StPO nachgebildet sind, keine Amtshandlungen vornehmen. Die Besorgnis der Befangenheit ist dort nicht bekannt.

3. Antragsdelikte verfolgt der Staatsanwalt nur, wenn fristgerecht (vgl. § 77 b StGB) vom Berechtigten ein Strafantrag gestellt wird, z.B. § 123 Abs. 2 StGB oder §§ 185, 194 StGB. Liegt ein solcher nicht vor, besteht bei sog. **absoluten Antragsdelikten** ein Verfahrenshindernis, das der Aufnahme von Ermittlungen bzw. der Erhebung der öffentlichen Klage entgegensteht. Es gibt aber auch die sog. **relativen Antragsdelikte**, bei denen die Strafverfolgungsbehörde, also die Staatsanwaltschaft, durch die Bejahung des besonderen öffentlichen Interesses an der Strafverfolgung einen fehlenden Strafantrag kompensieren kann, z.B. §§ 223, 230 StGB oder §§ 242, 248 a StGB.[20] Die Entscheidung, ob wegen des besonderen öffentlichen Interesses an der Strafverfolgung ein Einschreiten von Amts wegen geboten ist, ist eine gerichtlich nicht nachprüfbare und auch nicht begründungsbedürftige Ermessensentscheidung der Staatsanwaltschaft.[21]

II. Polizei

Die Polizei hat **gemäß § 163 Abs. 1 StPO das Recht und die Pflicht des ersten Zugriffs. Bestimmte Dienststränge** der Polizei sind gemäß § 152 GVG i.V.m. der jeweiligen LandesVO Ermittlungspersonen der StA. Diese Ermittlungspersonen können von der StA beauftragt werden, bestimmte Maßnahmen vorzunehmen. In der Praxis wird demzufolge die eigentliche tatsächliche Ermittlungstätigkeit von der Polizei durchgeführt. **Vielfach** ist auch in der StPO eine **Eilkompetenz für Ermittlungspersonen** vorgesehen, vgl. § 98 Abs. 1 S. 1 oder § 105 Abs. 1 S. 1 StPO. 25

Zu beachten ist, dass die **Polizeigesetze** der jeweiligen Bundesländer nur Ermächtigungsgrundlagen für die **präventive Tätigkeit der Polizei** darstellen, also zur Gefahrenabwehr, **während** die **StPO in erster Linie** die **repressive Tätigkeit** erfasst, also die Erforschung und Ahndung von Straftaten. Es gibt auch sog. doppelfunktionale Maßnahmen, die sowohl nach StPO und den Polizeigesetzen zulässig sind, z.B. die Durchsuchung (vgl. hierzu Rn. 117 zu den sog. „legendierten Kontrollen").

III. Gerichte

Im **Ermittlungsverfahren** üben die Gerichte eine Kontrollfunktion hinsichtlich der staatsanwaltschaftlichen und polizeilichen Ermittlungen aus. Insbesondere bei stärkeren Grundrechtseingriffen (z.B. Freiheit, Eigentum) sind die jeweiligen Maßnahmen an eine richterliche Anordnung geknüpft (Untersuchungshaftbefehl, § 114 Abs. 1 StPO, Durchsuchung, § 105 Abs. 1 StPO, Beschlagnahme, § 98 Abs. 1 StPO). Ist ein Staatsanwalt nicht erreichbar, kann gemäß § 165 StPO der Richter bei Gefahr im Verzug auch ohne Antrag Untersuchungshandlungen als sog. **Notstaatsanwalt** vornehmen. 26

Beispiel: Der Richter am Amtsgericht, dem der vorläufig Festgenommene nach § 128 StPO vorgeführt wird, erfährt bei der Vernehmung, dass die Diebstahlsbeute einem Dritten (D) überlassen wurde, der sie in Sicherheit bringen sollte. Er kann die Durchsuchung bei D von sich aus ohne den sonst erforderlichen Antrag der StA anordnen, wenn er die StA (z.B. wegen gestörter Telefonverbindung) nicht rechtzeitig erreichen kann und eine Verzögerung den Untersuchungszweck gefährden würde.

---

20 Diese werden als relative oder eingeschränkte Antragsdelikte bezeichnet, vereinzelt auch als relative Offizialdelikte Sch/Sch/Bosch § 77 Rn. 1.

21 BayObLG NJW 1991, 1765; a.A. Kröpil NJW 1992, 654.

Im **Zwischenverfahren** prüft das Gericht, ob hinreichender Tatverdacht besteht und deshalb das Hauptverfahren zu eröffnen ist, § 203 StPO.

Im **Hauptverfahren**, dessen Hauptbestandteil die **Hauptverhandlung** ist, klärt das Gericht die zur Anklage gebrachte Tat in freier richterlicher Beweiswürdigung auf, §§ 226 ff. StPO. Dabei können bei den Amts- und Landgerichten auch Schöffen, d.h. ehrenamtliche Richter, zur Urteilsfindung mit berufen sein, §§ 28 ff., 77 GVG.

IV. Beschuldigte

27 Derjenige, gegen den sich die Ermittlungen richten, ist der **Beschuldigte**. Wird gegen ihn Anklage erhoben, wird er gemäß § 157 StPO als **Angeschuldigter** bezeichnet, im Fall der Eröffnung des Hauptverfahrens wird er zum **Angeklagten**. Wird er rechtskräftig verurteilt, nennt man ihn „Verurteilter".

1. Mit Beginn der **Beschuldigteneigenschaft** entstehen **Rechte**, die den Beschuldigten von anderen Verfahrensbeteiligten unterscheiden.

a) Gemäß § 163 a Abs. 1 S. 1 StPO ist der Beschuldigte spätestens vor dem Abschluss der Ermittlungen zu vernehmen, sollten diese nicht eingestellt werden. Obwohl er ein Schweigerecht hat, muss der Beschuldigte vor dem (Ermittlungs-)Richter zur Vernehmung erscheinen. Anderenfalls kann gemäß § 134 StPO ein Vorführungsbefehl ergehen. Nach § 163 a Abs. 3 s. 1, 2 StPO muss der Beschuldigte auch vor der Staatsanwaltschaft erscheinen, die ihn anderenfalls nach § 163 a Abs. 3 S. 2 i.V.m. § 134 StPO vorführen lassen kann. Für polizeiliche Vernehmungen gilt dies nicht. Diesen darf der Beschuldigte fernbleiben.

Gemäß dem am 01.01.2020 in Kraft getretenen § 136 Abs. 4 StPO kann die Vernehmung des Beschuldigten in Bild und Ton aufgezeichnet werden. Sie ist zwingend aufzuzeichnen in Fällen des Verdachts einer vorsätzlichen Tötung, wenn der Aufzeichnung weder die äußeren Umstände noch die besondere Dringlichkeit entgegenstehen. Ferner ist die Vernehmung aufzuzeichnen, wenn die schutzwürdigen Interessen des Beschuldigten (insbesondere bei jugendlichen, geistig eingeschränkten oder unter einer schwerwiegenden seelischen Störung leidenden Tätern) hierdurch besser gewahrt werden können. Der Gesetzgeber hat mit der Neuerung das Ziel einer Verbesserung der Wahrheitsfindung verfolgt. Ferner soll die Aufzeichnung dem Schutz des Beschuldigten vor unsachgemäßen oder rechtswidrigen (vgl. § 136 a StPO) Vernehmungsmethoden dienen.

b) Da der Beschuldigte nicht verpflichtet ist, an seiner eigenen Überführung mitzuwirken, hat er das Recht, zu den Vorwürfen zu **schweigen**. Hierüber ist er zu belehren (§ 136 Abs. 1 S. 2 StPO für Vernehmungen im Ermittlungsverfahren, § 243 Abs. 5 StPO für das Hauptverfahren). Übt er sein Schweigerecht aus, dürfen hieraus keine nachteiligen Schlüsse gezogen werden, um dies nicht zu entwerten. Damit gilt gleichzeitig, dass der späte Zeitpunkt einer entlastenden Einlassung keine Indizwirkung hinsichtlich der Wahrheit haben darf, also dass man hieraus nicht auf einen mangelnden Wahrheitsgehalt schließen darf. Dies gilt auch, wenn der Beschuldigte erst in der Hauptverhandlung schweigt, weil sonst § 243 Abs. 5 StPO keinen Sinn ergäbe.[22]

Beispiel: A befindet sich seit zwei Jahren wegen Beihilfe zum Mord in Untersuchungs- und Auslieferungshaft. Bislang schweigt er. Nun erst macht er für ihn günstige Angaben zur Tat. Es ist nicht zulässig, hieraus zu folgern, dass es sich wegen des Zeitablaufes um unwahre Schutzbehauptungen handeln muss.[23]

Eine Einschränkung lässt die Rspr. bei einem nur **partiellen Schweigen** zu. Lässt sich der Beschuldigte zu einer prozessualen Tat ein, beantwortet aber belastende Fragen nicht, kann diesem sog. Teilschweigen indizielle Bedeutung zukommen.[24] Um ein Teilschweigen handelt es sich allerdings nicht, wenn der Beschuldigte sich zu einer prozessualen Tat einlässt, zu einer anderen jedoch nicht. In diesem Fall ist das Schweigen im Hinblick auf die betreffende Tat als **Totalschweigen** zu werten.[25]

2. Wann die Beschuldigteneigenschaft beginnt, ist in der StPO nicht geregelt. Einen Hin- **28**
weis enthält lediglich § 397 AO. Hiernach gilt jemand als Beschuldigter, wenn die Strafverfolgungsbehörde eine Maßnahme trifft, die erkennbar darauf abzielt, gegen ihn strafrechtlich vorzugehen (sog. Inkulpationsakt). Anerkanntermaßen ist diese Definition aber nicht ausreichend, denn dann hätten die Ermittlungsbehörden es in der Hand, durch Herauszögern des förmlichen Inkulpationsaktes dem Beschuldigten bis dahin seine Rechte zu verwehren, z.B. das Schweigerecht. Die Rspr. hat daher über die Regelung des § 397 StPO hinaus den sog. **subjektiv-objektiven Beschuldigtenbegriff** entwickelt, der auch die Stärke des Tatverdachts berücksichtigt. Auch ohne Willensakt der Strafverfolgungsbehörden kann aufgrund der gegebenen Beweislage eine Belehrungspflicht entstehen.[26]

RÜ-Video 9/19

Fall 8: Unterbliebene Beschuldigtenbelehrung

Bei einem Einbruchsdiebstahl verliert der Täter sein Handy. Die Polizei ermittelt, dass dieses dem A gehört. Sie vernehmen ihn zunächst zeugenschaftlich, ob er Eigentümer des Mobiltelefons ist und ob er es weitergegeben hatte. A erklärt, das Handy gehöre ihm und er habe es verloren. Nun wird er mit dem Vorwurf konfrontiert und gemäß § 136 Abs. 1 S. 2 StPO über sein Schweigerecht und das Recht auf anwaltlichen Rat belehrt. A schweigt ab jetzt. Sind seine Äußerungen bis zur Belehrung durch Vernehmung der Verhörspersonen verwertbar?

Die Angaben des A gegenüber der Polizei sind nach st.Rspr. wegen Verstoßes gegen die Belehrungspflicht unverwertbar,[27] wenn der Verteidiger der Verwertung in der Hauptverhandlung widerspricht. Ein förmlicher Inkulpationsakt war zum Zeitpunkt seiner Äußerungen noch nicht gegeben. Nach der Rspr. liegt § 136 StPO allerdings ein **subjektiv-objektiver Beschuldigtenbegriff** zugrunde. Dieser setzt (subjektiv) den Verfolgungswillen der Strafverfolgungsbehörden voraus, der sich (objektiv) in einem Willensakt

22 BGH NStZ 1984, 16; StV 1994, 413; NStZ 1999, 4; OLG Köln NStZ 1991, 52.
23 BGH, Beschl. v. 18.06.2008 – 2 StR 255/08, BeckRS 2008, 17045.
24 BGH NJW 2002, 2260, 2261.
25 BGHSt 32, 140, 145.
26 Vgl. BGH RÜ 2019, 582 mit RÜ-Video 9/19 unter bit.ly/37YddkK.
27 BGHSt 38, 214, zur Frage des Erfordernisses eines Widerspruchs näher bei den Beweisverwertungsverboten.

manifestiert. Fehlt es an einem solchen Willensakt, kann dennoch – abhängig von der Stärke des Tatverdachts – aus dem Gesichtspunkt der Umgehung der Beschuldigtenrechte eine Belehrungspflicht bestehen.[28] Hier deuteten der Fundort des Handys und die Tatsache, dass es auf A registriert ist, darauf hin, dass er der Täter sein könnte. Damit bestand ein Anfangsverdacht, der zu einer Belehrungspflicht gemäß §§ 163 a, 136 Abs. 1 S. 2 StPO geführt hat. Da der Verteidiger der Verwertung widersprechen wird, wird in der Beweisaufnahme ein Verwertungsverbot bestehen. Die Verhörsperson kann nicht als Zeuge vernommen werden.

Nicht die Polizei, sondern nur die StA kann einen Beschuldigten aus diesem Status wieder entlassen, und zwar durch Einstellung des Verfahrens.

29 **3.** Probleme bereitet zuweilen die **Abgrenzung zwischen Zeugen und Mitbeschuldigten**.

Beispiel: Gegen A und B wird wegen mittäterschaftlich begangenen Diebstahls ermittelt. Später wird das Verfahren gegen B, der untergetaucht ist, abgetrennt. A wird allein angeklagt. Könnte B, der später gefasst wird, in der Hauptverhandlung gegen A als Zeuge vernommen werden?

Wer Mitbeschuldigter im selben Verfahren ist, kann nicht gleichzeitig Zeuge sein, da sich diese beiden Prozessrollen gegenseitig ausschließen.

Nach dem **materiellen Mitbeschuldigtenbegriff** hängt die Mitbeschuldigteneigenschaft nicht von der (zufälligen) Formalie eines gemeinsamen Verfahrens ab. Vielmehr ist hiernach allein entscheidend, dass materiell-rechtlich beide verdächtig sind, die Tat begangen zu haben. Hiergegen sprechen jedoch die §§ 55 Abs. 1 Alt. 1 und 60 Nr. 2 StPO: § 55 Abs. 1 Alt. 1 StPO geht davon aus, dass eine Person, die materiell-rechtlich verdächtig ist, an der Tat beteiligt zu sein, durchaus als Zeuge vernommen werden kann und lediglich belastende Fragen nicht beantworten muss. Nach § 60 Nr. 2 StPO darf ein Tatverdächtiger durchaus als Zeuge uneidlich vernommen werden.

Nach h.M. gilt (anders als beim Alleinbeschuldigten) der **formelle Mitbeschuldigtenbegriff**: Mitbeschuldigteneigenschaft ist nur gegeben, wenn und solange formell zusammen unter demselben Aktenzeichen gegen die betreffenden Personen ermittelt wird. Danach endet die Mitbeschuldigteneigenschaft wieder mit der Verfahrenstrennung, sodass die betreffende Person jetzt als Zeuge vernommen werden kann. Eine Ausnahme gilt nur, wenn die Verfahrenstrennung **rechtsmissbräuchlich** nur zu dem Zweck erfolgt, die Person als Zeugen vernehmen zu können, sog. gezielter Rollentausch.[29]

28 BGH NStZ 2008, 48; NJW 2009, 1427.

29 BGHSt 24, 257; BGH NStZ 1984, 465; NJW 1992, 2304, 2305; Meyer-Goßner/Schmitt vor § 48 Rn. 21 f. m.w.N.

Fall 9: Vorübergehende Trennung

A und B sind wegen Betruges bzw. Beihilfe hierzu in mehreren Fällen angeklagt worden. Die große Strafkammer eröffnete gemäß § 207 Abs. 1, Abs. 2 Nr. 1 StPO das Hauptverfahren, wobei es die Eröffnung in zwei der angeklagten Fälle ablehnt. Die Staatsanwaltschaft reicht gemäß § 207 Abs. 3 S. 1 StPO eine neue Anklageschrift ein. Die neue Anklageschrift wird dem Verteidiger des A zugestellt, dem Verteidiger des B versehentlich nicht. Der Verteidiger des B beantragt daher in der Hauptverhandlung vom 14.10. die Aussetzung des Verfahrens. Das Gericht beschließt daraufhin,

- die Abtrennung und Aussetzung des Verfahrens gegen B,
- die Fortsetzung der Hauptverhandlung im Verfahren gegen A am 15.10.,
- die Ladung des B als Zeugen im Verfahren gegen A am 16.10.,
- die Fortsetzung des Verfahrens gegen B am 22.10.

Am 16.10. wird B zum Verhältnis der beiden Angeklagten und den gemeinsamen Arbeitsabläufen im Rahmen der angeklagten Taten vernommen. Ab dem 22.10. wird die Verhandlung die Verhandlung dann wieder gegen beide weitergeführt.
Ist dies zulässig?

Das Vorgehen der Strafkammer verstößt aus Sicht des B gegen § 230 Abs. 1 StPO. Hiernach findet eine Hauptverhandlung gegen einen ausgebliebenen Angeklagten nicht statt. Prinzipiell kann das Gericht Strafsachen, die zu gemeinsamer Verhandlung miteinander verbunden sind, jederzeit trennen und erneut verbinden. Dies gilt allerdings nur, falls keine zwingenden Vorschriften der StPO entgegenstehen. Unzulässig ist eine vorübergehende Abtrennung insbesondere, wenn die Verhandlung in Abwesenheit des Angeklagten Vorgänge zum Gegenstand hat, die die gegen ihn erhobenen Vorwürfe berühren. Nur wenn in der inzwischen weitergeführten Hauptverhandlung ausschließlich Vorgänge erörtert werden, die mit dem abgetrennten Verfahrensteil in keinem inneren Zusammenhang stehen und deshalb die Anwesenheit des Angeklagten nicht erfordern. In der gegen A allein weitergeführten Hauptverhandlung kam das Verhältnis beider Angeklagter zueinander und die Arbeitsweise bei den Taten zur Sprache und B wurde hierzu als Zeuge vernommen, bevor er durch die erneute Verbindung wieder zum Angeklagten wurde. Das Vorgehen der Strafkammer stellt damit eine Umgehung von § 230 StPO dar, der gemäß § 338 Nr. 5 StPO einen absoluten Revisionsgrund darstellt.[30] (Siehe zu den absoluten Revisionsgründen Rn. 239 ff.)

---

30 BGH NJW 1972, 545, 546.

V. Verteidiger

30 **1.** Der Beschuldigte kann sich gemäß § 137 Abs. 1 StPO in jeder Lage des Verfahrens an einen Verteidiger wenden. Maximal drei Verteidiger sind erlaubt. Der Verteidiger ist einerseits selbstständiges Organ der Rechtspflege (§ 1 BRAO), andererseits wirkt er bei der Wahrheitsfindung einseitig zugunsten des Beschuldigten mit.[31]

Eine Verteidigung mehrerer Beschuldigter durch einen **gemeinschaftlichen Verteidiger** ist gemäß § 146 StPO nicht möglich. Ggf. muss er in diesem Fall nicht nur mit einer Zurückweisung gemäß § 146 a StPO rechnen, sondern u.U. auch mit einem Strafverfahren wegen Parteiverrats gemäß § 356 StGB, da Parteien i. S. dieser Vorschrift auch mehrere Tatbeteiligte sein können.[32] Möglich ist allerdings eine sukzessive Verteidigung,[33] d.h. die Übernahme einer Verteidigung nach Niederlegung/Beendigung der Vertretung des Mitbeschuldigten. Nach § 3 Abs. 2 S. 2 BORA schließt eine gemeinsame Berufsausübung in einer Sozietät oder Bürogemeinschaft die Übernahme von Mandanten mit widerstreitenden Interessen aus, sofern sich die Mandanten nicht nach umfassender Information mit der Vertretung einverstanden erklären. Für den Bereich der Strafverteidigung ist allerdings anerkannt, dass mehrere Anwälte einer Sozietät oder Bürogemeinschaft verschiedene Beschuldigte in demselben Verfahren verteidigen dürfen, sofern diese sich nicht gegenseitig belasten.[34]

31 **2.** Belastende Umstände muss der Verteidiger nicht offenbaren. Er darf dies gemäß § 203 Abs. 1 Nr. 3 StGB auch nicht. Ihm steht ein Zeugnisverweigerungsrecht nach § 53 Abs. 2 Nr. 2 StPO zu. Selbst wenn er von der Schuld seines Mandanten überzeugt ist oder sogar um diese weiß, kann er einen Freispruch anstreben. Erst dort, wo er in strafprozessual unzulässiger Weise die Wahrheitsermittlung verhindert, ist die Grenze zur Strafvereitelung gemäß § 258 StGB überschritten.

Beispiele:

Benennung eines zum Meineid entschlossenen Zeugen; Einwirkung auf den Zeugen, um ihn zu einer Lüge zu bewegen; Bestärkung eines zur Lüge entschlossenen Zeugen; Drängen, sich auf ein nicht bestehendes Verlöbnis zu berufen; Nötigen oder Täuschen eines Zeugen; Beweisstücke verschwinden lassen; Mitteilung an den Beschuldigten von einer ihm drohenden Durchsuchung usw.[35]

Nimmt der Verteidiger sein Honorar entgegen, besteht – je nach Herkunft des Geldes – die Gefahr, dass er sich wegen Geldwäsche gemäß § 261 Abs. 2 Nr. 1 StGB strafbar macht.[36] Da hierdurch die Berufsausübungsfreiheit des Verteidigers (Art. 12 GG) tangiert ist, muss die Vorschrift verfassungsgemäß ausgelegt werden, sodass nur sichere Kenntnis von der Herkunft des Honorars zur Strafbarkeit führt. § 261 Abs. 5 StGB, der Leichtfertigkeit genügen lässt, kann auf Verteidiger nicht angewandt werden.[37]

---

31 BVerfG NJW 2004, 1305, 1307; Müller-Christmann JuS 2001, 60, 62 ff.; Kempf StraFo 2003, 79, 80 ff.; kritisch zur Rolle des Verteidigers: Nowrousian Kriminalistik 2/2018, 104 ff.

32 BGHSt 52, 307; Fischer § 356 Rn. 6.

33 Meyer-Goßner/Schmitt § 146 Rn. 19.

34 Fischer § 356 Rn. 3 d.

35 Vgl. die Beispiele bei Fischer § 258 Rn. 21 ff.

36 Eingehend BGH NJW 2001, 2891, 2892 ff.; Katholnigg NJW 2001, 2041; Wegner NJW 2002, 794; v. Galen NJW 2004, 3304.

37 BVerfG NJW 2004, 1305, 1306 ff.; NJW 2005, 1707, 1708.

3. Auch dem nicht auf freiem Fuß befindlichen Beschuldigten ist gemäß § 148 StPO der Kontakt mit dem Verteidiger zu ermöglichen. Das Verhältnis zwischen Beschuldigtem und Verteidiger wird ferner durch § 97 Abs. 1 i.V.m. § 53 Abs. 1 S. 1 Nr. 2 StPO geschützt, wonach schriftliche Mitteilungen zwischen diesen Personen **nicht beschlagnahmt werden dürfen**. Abs. 2 S. 1 schränkt dies dahin ein, dass das Beschlagnahmeverbot nur gelten soll, wenn sich die Gegenstände beim Zeugnisverweigerungsberechtigten befinden. Aus § 148 Abs. 1 StPO wird allerdings abgeleitet, dass Schriftstücke, die vom Verteidiger herrühren und sich beim Beschuldigten befinden, ebenfalls beschlagnahmefrei sind, also dass es auf den Gewahrsam nicht ankommt. Die Grenze ist erst dort zu ziehen, wo gewichtige Anhaltspunkte dafür vorliegen, dass der Verteidiger sich an den Taten des Beschuldigten beteiligt hat.[38] **32**

4. Diese Regelungen werden ergänzt durch § 160 a Abs. 1 StPO. Hiernach ist eine Ermittlungsmaßnahme, die sich gegen zur Zeugnisverweigerung berechtigte Personen i.S.d. § 53 Abs. 1 S. 1 Nr. 1, 2 und 4 StPO, oder einen Rechtsanwalt oder Rechtsanwaltskammermitglieder oder -beistände richtet und voraussichtlich Erkenntnisse erbringen würde, über die dieser das Zeugnis verweigern dürfte, **unzulässig**. Nach Abs. 1 S. 2 der Vorschrift besteht sogar ein Beweisverwertungsverbot. Nur wenn Anhaltspunkte dafür bestehen, dass Beweismittel beim Verteidiger versteckt werden, ist die Durchsuchung und Beschlagnahme zulässig. Gleiches gilt nach Abs. 4, wenn gegen die zeugnisverweigerungsberechtigte Person der Verdacht einer Beteiligung oder eines Anschlussdeliktes besteht. Anders als beim Beschuldigten dürfen beim Nichtbeschuldigten aufgefundene Unterlagen eines Rechtsanwaltes beschlagnahmt werden.[39]

5. In den in § 140 StPO genannten Fällen der **notwendigen Verteidigung** ist die Mitwirkung eines Verteidigers unabdingbar (sog. **Pflichtverteidiger**). Auf die finanzielle Leistungsfähigkeit des Beschuldigten kommt es dabei nicht an. Durch die Bestellung wird die öffentlich-rechtliche Pflicht des Verteidigers begründet, bei der ordnungsgemäßen Durchführung des Strafverfahrens und insbesondere in der Hauptverhandlung durch sachdienliche Verteidigung des Angeklagten mitzuwirken.[40] Der Pflichtverteidiger wird von der Staatskasse bezahlt und erhält grundsätzlich verminderte Gebühren. **33**

Die Regelungen über die notwendige Verteidigung gemäß §§ 140 ff. StPO sind mit Wirkung vom 13.12.2019 neu gefasst worden. Die wichtigsten Fälle der **notwendigen Verteidigung** sind die erstinstanzliche Hauptverhandlung vor dem Landgericht oder Oberlandesgericht und – neu – dem Schöffengericht (Nr. 1), die Anklage eines Verbrechens (Nr. 2), wenn der Beschuldigte einem Gericht zur Entscheidung über Haft oder einstweilige Unterbringung vorzuführen ist (und nicht erst bei Vollzug) (Nr. 4) oder wenn ihm sonst auf Grund richterlicher Anordnung oder mit richterlicher Genehmigung die Freiheit entzogen wird (und nicht erst wie bisher nach drei Monaten), (Nr. 5). Außerdem ist eine Beiordnung nach der Generalklausel des § 140 Abs. 2 StPO wegen der Schwere der Tat oder wegen der Schwierigkeit der Sach- und Rechtslage möglich.

---

38 BGH NStZ 2010, 288; Fischer § 97 Rn. 37, § 148 Rn. 8.

39 LG Mannheim NZWiSt 2012, 424.

40 Meyer-Goßner/Schmitt § 142 Rn. 14 m.w.N.

Beispiele:

Straferwartung von über einem Jahr Freiheitsstrafe, drohender Bewährungswiderruf in anderer Sache bei Schuldspruch, nicht ausgetragene Rechtsfragen, Prüfung eines Beweisverwertungsverbots.[41]

Gemäß § 141 Abs. 1 StPO n. F. hat der Beschuldigte in den Fällen der notwendigen Verteidigung mit Eröffnung des Tatvorwurf das Recht, einen Pflichtverteidiger zu beantragen. Nach bisher st.Rspr. konnte im Ermittlungsverfahren eine Beiordnung eines Verteidigers nicht erzwungen werden, vielmehr hat das Antragsrecht allein für die Staatsanwaltschaft bestanden, denn sie ist zur Objektivität verpflichtet und nimmt eine Wächterrolle im Strafprozess ein.[42] Unabhängig von seinem Antrag ist ihm gemäß Abs. 2 von Amts wegen ein Verteidiger zu bestellen, wenn er einem Gericht zur Entscheidung über Haft oder Unterbringung vorgeführt werden soll (Nr. 1), wenn sich bereits sonst in einer Anstalt befindet (Nr. 2), wenn ersichtlich ist, dass er sich nicht selbst verteidigen kann (Nr. 3) und nach Anklageerhebung im Zwischenverfahren (Nr. 4). Diese Grundsätze werden in § 141 a StPO für gewissen Fällen aufgeweicht. Die Zuständigkeiten werden in § 142 StPO geregelt. Neu ist insbesondere, dass gerichtliche Entscheidungen über die Bestellung eines Pflichtverteidigers mit der (fristgebundenen) sofortigen Beschwerde anfechtbar sind, also nicht wie bislang mit der einfachen Beschwerde, Abs. 7.

34 **6.** Der gewählte oder bestellte Verteidiger kann **Zustellungen** für den Mandanten entgegen nehmen, im ersteren Fall wenn sich dessen Vollmacht bei den Akten befindet, § 145 a Abs. 1 StPO. Diese Vollmacht besteht auch nach Beendigung des Mandats fort, bis die Anzeige hierüber zu den Akten gelangt ist.[43]

Der Verteidiger hat ein **Recht auf Akteneinsicht**, § 147 StPO. Bis zum Ermittlungsabschluss kann gemäß Abs. 2 die Einsicht in Akten oder Teile davon versagt werden, wenn dies den Untersuchungszweck gefährden würde; nach Ermittlungsabschluss (vgl. § 169 a StPO) gilt das Akteneinsichtsrecht uneingeschränkt.

Fall 10: Umfang der Akteneinsicht

A ist wegen Einfuhr von BtM in nicht geringer Menge angeklagt. Nach Eröffnung des Hauptverfahrens erhält Verteidiger V einen Datenträger mit einem Scandoppel der Ermittlungsakten (948 Blatt). Danach gehen der Strafkammer weitere Ermittlungsergebnisse ein (251 Blatt). Der Vorsitzende ist der Auffassung, die nachgelieferten Ermittlungsergebnisse sind nicht entscheidungserheblich und will sie deshalb nicht zum Gegenstand der Hauptverhandlung machen. Aus diesem Grund hält er es für unnötig, die Aktenbestandteile der Verteidigung zur Verfügung zu stellen.
Zu Recht?

41 LG Hannover RÜ 2017, 721; RÜ2 2017, 253; Meyer-Goßner/Schmitt § 140 Rn. 27.

42 BGH NJW 2015, 3383; RÜ 2015, 791.

43 Meyer-Goßner/Schmitt § 145 a Rn. 11.

Der BGH hat aus Art. 6 EMRK i.V.m. § 147 StPO die Pflicht des Gerichts abgeleitet, dem Angeklagten und seinem Verteidiger Gelegenheit zu geben, sich von allen Ergebnissen der Ermittlungen Kenntnis zu verschaffen. Ob das Gericht die Aktenbestandteile für entscheidungserheblich erachtet, ist nicht entscheidend, denn es muss den Verfahrensbeteiligten überlassen bleiben, selbst zu beurteilen, ob es sich um relevante Umstände handelt.[44] Das Vorenthalten von Aktenbestandteilen ist daher unzulässig.

---

7. Wird der Beschuldigte richterlich vernommen, ist dem Verteidiger gemäß § 168 c Abs. 1 StPO die **Anwesenheit** gestattet, ferner nach Abs. 2 bei der richterlichen Vernehmung von Zeugen. Gleiches gilt gemäß § 163 a Abs 3 StPO bei Beschuldigtenvernehmungen durch die Staatsanwaltschaft und durch die Polizei (§ 163 a Abs. 3 S. 1, Abs. 4 S. 3 StPO).

8. Gegen Verteidiger können vom Gericht keine Ordnungsmittel verhängt werden, § 177 GVG.

VI. Beweispersonen

1. Der Zeuge

a) Der Zeuge ist wegen Erinnerungsmängeln naturgemäß das unzuverlässigste, gleichwohl aber das wichtigste Beweismittel. Gemäß § 48 Abs. 1 StPO ist er **verpflichtet, vor dem Richter zu erscheinen** und auszusagen, sofern nicht eine gesetzliche Ausnahme vorliegt. Erscheint der ordnungsgemäß geladene Zeuge nicht, sind ihm gemäß § 51 Abs. 1 StPO die durch das Ausbleiben verursachten Kosten aufzuerlegen. Zugleich wird gegen ihn ein Ordnungsgeld und für den Fall, dass dieses nicht beigetrieben werden kann, Ordnungshaft festgesetzt. Er kann auch zwangsweise vorgeführt werden. Verweigert er das Zeugnis (oder die Eidesleistung) ohne gesetzlichen Grund, gilt gemäß § 70 Abs. 1 StPO dasselbe. 35

b) Auch vor der Staatsanwaltschaft muss der Zeuge erscheinen, § 161 a Abs. 1 StPO. Erscheint er nicht oder verweigert er grundlos die Aussage, gelten die §§ 51 und 70 entsprechend. Nur die Haft kann der Staatsanwalt nicht anordnen. Auch die Vorführung ist zulässig.

c) Vor der Polizei müssen Zeugen gemäß § 163 Abs. 3 StPO **ebenfalls erscheinen** und aussagen, aber nur, wenn der Ladung ein Auftrag der Staatsanwaltschaft zugrunde liegt. Bei unberechtigtem Ausbleiben oder unberechtigter Weigerung entscheidet die Staatsanwaltschaft gemäß Abs. 4 wiederum über die eben genannten Maßregeln.

44 BGH NStZ 2017, 549, RÜ 2017, 580.

36 **d)** Die Pflicht zur Aussage gilt nicht unbeschränkt. Gewisse Personen sind dazu berechtigt, das Zeugnis umfassend **zu verweigern:**

- **Angehörige i.S.d. § 52 StPO:**
  - Nr. 1: Verlobte, Personen, die sich eine Lebenspartnerschaft versprochen haben
  - Nr. 2: Der Ehegatte, auch nach Beendigung der Ehe
  - Nr. 2 a: Der Lebenspartner, auch nach Beendigung der Lebenspartnerschaft
  - Nr. 3: Verwandte/Verschwägerte (auch nach Beendigung der Schwägerschaft)
  - **Nicht:** Freunde, Lebensgefährten u. ä.
- Berufsgeheimnisträger i.S.d. § 53 StPO
- Mitwirkende Personen i.S.d. § 53 a StPO
- Angehörige des Öffentlichen Dienstes ohne Aussagegenehmigung i.S.d. § 54 StPO

Hiervon sind Zeugen zu unterscheiden, denen ein **Auskunftsverweigerungsrecht** zusteht. Gemäß § 55 StPO kann der Zeuge die Auskunft auf einzelne Fragen verweigern, deren Beantwortung ihn oder einen Angehörigen i.S.d. § 52 Abs. 1 StPO der Gefahr aussetzen würde, wegen einer Straftat oder Ordnungswidrigkeit verfolgt zu werden. Ein umfassendes Schweigerecht gibt § 55 StPO dem Zeugen also nicht.

37 **d)** Das Zeugnisverweigerungsrecht der Angehörigen gemäß § 52 StPO und die damit zusammenhängenden Fragen gehören zu den „Prüfungsklassikern", insbesondere **wie weit das Schweigerecht reicht** und welche Beweisverwertungsverbote sich hieraus entwickeln können.

Fall 11: Zeugnisverweigerung bei Einstellung

Gegen A und B wird ein Ermittlungsverfahren geführt. Das Verfahren gegen B wird abgetrennt und gesondert weiterbearbeitet. C, die Ehefrau des A, verweigert im abgetrennten Verfahren die Aussage. Zu Recht?

Ändert sich etwas, wenn das Ermittlungsverfahren gegen A wegen fehlenden hinreichenden Tatverdachts gemäß § 170 Abs. 2 StPO eingestellt worden ist?

C verweigert zu Recht die Aussage, denn im Verfahren gegen mehrere Beschuldigte kann der Angehörige das Zeugnis in vollem Umfang verweigern, wenn die Aussage auch seinen Angehörigen betrifft, da er sonst Gefahr läuft, ihn zumindest indirekt zu belasten.[45] Das Zeugnisverweigerungsrecht besteht auch dann, wenn das Verfahren gegen den Angehörigen abgetrennt worden ist.[46] Das Gleiche gilt, wenn der Angehörige des Zeugen durch eine Einstellung gemäß §§ 170 Abs. 2, 205 StPO (z.B. weil er unbekannten Aufenthalts ist) oder auf andere Weise aus dem Verfahren ausgeschieden ist.[47]

---

45 BGH NJW 1992, 1116, 1117; NJW 1998, 3363; BGH StV 2003, 5; NStZ 2003, 217; Meyer-Goßner/Schmitt § 52 Rn. 11.

46 BGH MDR 1973, 902; NStZ 88, 18; Meyer-Goßner/Schmitt § 52 Rn. 11.

47 Meyer-Goßner/Schmitt § 52 Rn. 11 m.w.N.

Das Zeugnisverweigerungsrecht erlischt erst dann, wenn nicht mehr ernsthaft mit einer Verfolgung des Angehörigen zu rechnen ist. Dies ist dann der Fall, wenn das Verfahren gegen den Angehörigen **rechtskräftig abgeschlossen** ist, sei es durch Freispruch oder durch Verurteilung, ferner wenn der Angehörige verstorben ist.

Fraglich ist, was gilt, wenn das Verfahren gegen A gemäß § 153 Abs. 2, § 153 a oder § 154 StPO eingestellt oder ein gegen A erlassener Strafbefehl rechtskräftig geworden ist.

Nach der Rspr. des BGH führt eine **Einstellung gemäß § 154 StPO** dazu, dass das Zeugnisverweigerungsrecht erlischt, und zwar unabhängig davon, ob die Einstellung im Ermittlungsverfahren von der Staatsanwaltschaft verfügt (Abs. 1) oder nach Erhebung der öffentlichen Klage vom Gericht vorgenommen wird (Abs. 2).[48] Der gerichtliche Einstellungsbeschluss gemäß Abs. 2 beendet hiernach die gerichtliche Anhängigkeit und schafft ein Verfahrenshindernis. Ein Wiederaufgreifen ist nach der Rspr. nur dann möglich, wenn sich die Tat **nachträglich als Verbrechen** darstellt. Anderenfalls darf der Angeklagte darauf vertrauen, dass es bei der Einstellung verbleibt. Auch die Einstellung durch die Staatsanwaltschaft nach Abs. 1 schafft für den Beschuldigten eine Vertrauensgrundlage, die es der Staatsanwaltschaft verbietet, willkürlich die Ermittlungen wieder aufzunehmen. Dies kann sie nur bei einem sachlichen Grund.

Ob dies auch gilt, wenn das Verfahren gemäß § 153 a StPO endgültig eingestellt worden ist bzw. wenn der Angehörige die Auflagen und Weisungen erfüllt hat, sodass die Tat schon nach dem Gesetzeswortlaut nicht mehr als Vergehen verfolgt werden kann, hat der BGH offen gelassen, dürfte aber zu bejahen sein.[49]

Der BGH ist ferner der Auffassung, dass eine Einstellung des Verfahrens durch Gerichtsbeschluss **gemäß § 153 Abs. 2 StPO** zu einem **beschränkten Strafklageverbrauch wie bei § 153 a StPO** führt, sodass erneutes Aufgreifen des Verfahrens nur dann möglich ist, wenn sich die Tat nachträglich als Verbrechen darstellt.[50] Dies muss konsequenterweise ebenfalls dazu führen, dass ein Zeugnisverweigerungsrecht gemäß § 52 StPO erlischt, sofern nicht ein Verbrechen im Raum steht.

Ein rechtkräftiger **Strafbefehl** führt grundsätzlich zu einem Strafklageverbrauch. Allerdings gestattet § 373 a StPO eine **Wiederaufnahme des Verfahrens**, wenn neue Tatsachen und Beweismittel beigebracht sind, die allein oder in Verbindung mit den früheren Beweisen geeignet sind, die Verurteilung zu begründen. Die Auswirkungen auf das Zeugnisverweigerungsrecht des Angehörigen sollten identisch sein.

48 BGHSt 54, 1.
49 Meyer-Goßner/Schmitt § 52 Rn. 11 m.w.N.
50 BGH NJW 2004, 375.

2. Der Sachverständige

38 Der **Sachverständige** wird im Ermittlungsverfahren gemäß § 161 a Abs. 1 S. 2 StPO von der Staatsanwaltschaft, im gerichtlichen Verfahren von dem Richter hinzugezogen, § 73 StPO. Für ihn gelten grundsätzlich die Vorschriften über Zeugen, § 72 StPO. Er muss der Ernennung Folge leisten und das Gutachten erstatten, § 75 StPO. Anderenfalls wird gegen ihn ein Ordnungsgeld verhängt, § 77 StPO. Eine Ausnahme gilt nur, wenn er ein Gutachtenverweigerungsrecht hat, § 76 i.V.m. §§ 52 ff. StPO. Der Sachverständige kann gemäß § 74 StPO aus denselben Gründen wie ein Richter (§§ 22 ff. StPO) wegen Besorgnis der Befangenheit abgelehnt werden.

Vom Sachverständigen ist der **sachverständige Zeuge** i.S.d. § 85 StPO zu unterscheiden. Er hat Wahrnehmungen ohne gerichtlichen Auftrag aufgrund besonderer Sachkunde gemacht. Er wird wie jeder andere Zeuge vernommen und kann nicht als befangen abgelehnt werden.

Beispiel: Ein Arzt führt ohne behördlichen Auftrag eine Obduktion einer Leiche durch. Er ist nicht als Sachverständiger, sondern als Zeuge zu vernehmen.[51]

VII. Verletzter

39 **Verletzter** im Sinne der StPO ist, wer durch die Tat unmittelbar in einem Rechtsgut verletzt ist. Der Begriff entspricht nicht dem des § 77 StGB, sondern ist weit auszulegen, jedoch reicht es nicht aus, dass der Betreffende durch die Tat lediglich wie jeder andere Bürger betroffen ist, z.B. bei Straftaten zum Nachteil der Allgemeinheit wie Staatsschutzdelikte.[52]

1. Stellt die Staatsanwaltschaft ein Verfahren gemäß § 170 Abs. 2 StPO ein, kann der Antragsteller, der zugleich Verletzter ist, hiergegen gemäß § 172 Abs. 1 StPO die sog. Vorschaltbeschwerde einlegen und das Klageerzwingungsverfahren betreiben, sofern dies gemäß Abs. 2 S. 3 StPO statthaft ist. In jedem Fall kann er eine Einstellungsverfügung des Staatsanwaltes mit der (sachlichen) Dienstaufsichtsbeschwerde angreifen.

2. Der Verletzte ist nicht darauf beschränkt, Zeuge i.S.d. §§ 48 ff. StPO zu sein, sondern kann sich u.U. als **Nebenkläger** anschließen, §§ 395 ff. StPO. Ist er durch eine Tat aus dem Katalog des § 395 StPO verletzt worden, kann er eine Anschlusserklärung abgeben, § 396 StPO, an der Hauptverhandlung teilnehmen und dort Verfahrensrechte ausüben, § 397 StPO, und gegebenenfalls das Urteil mit Rechtsmitteln angreifen, §§ 400 f. StPO.

40 **3.** Ferner kann der Verletzte unabhängig von der Nebenklage das sog. **Adhäsionsverfahren** betreiben, §§ 403 ff. StPO. Hat der Verletzte oder sein Erbe gegen den Beschuldigten einen vermögensrechtlichen Anspruch erlangt, der zu der Zuständigkeit der Zivilgerichte gehört und noch nicht anderweitig anhängig ist, kann er diesen auch im Strafverfahren geltend machen. An die zivilgerichtlichen Streitwerte ist er dabei nicht gebunden, sodass auch hohe Forderungen beim Strafrichter oder Schöffengericht des

51 OLG Köln OLGSt § 261, 96, 98; Meyer-Goßner/Schmitt § 85 Rn. 5.

52 Meyer-Goßner/Schmitt § 172 Rn. 10.

Amtsgerichts geltend gemacht werden können. Dabei wird es sich in aller Regel um Schadensersatz- und Schmerzensgeldansprüche handeln. Die zivilrechtlichen Beweislastregeln gelten dabei nicht. Ein entsprechendes Urteil enthält dann neben dem Straf- und Rechtsfolgenausspruch auch eine zivilrechtliche Verurteilung, die einem Zivilurteil gleich steht und genauso vollstreckt werden kann, § 406 Abs. 3 StPO.

Das Adhäsionsverfahren steht unter der Einschränkung des § 406 Abs. 1 S. 4 StPO, wonach das Gericht von einer Entscheidung absehen kann, wenn eine Erledigung im Strafverfahren ungeeignet erscheint. Allerdings ist gemäß § 406 Abs. 1 S. 6 StPO bei Schmerzensgeld eine Verzögerung kein Ausschlussgrund.

4. Die umfassende Neuregelung der **Vermögensabschöpfung** hat die Rechte des Ver- 41
letzten entscheidend gestärkt. Hierdurch wird das zivilrechtliche Bereicherungsrecht in das Strafverfahren implementiert und von Amts wegen betrieben. Hat der Täter durch die Tat oder für sie etwas erlangt oder Nutzungen hieraus gezogen, ordnet das Gericht gemäß § 73 StGB die Einziehung an. Ist der Vorteil gegenständlich nicht vorhanden, ist gemäß § 73 c StGB der Wert des Erlangten einzuziehen. Dies geschieht auch, um das Eingezogene dem Verletzten zukommen zu lassen: Hat der Verletzte einen Anspruch auf Rückgewähr, wird ihm der Gegenstand oder dessen Wert gemäß § 459 h StPO im Rahmen der Vollstreckung vom Rechtspfleger der Staatsanwaltschaft übertragen. Dies wird dem Verletzten von Amts wegen mitgeteilt. Dieser hat dann gemäß § 459 j StPO sechs Monate Zeit, seinen Anspruch anzumelden. Das Strafurteil und seine Gründe wirken wie ein titulierter Anspruch. Einer separaten (Zivil-)Klage bedarf es nicht (mehr).

5. Sonstige Befugnisse des Verletzten finden sich in §§ 406 d ff. StPO.

2. Abschnitt: Zwangsmaßnahmen

42 Im Zuge des Strafverfahrens ist es regelmäßig notwendig, in Grundrechte des Beschuldigten oder Dritter einzugreifen. Grundrechtsrelevantes staatliches Handeln bedarf einer Ermächtigungsgrundlage. Nachfolgend die wichtigste Zwangsmaßnahmen:

Strafprozessuale Zwangsmaßnahmen			
Untersuchungshaft, §§ 112 ff. StPO	Festnahme, § 127 StPO	Identitätsfeststellung, §§ 163 b, c StPO	Durchsuchung, Sicherstellung, Beschlagnahme, §§ 94 ff., 102 ff. StPO
Entziehung der Fahrerlaubnis, § 111 a StPO	Unterbringung und Untersuchung von Personen, §§ 81 ff. StPO	Überwachung/ Einsatz technischer Mittel, §§ 100 a ff. StPO	Verdeckte Ermittler, §§ 110 a ff. StPO

A. Untersuchungshaft und vorläufige Festnahme

43 Die Entziehung der persönlichen Freiheit ist die invasivste Maßnahme, die das Strafrecht kennt. Zu einer Freiheitsentziehung kann es in jedem Verfahrensstadium kommen. Im Erkenntnisverfahren ist eine **vorläufige Festnahme** möglich, § 127 StPO, auch kann gegen den Beschuldigten/Angeschuldigten/Angeklagten **Untersuchungshaftbefehl** (§§ 112 ff. StPO) ergehen. Im Vollstreckungsverfahren können ein **Sicherungshaftbefehl** gemäß § 453 c StPO oder ein **Vollstreckungshaftbefehl** gemäß § 457 StPO ergehen. Geht es um die Durchsetzung einer Vorladung, kann ein **Vorführungsbefehl** ergehen. Wird umgangssprachlich von Haftbefehl gesprochen, ist in der Regel der Untersuchungshaftbefehl gemeint.

I. Der Untersuchungshaftbefehl

44 Der Untersuchungshaftbefehl gemäß §§ 112 ff. StPO ist die schriftliche richterliche Anordnung der Untersuchungshaft gegen den Beschuldigten. Im Ermittlungsverfahren erlässt gemäß § 125 Abs. 1 StPO der Richter bei dem Amtsgericht, in dessen Bezirk ein Gerichtsstand begründet ist oder der Beschuldigte sich aufhält, den Haftbefehl, also regelmäßig der Ermittlungsrichter i.S.d. § 162 StPO. Nach Erhebung der öffentlichen Klage ist gemäß § 125 Abs. 1 StPO das erkennende Gericht, in Eilfällen der Vorsitzende zuständig.

Für den Haftgrund der Hauptverhandlungshaft enthält § 127 b Abs. 3 StPO eine spezielle Regel.

Die Voraussetzungen für einen Untersuchungshaftbefehl sind in § 112 Abs. 1 StPO geregelt. Untersuchungshaft darf angeordnet werden, wenn der Beschuldigte der Tat dringend verdächtig ist, ein Haftgrund besteht und sie zu der Bedeutung der Sache und der zu erwartenden Sanktion nicht außer Verhältnis steht.

1. Dringender Tatverdacht

Dringender Tatverdacht ist gegeben, wenn die Wahrscheinlichkeit groß ist, dass der Beschuldigte Täter oder Teilnehmer einer verfolgbaren Straftat ist. Dem dringenden Tatverdacht stehen Rechtfertigungs-, Entschuldigungs- und Strafausschließungsgründe ebenso entgegen wie unbehebbare Verfahrenshindernisse. Er ist von dem hinreichenden Tatverdacht i.S.d. § 203 StPO zu unterscheiden, der für die Eröffnung des Hauptverfahrens erforderlich ist. Zwar ist der dringende Tatverdacht stärker als der hinreichende, der nur die Wahrscheinlichkeit der Verurteilung voraussetzt, jedoch erfolgt seine Prüfung nicht auf Grundlage eines abgeschlossenen Ermittlungsverfahrens, sondern nach dem gegenwärtigen Stand, u.U. sogar ganz am Anfang.[53] 45

Daraus folgt, dass der dringende Tatverdacht nicht den hinreichenden enthält, weil anderenfalls der Beschleunigungsgrundsatz stets zur Erhebung der öffentlichen Klage führen müsste, sobald Untersuchungshaftbefehl ergeht.

2. Haftgründe

a) Flucht i.S.d. § 112 Abs. 2 Nr. 1 StPO ist gegeben, wenn der Täter vor Tatbeginn, während oder nach der Tat seine Wohnung aufgibt, ohne eine neue zu beziehen oder sich ins Ausland absetzt, sodass er für Ermittlungsbehörden und Gericht nicht mehr erreichbar ist. Allerdings ist ein Ausländer nicht flüchtig, der sich in sein Heimatland zurückbegibt, ohne dass dies mit der Straftat im Zusammenhang steht. Nötig ist, dass der Beschuldigte erkennt, dass er durch sein Verhalten das Strafverfahren verhindert und dies in Kauf nimmt; Absicht ist dagegen nicht erforderlich. 46
Verborgen i.S.d. Vorschrift hält sich dagegen, wer unangemeldet unter falschem Namen oder an einem unbekannten Ort lebt, um sich dem Verfahren dauernd oder auf längere Zeit zu entziehen. Die Flucht muss aufgrund bestimmter Tatsachen feststehen. Nach den Umständen des Falles muss der Haftgrund näher liegen als eine andere Erklärung der Unerreichbarkeit. Wird der Beschuldigte schließlich ergriffen, wird aus dem Haftgrund der Nr. 1 meist Fluchtgefahr i.S.v. Nr. 2.[54]

b) Fluchtgefahr gemäß § 112 Abs. 2 Nr. 2 StPO ist anzunehmen, wenn die Würdigung der Umstände des Falles es wahrscheinlicher macht, dass sich der Beschuldigte dem Strafverfahren entziehen, als dass er sich zur Verfügung halten wird. Die Höhe der zu erwartenden Strafe begründet für sich allein noch keine Fluchtgefahr. Vielmehr muss sich dieser Haftgrund aus der Würdigung aller Umstände des Einzelfalles ergeben (Familienbindung, fester Wohnsitz, Arbeitsplatz, Auslandsbeziehungen). 47

Beispiel: A ist vor dem Strafrichter angeklagt. Er erscheint zu jedem Hauptverhandlungstermin unter starkem Drogeneinfluss, sodass er nicht verhandlungsfähig ist. Dies stellt nach h.M. ebenfalls ein Sich-Entziehen dar, das den Erlass eines Haftbefehls rechtfertigt.[55]

---

53 Meyer-Goßner/Schmitt § 112 Rn. 5, 6.

54 Hierzu insgesamt Meyer-Goßner/Schmitt § 112 Rn. 12 ff.

55 Meyer-Goßner/Schmitt § 112 Rn. 18 a.E.

48 **c) Verdunkelungsgefahr** gemäß § 112 Abs. 2 Nr. 3 StPO besteht, wenn das Verhalten des Beschuldigten den dringenden Verdacht begründet, dass durch bestimmte Handlungen auf sachlich oder persönliche Beweismittel eingewirkt und dadurch die Ermittlung der Wahrheit erschwert werden wird. Die bloße Möglichkeit, dass es zu Verdunkelungshandlungen kommen könnte, genügt nicht. Ausreichend, aber auch nötig sind bestimmte Tatsachen, die nicht zur vollen Überzeugung des Gerichts festzustehen brauchen, die die Verdunkelungsgefahr begründen. In Betracht kommen Tatsachen aus dem Verhalten, den Beziehungen und den Lebensumständen des Beschuldigten, nicht jedoch aus sonstigen Umständen, auf die er keinen Einfluss hat. Wenn z.B. die ganze Lebensführung des Beschuldigten auf Drohung, Täuschung und Gewalt abgestellt ist, kann dies zur Bejahung des Haftgrundes führen. Er kann sich auch aus den konkreten Umständen der Tat ergeben, insbesondere wenn diese nach Planung und Ausführung die Verdunkelung vor und nach ihrer Begehung voraussetzen.[56]

49 **d) Eine häufige Zusatzfrage:** Bei bestimmten Delikten der Schwerstkriminalität, insbesondere bei Tötungs- und Brandstiftungsdelikten, lässt § 112 Abs. 3 StPO die Untersuchungshaft nach seinem Wortlaut auch dann zu, wenn ein Haftgrund nicht besteht. Dies hätte zur Konsequenz, dass der dringende Tatverdacht als einzige Voraussetzung für die Freiheitsentziehung ausreichen würde. Dies verstößt nach der Rspr. des BVerfG gegen den Verhältnismäßigkeitsgrundsatz. Die Vorschrift ist verfassungskonform dahin auszulegen, dass der Erlass eines Haftbefehls nur zulässig ist, wenn Umstände vorliegen, die die Gefahr begründen, dass ohne Festnahme des Beschuldigten die alsbaldige Aufklärung und Ahnung der Tat gefährdet sein könnte. Ausreichen kann dabei schon die **zwar nicht mit bestimmten Tatsachen** belegbare, aber nach den Umständen des Falles **nicht auszuschließende Flucht- oder Verdunkelungsgefahr** oder die ernstliche Befürchtung, dass der Täter weitere Taten ähnlicher Art begehen wird.[57]

50 **e)** Der Haftgrund der **Wiederholungsgefahr** gemäß § 112 a StPO ist ein Fremdkörper im Strafprozessrecht, denn die vorbeugende Sicherungshaft dient dem Schutz der Allgemeinheit vor weiteren erheblichen Straftaten besonders gefährlicher Täter und ist präventiv-polizeilicher Natur.[58] Der Haftgrund des § 112 a StPO ist daher gemäß Abs. 2 gegenüber einem Haftgrund aus § 112 StPO **subsidiär**.

Wiederholungsgefahr kommt gemäß Abs. 1 Nr. 1 bei gewissen **Sexualdelikten** und **Nachstellungen** i.S.d. § 238 Abs. 2, 3 StGB, ferner bei bereits **wiederholt begangenen**, die Rechtsordnung schwerwiegend beeinträchtigenden Straftaten der in Abs. 1 Nr. 2 aufgezählten Art. Dabei handelt es sich um Straftaten, die erfahrungsgemäß besonders häufig von Serientätern begangen werden. Der Haftgrund der Wiederholungsgefahr erfordert dabei nicht, dass exakt dieselbe Strafnorm zuvor verwirkt worden ist. So kann z.B. bei einer gefährlichen Körperverletzung gemäß § 224 StGB ein früherer Totschlag den Haftgrund auslösen. Die Tat muss wiederholt begangen worden sein, also mindestens **zwei Mal**. Dabei können Taten, die Gegenstand früherer Verfahren sind, gemäß § 112 a Abs. 1 a. E. mit berücksichtigt werden.

---

56 Meyer-Goßner/Schmitt § 112 Rn. 28 ff.

57 BVerfGE 19, 342, 350; Meyer-Goßner/Schmitt § 112 Rn. 37 f.

58 Meyer-Goßner/Schmitt § 112 a Rn. 1.

Die Anlasstat muss eine **schwerwiegende Beeinträchtigung der Rechtsordnung** darstellen, also geeignet sein, in weiten Kreisen das Gefühl der Geborgenheit im Recht zu beeinträchtigen.[59] Erforderlich sind Anlasstaten, die einen überdurchschnittlichen Schweregrad und Unrechtsgehalt aufweisen. Bei Vermögensdelikten bestimmt sich dies auch nach Art und Umfang des Schadens.[60]

In Fällen der Nr. 2 muss eine **Freiheitsstrafe von mehr als einem Jahr** zu erwarten sein. Bei tatmehrheitlicher Begehung muss die erforderliche schwerwiegende Beeinträchtigung der Rechtsordnung für jede Einzeltat vorliegen, die Straferwartung bezieht sich jedoch auf die Gesamtstrafe.[61]

f) Einen speziellen Haftgrund zur Sicherung des **beschleunigten Verfahrens** stellt die 51
Hauptverhandlungshaft gemäß § 127 b Abs. 2 StPO dar. Hiernach kann der Täter für die Dauer von einer Woche ab dem Tag der Festnahme inhaftiert werden, auch wenn keiner der herkömmlichen Haftgründe gegeben ist. Gedacht ist dabei vorrangig an reisende Straftäter, Wohnungslose und Ausländer, bei denen zu befürchten ist, dass sie einer beschleunigt anberaumten Hauptverhandlung fernbleiben werden.[62]

3. Die Anordnung der Untersuchungshaft muss **verhältnismäßig** sein, § 112 Abs. 1 S. 2 52
StPO (vgl. auch § 113 StPO). Insbesondere dürfen keine gleich wirksame, mildere Mittel wie Meldeauflagen oder Sicherheitsleistung (Kaution), die Anweisung, mit bestimmten Personen keine Verbindung aufzunehmen oder sonstige Anweisungen i.S.d. § 116 StPO geeignet sein, den Zweck der Untersuchungshaft zu erreichen.

4. Ein Haftbefehl ist nicht dadurch ausgeschlossen, dass der Beschuldigte bereits in an- 53
derer Sache in Untersuchungs- oder Strafhaft ist. Es kann geboten sein, gegen einen Beschuldigten aus mehreren Verfahren gleichzeitig mehrere Haftbefehle zu erlassen, sog. Überhaft. Diese kann z.B. dann Sinn ergeben, wenn in einem Verfahren der Haftgrund der Verdunkelungsgefahr durch ein Geständnis wegfällt, in einem anderen Verfahren aber andere Haftgründe bestehen.

5. Die Staatsanwaltschaft vollstreckt den Haftbefehl durch die Polizei, § 36 Abs. 2 S. 1 54
StPO. Die Verhaftung erfolgt durch die Ergreifung des Beschuldigten. Dabei muss ihm – wenn möglich – eine Abschrift des Haftbefehls ausgehändigt werden, § 114 a StPO, sofern dieser bereits schriftlich existiert. Ferner ist er über seine Rechte zu belehren, § 114 b StPO. Ggf. ist ihm Gelegenheit zu geben, einen Angehörigen zu benachrichtigen, § 114 c StPO.

Der Verhaftete ist unverzüglich, spätestens am Tag nach der Ergreifung (vgl. §§ 115, 115 a Abs. 1 StPO) dem zuständigen Richter (d.h. dem, der den Haftbefehl erlassen hat, hilfsweise dem Richter des nächsten Amtsgerichts) **vorzuführen** und zu **vernehmen**. Der Richter muss darüber entscheiden, ob er den Haftbefehl aufrechterhält (§ 115 Abs. 4 StPO), aufhebt (§ 120 StPO) oder den Vollzug vorläufig aussetzt (sog. Verschonung, § 116 StPO). Dem Beschuldigten, der noch keinen Wahlverteidiger hat, wird gemäß

59 KG NStZ-RR 15, 115; Meyer-Goßner/Schmitt § 112 a Rn. 9 m.w.N.

60 BVerfGE 35, 185, 191 f; OLG Hamm NStZ-RR 2015, 115.

61 OLG Hamm StV 2011, 291; OLG Braunschweig NJW-Spezial 2013, 729.

62 Meyer-Goßner/Schmitt § 127 b Rn. 1.

§§ 140 Abs. 1 Nr. 4, 141 Abs. 2 Nr. 1 StPO ein Pflichtverteidiger beigeordnet. Es entsteht ein – eingeschränktes – Akteneinsichtsrecht, § 147 Abs. 2 S. 2 StPO.

55 **6.** Der **Rechtsschutz** gegen einen Untersuchungshaftbefehl gestaltet sich wie folgt:

a) Gegen den Haftbefehl selbst kann der Beschuldigte Beschwerde gemäß §§ 304 ff. StPO (nebst weiterer Beschwerde gemäß § 310 Abs. 1 Nr. 1 StPO) einlegen. Er kann aber auch gemäß §§ 117 ff. StPO einen Antrag auf Haftprüfung stellen. Tut er dies, ist daneben die Beschwerde unzulässig, § 117 Abs. 2 S. 1 StPO.

Es ist aber möglich, den Beschwerdeweg gegen den Untersuchungshaftbefehl bis zum OLG gemäß § 310 StPO auszuschöpfen und anschließend Haftprüfung zu beantragen.[63] Gegen eine abschlägige Entscheidung kann dann wiederum Beschwerde eingelegt werden; es kommt zu einer – letztlich überflüssigen – Verdoppelung des Rechtsschutzes (weshalb vertreten wird, es fehle am Rechtsschutzbedürfnis[64]).

b) Dauert die Untersuchungshaft sechs Monate an, findet eine besondere Haftprüfung durch das Oberlandesgericht (oder den BGH) statt, §§ 121, 122 StPO. Dieses muss die Fortdauer der Untersuchungshaft anordnen. Voraussetzung hierfür ist nach § 121 Abs. 1 StPO, dass besondere Schwierigkeiten, der besondere Umfang der Ermittlungen oder ein anderer wichtiger Grund das Urteil noch nicht zulassen und die Fortdauer der Haft rechtfertigen. § 121 StPO ist wegen des Ausnahmecharakters eng auszulegen.[65]

Die Verzögerung des Verfahrens wegen Überlastung des Gerichts ist grundsätzlich kein wichtiger Grund. Denn der Inhaftierte hat es nicht zu vertreten, dass dem Gericht die personellen oder sachlichen Mittel fehlen. Dies fällt in den Verantwortungsbereich des Staates.[66]

Ordnet das OLG die Fortdauer der U-Haft an, so bleibt es auch zur weiteren Haftprüfung zuständig, die jeweils nach **drei Monaten wiederholt** werden muss, § 122 Abs. 4 StPO.

63 Vgl. Meyer-Goßner/Schmitt § 117 Rn. 8, 14.

64 OLG Stuttgart NStZ 1994, 401.

65 BVerfG StV 2000, 321, NJW 2000, 1401, 1402; NStZ-RR 2002, 240, NJW 2002, 207, 208; EGMR NJW 2005, 3125, 3126 ff.

66 BVerfG StV 2000, 321; NJW 2006, 668; OLG Hamburg NJW 2006, 2792.

Untersuchungshaft, §§ 112 ff. StPO

Ablauf

- Antrag der StA
- Bestellung eines Pflichtverteidigers, §§ 140 Abs. 1 Nr. 4, 141 Abs. 2 Nr. 1 StPO und Gewährung (beschränkter) Akteneinsicht, § 147 Abs. 2 S. 2 StPO

Richter erlässt auf Antrag der StA **Haftbefehl**, §§ 114, 125 StPO

StA vollstreckt Haftbefehl durch Polizei, § 36 Abs. 2 S. 1 StPO

Verhaftung durch **Ergreifung**, dabei Pflichten zur:

- Bekanntmachung des Haftbefehls, § 114 a StPO
- Belehrung, § 114 b StPO
- Benachrichtigung, § 114 c StPO

Unverzügliche **Vorführung**

- vor den zuständigen Richter, §§ 115 Abs. 1, 126 StPO
- oder vor das nächste AG, § 115 a Abs. 1 StPO

Ggf. Nachholung der Eröffnung des Haftbefehls, § 114 a StPO

Belehrung, §§ 115 Abs. 3, 136 StPO

Vernehmung, rechtliches Gehör, § 115 Abs. 2 StPO

Richter entscheidet über Haftbefehl:

- Aufrechterhaltung mit Rechtsmittelbelehrung, § 115 Abs. 4 StPO
- Außervollzugsetzung unter Auflagen, § 116 StPO
- Aufhebung, § 120 StPO

Rechtsschutz

auf Antrag des Beschuldigten jederzeit

- Haftprüfung, § 117 Abs. 1 StPO
- Subsidiär: Beschwerde, § 304 StPO; weitere Beschwerde, § 310 StPO

von Amts wegen

nach sechs Monaten Haftprüfung durch das LG, **§§ 121, 122 Abs. 1 bis 3 StPO**

jeweils nach drei weiteren Monaten Wiederholung der Haftprüfung durch das OLG, §§ 121, 122 Abs. 4 StPO

II. Die vorläufige Festnahme

56 Reicht die Zeit nicht für die Beantragung und den Erlass eines Untersuchungshaftbefehls, kann der Beschuldigte gemäß § 127 StPO vorläufig festgenommen werden.

1. Die Vorschrift enthält zwei verschiedene Eingriffsrechte: das **Jedermann-Festnahmerecht** gemäß § 127 Abs. 1 StPO und das Festnahmerecht der Staatsanwaltschaft und der Polizei gemäß § 127 Abs. 2 StPO. Letztere können sich aber auch auf Abs. 1 berufen.

2. Der Unterschied zwischen Abs. 1 und Abs. 2 zeigt sich im **Festnahmegrund.**

a) Bei § 127 Abs. 1 StPO muss der Festzunehmende **auf frischer Tat betroffen oder verfolgt** sein. Ferner muss Fluchtgefahr bestehen bzw. die Identität des Beschuldigten nicht sofort feststellbar sein. **„Betroffen auf frischer Tat"** ist jemand, wenn er bei der Erfüllung des Straftatbestandes oder unmittelbar danach am Tatort oder in dessen unmittelbarer Nähe gestellt wird. **„Verfolgung auf frischer Tat"** liegt vor, wenn sich der Täter bereits vom Tatort entfernt hat und die Nacheile zum Zweck seiner Ergreifung aufgenommen wird.

Nach überwiegender Meinung besteht **gegenüber strafunmündigen Kindern kein Festnahmerecht nach § 127 StPO**, weil bei diesen überhaupt keine strafprozessuale Verfolgungsmöglichkeit besteht. Der mit § 127 StPO verfolgte Sicherungszweck kann hier also überhaupt nicht infrage stehen.[67] Die Problematik wird insbesondere relevant bei Diebesbanden, die bewusst strafunmündige Kinder einsetzen.

b) Zu den Prüfungsklassikern – auch im materiellen Gutachten – zählt die Frage, ob für § 127 Abs. 1 StPO eine Tat wirklich vorliegen muss oder ob – wie für Abs. 2 – der dringende Tatverdacht ausreicht (siehe Skript Strafrecht AT 1).

57 **c)** Ferner muss für § 127 Abs. 1 StPO entweder **Fluchtverdacht** bestehen oder die **Identität darf nicht sofort feststellbar** sein. Für Fluchtverdacht genügt die nach den Umständen und der Lebenserfahrung berechtigte Annahme, der Betroffene werde sich der Strafverfolgung durch Flucht entziehen. Die Identität ist nicht sofort feststellbar, wenn der Name des Betroffenen nicht bekannt ist und wenn er Angaben zur Person verweigert oder sich nicht ausweisen kann. Die Feststellung der Identität durch die Staatsanwaltschaft oder die Beamten des Polizeidienstes bestimmt sich nach § 163 b Abs. 1 StPO.

58 **d)** Nach **§ 127 Abs. 2 StPO** besteht ein Festnahmegrund für Polizei und Staatsanwaltschaft, wenn die Voraussetzungen des Haftbefehls vorliegen und Gefahr im Verzug besteht. Hier genügt dringender Tatverdacht. Anders als bei Abs.1 stellt der eindeutige Gesetzeswortlaut dies mit seinem Hinweis auf den Haftbefehl klar. **Gefahr im Verzug** besteht, wenn die Festnahme infolge der Verzögerung, die durch das Erwirken eines richterlichen Haft- oder Unterbringungsbefehls eintreten würde, gefährdet wäre. Dies ist durch den Beamten konkret aufgrund der Einzelfallumstände festzustellen.

59 **e)** Ungeschriebenes Tatbestandsmerkmal des § 127 StPO ist die **Verhältnismäßigkeit.** Aus ihr wird abgeleitet, dass nur der Zwang gerechtfertigt sein kann, der zur Durchsetzung der Festnahme erforderlich ist. Gedeckt ist also die Freiheitsberaubung und Nötigung sowie die unmittelbar dazu erforderliche Gewalt und Beeinträchtigung des kör-

---

67 KK-StPO/Schultheis § 127 Rn. 8; a.A. KG JR 1971, 30: Festnahme, um den Aufsichtspflichtigen festzustellen.

perlichen Wohlbefindens, soweit diese darauf gerichtet sind, den Betroffenen zur Polizei zu bringen oder dessen Verbleiben bis zum Eintreffen der Polizei zu sichern.

f) § 127 StPO gibt nur ein Recht zur **vorläufigen** Festnahme. Daher muss der Festge- **60**
nommene unverzüglich, spätestens am Tage nach der Festnahme dem nächsten Richter am Amtsgericht vorgeführt werden, § 128 Abs. 1 StPO, Art. 104 Abs. 3 GG. „Unverzüglich" ist hier nicht zu eng zu sehen. Vielmehr dürfen Polizei und die Staatsanwaltschaft die Frist des § 128 StPO ausschöpfen, indem sie den Beschuldigten zunächst vernehmen und ggf. weitere Ermittlungen anstellen, um dem Haftrichter Tatsachen präsentieren zu können.[68] Eine Vorführung vor dem Haftrichter muss dann spätestens bis zum Ende des Tages nach der Festnahme erfolgen.[69] Der Richter hat dann den Beschuldigten zu vernehmen und entweder die Freilassung anzuordnen oder einen Haft- oder Unterbringungsbefehl zu erlassen, § 128 Abs. 2 StPO.

g) Gedeckt sind nach der Vorschrift (noch) solche Körperverletzungen, die sich als natür- **61**
liche Folge eines bei der Festnahme erforderlichen festen Zupackens (z.B. blaue Flecke) ergeben.[70] Körperverletzungen, die über das bloße Festhalten hinausgehen, sind daher unzulässig (z.B. lebensgefährdende Würgegriffe). Erst recht sind Schusswaffeneinsätze nicht von § 127 StPO gedeckt. Derartige Handlungen können allenfalls nach allgemeinen Rechtfertigungsgründen (§§ 32 ff. StGB) gerechtfertigt sein.

Bei der Festnahme durch eine Privatperson kommt Notwehr (§ 32 StGB) infrage, falls sich der Festgenommene gegen die Festnahme wehrt. Dies stellt seinerseits einen gegenwärtigen, rechtswidrigen Angriff dar, der das schneidige Notwehrrecht eröffnet.[71] Bei Festnahmen durch Polizeibeamte kommen außer Notwehr auch noch die gesetzlichen Bestimmungen über die Anwendung unmittelbaren Zwangs in Betracht.[72]

h) Häufiges Examensproblem: Geht es dagegen um eine Widerstandshandlung oder **62**
einen tätlichen Angriff gegen eine vorläufige Festnahme, muss gemäß §§ 113 Abs. 3, 114 Abs. 3 StGB die Rechtmäßigkeit der Diensthandlung als objektive Bedingung der Strafbarkeit geprüft werden. Dies bedeutet nach h.M. nicht, dass die Rechtmäßigkeit in vollem Umfang zu prüfen ist. Vielmehr gilt der **strafrechtliche Rechtmäßigkeitsbegriff**. Hiernach kommt es nicht auf die materielle Richtigkeit, sondern auf die formelle Rechtmäßigkeit an: Der Beamte muss **sachlich und örtlich zuständig** sein, die **wesentlichen Förmlichkeiten** hinsichtlich des Ob und Wie sind einzuhalten und das **Ermessen muss in tatsächlicher Hinsicht pflichtgemäß ausgeübt** worden sein (nicht jedoch notwendiger Weise richtig).[73]

f) Die vorläufige Festnahme zur Sicherung der Durchführung des beschleunigten Verfahrens regelt § 127 b Abs. 1 StPO in Entsprechung des Haftgrundes der Hauptverhandlungshaft.

---

68 BGH NJW 1990, 195; RÜ 2018, 791.

69 OLG Frankfurt NJW 2000, 2037, 2038.

70 Vgl. BGH NJW 2000, 1348, 1349 f.; Sch/Sch/Lenckner/Sternberg-Lieben vor §§ 32 ff. Rn. 82; Schröder Jura 1999, 10, 13.

71 BGH NStZ 2000, 603.

72 BayObLG MDR 1988, 1072.

73 Fischer § 113 Rn. 11 ff. m.w.N.; AS-Skript Strafrecht AT 1 (2020), Rn. 309 m.w.N.

III. Maßnahmen zur Identitätsfeststellung

63 Ist der Zweck der Maßnahme allein die Identitätsfeststellung, richtet sich dies nach §§ 163 b, c StPO. Zu unterscheiden sind die Identitätsfeststellung bei Personen, die einer Straftat verdächtig sind, § 163 b Abs. 1 StPO, und bei unverdächtigen Personen, § 163 b Abs. 2 StPO.

1. Erforderlich für § 163 b Abs. 1 StPO ist zunächst ein Anfangsverdacht, dringender Tatverdacht ist nicht notwendig. Wenn die Identitätsfeststellung sonst nicht oder nur unter erheblichen Schwierigkeiten möglich ist, so kann der Verdächtige festgehalten werden, § 163 b Abs. 1 S. 2 StPO. Es können nach S. 3 auch seine Person sowie mitgeführte Sachen durchsucht werden, und es sind erkennungsdienstliche Maßnahmen (z.B. Abnahme von Fingerabdrücken, Anfertigung von Lichtbildern) zulässig. Anordnungsbefugt sind die Staatsanwaltschaft und die Polizei.

Die Freiheitsentziehung zwecks Identitätsfeststellung darf nicht länger dauern, als zur Feststellung unerlässlich ist. Die festgehaltene Person ist unverzüglich dem Ermittlungsrichter vorzuführen, der über die Zulässigkeit und Fortdauer der Freiheitsentziehung zu entscheiden hat. Sie **darf auf keinen Fall zwölf Stunden überschreiten, § 163 c Abs. 1, Abs. 2 StPO**.

2. Geht es um Unverdächtige, kann ebenfalls die Identitätsfeststellung durch die Polizei und die Staatsanwaltschaft angeordnet werden. Dem Betroffenen sind der Gegenstand der Untersuchung und die Person des Beschuldigten entsprechend § 69 Abs. 1 S. 2 StPO zu bezeichnen. Eine unverdächtige Person darf zwecks Identitätsfeststellung nur festgehalten werden, wenn im Hinblick auf die Bedeutung der aufzuklärenden Straftat der Verhältnismäßigkeitsgrundsatz gewahrt bleibt. Durchsuchung und erkennungsdienstliche Maßnahmen dürfen gegen ihren Willen nicht vorgenommen werden. Nach festgestellter Identität sind angefallene Unterlagen (z.B. im Einverständnis abgenommene Fingerabdrücke) zu vernichten, § 163 c Abs. 3 StPO.

Freiheitsentziehende Zwangsmittel					
	Untersuchungshaft, §§ 112 ff. StPO	**Vorläufige Festnahme, § 127 Abs. 1 StPO**	**Vorläufige Festnahme, § 127 Abs. 2 StPO**	**Vorläufige Festnahme, § 127 b Abs. 1 StPO**	**Maßnahmen zur Identitätsfeststellung, § 163 b StPO**
Grund/Zweck	Sicherung des Strafverfahrens, bei § 112 a StPO auch aus präventiven Gründen	Sicherung der Strafverfolgung, insbes. durch einen Haftbefehl	Sicherung der Strafverfolgung, insbes. durch einen Haftbefehl	Sicherung des beschleunigten Verfahrens	Feststellung der Identität zur Strafverfolgung
Zuständig	Ermittlungsrichter, § 125 Abs. 1 StPO	Jedermann, auch StAe und Polizisten	StAe, Polizisten	StAe, Polizisten	StAe, Polizisten
Verdachtsstufe	Dringender Tatverdacht	Str., h.M.: dringender Tatverdacht	Dringender Tatverdacht	Str., h.M.: dringender Tatverdacht	Anfangsverdacht
Spezielle Voraussetzungen	Haftgrund, Schriftform, § 114 StPO	Betroffensein auf frischer Tat, Identität nicht sofort feststellbar	Haftgrund, Gefahr im Verzug	Entscheidung im Beschl. Verfahren ist wahrscheinlich, Befürchtung des Fernbleibens	Identität nicht bekannt/nur unter erheblichen Schwierigkeiten feststellbar
Verfahren	Bekanntgabe HB, § 114 a StPO, Belehrung über Rechte, §§ 114 b, c StPO, unverzügliche Vorführung vor Richter, § 115 StPO	Erkennbarmachen der Festnahme und des Grundes, unverzügliche Überstellung an die Polizei	Belehrung über Grund der Festnahme und Beschuldigtenrechte, §§ 127 Abs. 4, 114 a–c StPO, unverzügliche Vorführung, § 128 StPO	Belehrung über Grund der Festnahme und Beschuldigtenrechte, §§ 127 b Abs. 1 S. 2, 114 a–c StPO, unverzügliche Vorführung, § 128 StPO	Belehrung über die zur Last gelegte Tat, §§ 163 b Abs. 1 S. 2, 163 a Abs. 4 S. 1 StPO, oder aufzuklärende Tat §§ 169 b Abs. 2 S. 1, 69 Abs. 1 S. 2 StPO
Verhältnismäßigkeit	Zwischen Haft, Bedeutung der Sache und erwarteter Sanktion, § 112 Abs. 1 S. 2 StPO, bei leichteren Taten insbes. § 113 StPO	Proportionalität des Zwangs zum Festnahmezweck	Proportionalität zur Tat, § 112 Abs. 1 S. 2 StPO, Vorführung spätestens am nächsten Tag	Proportionalität zwischen Haft und Straftat (wegen Kürze der Freiheitsentziehung selten unverhältnismäßig, LR/Hilger § 127 b Rn. 23)	Beim Verdächtigen Erforderlichkeit, beim Unverdächtigen Proportionalität zur aufzuklärenden Tat, nicht länger als nötig, Höchstdauer 12 Stunden, § 163 c Abs. 1 S. 1, Abs. 2 StPO

Weiteres: § 127 b Vorführungsbefehl, Hauptverhandlungs-Haftbefehl, §§ 134, 230 gegen den Beschuldigten; Vorführungsbefehl, § 51, Ordnungshaft, § 70, gegen Zeugen

B. Durchsuchung, Sicherstellung und Beschlagnahme

64 Die Ermittlungen können es gebieten, den Beschuldigten oder Zeugen sowie ihr Besitztum zu durchsuchen. Die Durchsuchung kann verschiedenen Zwecken dienen, vom Auffinden von Beweismitteln bis zur Feststellung der Identität. Von der Durchsuchung sind die Sicherstellung und die Beschlagnahme zu unterscheiden.

I. Durchsuchung beim Beschuldigten, § 102 StPO

Eine Durchsuchung beim Beschuldigten, also seiner Person und der von ihm genutzten Räumlichkeiten, ist gemäß § 102 StPO zulässig, wenn diese seiner Ergreifung dient oder zu vermuten ist, dass die Durchsuchung zur Auffindung von Beweismitteln führen werde. Neben dem Anfangsverdacht muss also auch eine **Auffindevermutung** bestehen. Wie stets, muss die Maßnahme verhältnismäßig sein.

Fall 12: Anforderungen an einen Durchsuchungsbeschluss und Zufallsfunde

Die Staatsanwaltschaft erwirkt einen Durchsuchungsbeschluss für „die Wohn-, Geschäfts- einschließlich aller Nebenräume nebst Kfz" des Beschuldigten B, dem ein Betrug zur Last gelegt wird. Laut Beschluss dient die Durchsuchung zur Auffindung von Beweismitteln, „insbesondere Unterlagen". Anlässlich der Durchsuchung nehmen die Polizisten nicht nur Schriftmaterial mit, sondern auch das Smartphone des Beschuldigten an sich, um dieses zu spiegeln, d.h., um Inhalt zu kopieren. Darüber hinaus wird der Computer des Beschuldigten mitgenommen, um die Festplatte zu spiegeln, auszuwerten und auf Beweisstücke zugreifen zu können, die in der Cloud, also an einem nicht näher bekannten Ort im Internet, gespeichert sind. Ferner werden Schriftstücke mitgenommen, die nichts mit dem Fall zu tun haben, aber nach Auffassung der Ermittler auf eine weitere Straftat hindeuten. Verteidiger V hält dies für rechtswidrig, da die mitgenommenen Gegenstände nicht im Beschluss aufgeführt sind. Insgesamt kranke dieser seiner Auffassung nach an den zu unbestimmt bezeichneten Gegenständen. Richtig?

Falsch. Für eine Durchsuchung beim Beschuldigten gemäß § 102 StPO reicht die allgemeine Aussicht aus, irgendwelche relevanten Beweismittel zu finden.[74] Sachen können auch durchsucht werden, um Anhaltspunkte für weitere Beweismittel zu gewinnen.[75] Lediglich im Falle von Durchsuchungen bei nicht tatverdächtigen Dritten gemäß § 103 StPO müssen die Beweismittel so weit konkretisiert werden, dass keine Zweifel über die zu suchenden Gegenstände entstehen können. Aber auch dann ist es nicht notwendig, dass sie in allen Einzelheiten beschrieben werden. Ausreichend ist, dass sie ihrer Gattung nach bestimmt sind.[76] Von der Durchsuchung umfasst sind auch Datenträger. Speicherplätze und Festplatten eines externen Servers, auf die der Nutzer von seinem Rechner aus zugreifen kann, können ebenfalls durchsucht werden, auch wenn nicht be-

74 BGH NStZ 2002, 215.
75 Meyer-Goßner/Schmitt § 102 Rn. 13.
76 BGH NStZ 2002, 215 Rn. 3.

kannt ist, wo die Daten gespeichert sind.[77] **Zufallsfunde**, die auf andere Straftaten hindeuten, können gemäß § 108 StPO einstweilen in Beschlag genommen werden.

Es kann durchaus vorkommen, dass zum Zeitpunkt der Durchsuchung noch nicht abschließend beurteilt werden kann, ob einer oder mehrere Gegenstände wirklich als Beweismittel in Betracht kommen oder nicht. Damit diese Entscheidung nicht an Ort und Stelle getroffen werden muss, gestattet § 110 StPO die **Mitnahme von Papieren und elektronischen Speichermedien zur Durchsicht**. Die Durchsicht steht der Staatsanwaltschaft und auf deren Anordnung ihren Ermittlungspersonen zu. Ist der Betroffene nicht einverstanden und liegt keine Anordnung der Staatsanwaltschaft vor, können die Papiere nach Abs. 2 S. 2 in einem verschlossenen und versiegelten Umschlag mitgenommen und bei der Staatsanwaltschaft abgeliefert werden. Die Durchsicht elektronischer Speichermedien und deren Sicherung ist in Abs. 3 geregelt. 65

§ 110 StPO ist insbesondere im Hinblick auf den Rechtsschutz von Bedeutung, denn erst wenn die Durchsicht abgeschlossen und die betreffenden Papiere beschlagnahmt sind, ist die Durchsuchung beendet. So lange sie andauert, kann der Betroffene nicht unmittelbar gemäß § 98 Abs. 2 S. 2 StPO einen Antrag auf gerichtliche Entscheidung stellen, denn eine Beschlagnahme hat noch nicht stattgefunden. Die Vorschrift ist nur analog anwendbar, insbesondere wenn die Durchsicht unverhältnismäßig lange dauert oder die Durchsuchungsvoraussetzungen weggefallen sind.[78] Gleichzeitig ist es so lange möglich, unmittelbar gemäß § 304 StPO Beschwerde gegen den Durchsuchungsbeschluss selbst einzulegen, denn die Maßnahme dauert noch an und ist noch nicht erledigt. Erst wenn die Durchsuchung durch Rückgabe oder durch Antrag auf richterliche Beschlagnahme beendet ist, ist eine unmittelbare Beschwerde gegen den Beschluss nicht mehr möglich, jedoch kann im Beschwerdewege (nachträglich) die Feststellung der Rechtswidrigkeit der Durchsuchung beantragt werden.[79] Gegen einen Beschlagnahmebeschluss selbst ist natürlich auch Beschwerde gemäß § 304 StPO möglich.[80]

II. Durchsuchung bei anderen Personen, § 103 StPO

Gemäß § 103 Abs. 1 S. 1 StPO ist bei anderen Personen eine Durchsuchung nur zur Ergreifung des Beschuldigten, zur Verfolgung von Spuren einer Straftat oder zur Beschlagnahme bestimmter Gegenstände zulässig. Hinzu kommt, dass Tatsachen vorliegen müssen, aus denen zu schließen ist, dass sich die gesuchte Person, Spur oder Sache in den zu durchsuchenden Räumen befindet. Die Beweismittel müssen so hinreichend individualisiert sein und im Durchsuchungsbeschluss benannt werden, dass weder beim Betroffenen noch bei dem die Durchsuchung vollziehenden Beamten Zweifel über die zu suchenden Gegenstände entstehen können. Sie müssen also zumindest der Gattung nach bestimmt sein.[81] Diese Vorschrift rechtfertigt zudem **nur die Durchsuchung der betreffenden konkreten Wohnung**. 66

---

77 Meyer-Goßner/Schmitt § 102 Rn. 10 a; siehe zur Frage des Zugriffs auf im Ausland gespeicherten Cloud-Daten KK-StPO/Bruns § 110 Rn. 8 f; Meyer-Goßner/Schmitt § 110 Rn. 7a ff.

78 Meyer-Goßner/Schmitt § 110 Rn. 10.

79 Meyer-Goßner/Schmitt § 105 Rn. 15 m.w.N.

80 Meyer-Goßner/Schmitt § 98 Rn. 31.

81 BGH, NStZ 2002, 215.

Die **Durchsuchung Unverdächtiger** ist in § 103 StPO nicht angesprochen. Die h.M.[82] lässt die Leibesvisitation unter den sonstigen Voraussetzungen des § 103 StPO jedoch auch bei dem Unverdächtigen zu, da sonst der Sinn der Vorschrift leicht zu umgehen wäre.

Beispiel: Es bestehen Anhaltspunkte dafür, dass ein Taschendieb die Beute einem ahnungslosen Passanten in die Tasche gesteckt hat.

Eine Erweiterung findet sich in **§ 103 Abs. 2 StPO** für Räume, in denen der Beschuldigte ergriffen worden ist oder die er während der Flucht betreten hat.

Eine **auf ganze Gebäude (also auch ein gesamtes Hochhaus) erstreckte Durchsuchungsbefugnis schafft § 103 Abs. 1 S. 2 StPO.** Voraussetzung ist allerdings ein dringender Tatverdacht, und zwar bzgl. bestimmter, gravierender Straftaten, nämlich § 129 a StGB (terroristische Vereinigung) oder einer dort genannten Katalogtat. Es muss also nicht unbedingt ein Terrorist gesucht werden, sondern es reicht jemand, der dringend verdächtig ist, eine in § 129 a StGB bezeichnete Straftat begangen zu haben, z.B. Mord und Totschlag. Ziel der Durchsuchung darf dann aber nur das Ergreifen des Beschuldigten sein, nicht bloß das Auffinden von Beweismitteln (anders § 103 Abs. 1 S. 1 StPO).

Auch hier ist ungeschriebene Voraussetzung der Durchsuchung die Verhältnismäßigkeit, welche bei Durchsuchungen nach § 103 StPO bei Unverdächtigen besonders sorgfältig zu prüfen ist.[83] Auch dürfen Durchsuchungen nicht ohne Weiteres zur Nachtzeit durchgeführt werden, sondern nur unter den Voraussetzungen des § 104 StPO. Nach dem BVerfG umfasst die Nachtzeit entgegen dem Gesetzesworlaut in Abs. 3 ganzjährig die Zeit zwischen 21 Uhr und 6 Uhr.[84]

III. Anordnungskompetenz, § 105 StPO

67 **1.** Gemäß § 105 Abs. 1 StPO werden Durchsuchungen durch den Richter und nur bei Gefahr im Verzug durch die Staatsanwaltschaft und ihre Ermittlungspersonen angeordnet (vgl. Art. 13 Abs. 2 GG). Die Anordnung ergeht in der Regel schriftlich als Beschluss. In diesem müssen der Tatvorwurf und damit verbunden der Rahmen, die Grenzen und das Ziel der Durchsuchung ausreichend bestimmt definiert werden.[85] Allerdings kann die Anordnung in Eilfällen auch mündlich ergehen, z.B. per Telefon. Aus Gründen der Überprüfbarkeit sollte dann jedoch ein entsprechender detaillierter Aktenvermerk erfolgen.[86] Obwohl § 105 StPO keine zeitliche Befristung für eine Durchsuchungsanordnung vorsieht, geht die Rspr. wegen des konkreten Prüfungserfordernisses durch den Richter davon aus, dass die **Durchsuchungsanordnung spätestens nach Ablauf eines halben Jahres außer Kraft tritt.**[87]

82 RGSt 42, 440; Meyer-Goßner/Schmitt § 103 Rn. 3; Roxin/Schünemann § 35 Rn. 15; LR/Tsambikakis § 103 Rn. 5.

83 BVerfG NJW 2007, 1804.

84 BVerfG RÜ2 2019, 657.

85 BVerfG NJW 1997, 2165; NJW 1998, 296; NJW 2000, 943, 944; NJW 2002, 1941, 1942; NJW 2003, 2669, 2670 f.; NJW 2004, 1517, 1518 f.; NJW 2005, 965, 966.

86 BGH NJW 2005, 1060, 1061, wonach aber selbst im Fall unzureichender Dokumentation kein Verwertungsverbot entstehen soll, wenn die näheren Umstände der Anordnung freibeweislich aufklärbar sind.

87 Kritisch zur pauschalen Sechs-Monats-Grenze Roxin StV 1997, 654.

2. Nur wenn ein Beweismittelverlust droht, kann eine Anordnung wegen Gefahr im Verzug durch die Staatsanwaltschaft und ihre Ermittlungspersonen erfolgen (bei Gebäudedurchsuchungen gemäß § 105 Abs. 1 S. 2 StPO nur durch die Staatsanwaltschaft). Die Praxis hatte den **Begriff „Gefahr im Verzug"** früher z.T. sehr weit ausgelegt – oft auch aus der Not der StA oder Polizei heraus, den zuständigen Richter (z.B. vor oder an einem Wochenende) zu erreichen. Das BVerfG[88] ist dem deutlich entgegengetreten: Damit das Regel-Ausnahme-Prinzip nicht in sein Gegenteil verkehrt wird, ist der Begriff **„Gefahr im Verzug" eng auszulegen.** Hierfür sind **konkrete, einzelfallbezogene Tatsachen erforderlich.** Lediglich auf kriminalistische Alltagserfahrungen gestützte, fallunabhängige Vermutungen reichen nicht aus.[89] Sämtliche **Tatsachen** sind **zeitnah** in den Ermittlungsakten **zu dokumentieren**, damit sie gerichtlich überprüft werden können.[90] Verstöße können zu einem Beweisverwertungsverbot führen. 68
Als Reaktion auf die Entscheidung des BVerfG wurden bei den Amtsgerichten entsprechende richterliche (Eil-)Dienste eingerichtet bzw. Bereitschaftsdienstzeiten erweitert, damit die grundsätzlich erforderliche richterliche Anordnung auch zeitnah erfolgen kann.[91]

Früher war es üblich, dass eine Eilanordnung wegen Gefahr im Verzug auch dann getroffen werden konnte, wenn der Richter zwar erreicht worden ist, sich jedoch nicht in der Lage sah, sofort zu entscheiden. Dieser gängigen Praxis hat das BVerfG eine deutliche Absage erteilt.

Wichtiger Fall 13: Kein Wiederaufleben der Eilanordnungskompetenz

Gegen A wird wegen gewerbsmäßigen Betruges und weiterer Straftaten ermittelt. Er wird in Untersuchungshaft genommen. Eine Freundin des A setzt sich mit der Polizei in Verbindung und erklärt, dass in dessen Wohnung noch ein Koffer mit Dokumenten versteckt sei. Sie solle den Koffer aus der Wohnung holen und ihn an Dritte übergeben. Der Staatsanwalt versucht telefonisch, beim Bereitschaftsrichter einen Durchsuchungsbeschluss zu erwirken. Dieser lehnt ab, ohne Vorlage der Ermittlungsakten in Papierform zu entscheiden. Weil er einen Beweismittelverlust fürchtet, ordnet der Staatsanwalt die Durchsuchung selbst wegen Gefahr im Verzug an. Zu Recht?

Zu Unrecht. Dadurch, dass der Staatsanwalt den Eilrichter erreicht und die Durchsuchungsanordnung beantragt hat, hat er zu erkennen gegeben, dass zu diesem Zeitpunkt die Voraussetzungen einer Eilanordnung nicht mehr gegeben waren. Mit der Befassung des Eilrichters endet die Eilzuständigkeit der Ermittlungsbehörden. Unterbleibt die Entscheidung des Richters – warum auch immer –, lebt diese auch nicht wieder auf. Vielmehr hat der Richter faktisch entschieden, und zwar gegen den Antrag durch Nichtanordnung. Die Durchsuchung ist rechtswidrig und es entsteht sogar wegen der grundlegenden Verkennung des Richtervorbehalts ein Beweisverwertungsverbot.[92]

---

88 BVerfG NJW 2001, 1121, 1122 ff.; NJW 2003, 2303, 2304; NJW 2005, 1637, 1638; NJW 2007, 1444.

89 LG Cottbus StV 2002, 535, 536.

90 BVerfG NJW 2003, 2303, 2304; NJW 2005, 1637, 1638.

91 Ausführlich auch Einmahl NJW 2001, 1393; Möllers NJW 2001, 1397; Müller-Christmann JuS 2002, 63; Ransiek StV 2002, 565; OLG Hamm NJW 2009, 3109.

92 BVerfG NJW 2015, 2787; BGH NJW 2017, 1332; Meyer-Goßner/Schmitt § 105 Rn. 2 b.

Anderes gilt nur dann, wenn nach der Befassung des Richters neue tatsächliche Umstände eintreten, welche die Gefahr eines Beweismittelverlustes begründen.

IV. Durchsuchung zur Identitätsfeststellung

69 § 163 b Abs. 1 S. 3 StPO gestattet die Durchsuchung der Person des Verdächtigen und der von ihm mitgeführten Sachen, sowie die Durchführung erkennungsdienstlicher Maßnahmen. Diese Durchsuchung und die sog. ED-Behandlung stehen nicht unter einem Richtervorbehalt, sondern können von der Staatsanwaltschaft oder der Polizei angeordnet werden.

Durchsuchung				
	Durchsuchung beim Beschuldigten, § 102 StPO	**Durchsuchung bei anderen Personen, § 103 Abs. 1 S. 1 StPO**	**Durchsuchung von Gebäuden, § 103 Abs. 1 S. 2 StPO**	**Durchsuchung zur Identitätsfeststellung, § 163 b Abs. 1 S. 3 StPO**
Zweck	Ergreifung des Verdächtigen oder Auffindung von Beweismitteln	Ergreifung des Verdächtigen oder Auffindung von Beweismitteln	Ergreifung von Terrorverdächtigen	Feststellung der Identität des Verdächtigen
Anordnungszuständigkeit	▪ Gericht ▪ bei Gefahr im Verzug StA und Ermittlungspersonen (§ 105 Abs. 1 S. 1 StPO)	▪ Gericht ▪ bei Gefahr im Verzug StA und Ermittlungspersonen (§ 105 Abs. 1 S. 1 StPO)	▪ Gericht ▪ bei Gefahr im Verzug auch StA (§ 105 Abs. 1 S. 2 StPO)	StA und Polizei (§ 163 b Abs. 1 S. 1 StPO)
Verdachtsstufe	Anfangsverdacht	Anfangsverdacht	dringender Tatverdacht hinsichtlich §§ 89 a, 89 c Abs. 1–4, 129 a, 129 b Abs. 1 StGB	Anfangsverdacht
Spezielle Voraussetzungen	▪ Durchsuchung der Wohnung, anderer Räume, der Person oder dem Verdächtigen gehörender Sachen ▪ Auffindungsvermutung	▪ Durchsuchung bei einer anderen Person als dem Verdächtigen (in dessen Wohnung, anderen Räumen, seiner Person oder ihm gehörender Sachen) ▪ bestimmte Auffindungsvermutung aufgrund von Tatsachen	▪ Durchsuchung von Wohnungen und Räumen im Gebäude, wo Verdächtiger sich vermutlich aufhält	▪ Identität des Verdächtigen sonst nicht oder nur unter erheblichen Schwierigkeiten feststellbar ▪ Durchsuchung des Verdächtigen und von ihm mitgeführter Sachen
Verfahren	▪ Nächtliche Durchsuchung unter den Voraussetzungen des § 104 StPO ▪ Zuziehung von Durchsuchungszeugen gem. §§ 105 Abs. 2, 106 StPO ▪ Schriftliche Mitteilung, § 107 StPO ▪ Durchsicht von Papieren nach § 110 StPO			
Verhältnismäßigkeit	Zur Erreichung des Zwecks geeignet, erforderlich und angemessen			

V. Herausgabe, Sicherstellung und Beschlagnahme

70 Gegenstände werden gemäß § 94 StPO in Verwahrung genommen oder sichergestellt, wenn sie als Beweismittel von Bedeutung sein könnten. Befinden sie sich im Gewahrsam einer Person und werden sie nicht freiwillig herausgegeben, sind sie zu beschlagnahmen.

Geht es dagegen um die Einziehung oder Unbrauchbarmachung einer Sache, sind §§ 111 b ff. StPO anzuwenden. Führerscheine, die der Einziehung unterliegen (vgl. §§ 69, 69 a StGB), sind ebenfalls sicherzustellen oder zu beschlagnahmen, § 94 Abs. 3 StPO.

1. Der Begriff „**Gegenstände**" erfasst nicht nur bewegliche Sachen jeder Art, sondern auch digital gespeicherte Informationen, unbewegliche Sachen, Leichen, abgetrennte Körperteile usw. **Beweismittel** sind alle Gegenstände, denen **potentielle Beweisbedeutung** zukommt. Es muss die Möglichkeit bestehen, dass er zu Untersuchungszwecken verwendet werden kann, auch wenn Einzelheiten noch nicht feststehen.[93]

71 **2.** Die **Sicherstellung** stellt den Oberbegriff für die Beschlagnahme und die sonstige Herstellung staatlicher Gewalt über das Beweismittel dar. Sie erfolgt formlos, wenn der Verantwortliche nicht bekannt ist oder die Sache freiwillig übergeben wird. **Beschlagnahmt** wird die Sache, wenn der Gegenstand nicht freiwillig herausgegeben wird. Bewirkt wird die Sicherstellung durch Ingewahrsamnahme oder auf andere Weise, durch die ein Herrschaftsverhältnis begründet wird. Eine **Sicherstellung in anderer Weise** ist bei einer Beschlagnahme nötig, wenn die Gegenstände nicht in Verwahrung genommen werden können (Immobilien) oder der Zweck auch ohne Inverwahrungnahme erreicht werden kann, z.B. Versiegeln eines Raumes.[94]

Die Herausgabe von Gegenständen, die Dritte in ihrem Besitz haben, kann gemäß § 95 Abs. 2 StPO durch die Ordnungs- und Zwangsmittel des § 70 StPO erzwungen werden (Ordnungsgeld, ersatzweise Haft gemäß Abs. 1 oder Beugehaft gemäß Abs. 2).

Beachte: Der **Unterschied** zwischen **Erzwingung der Herausgabe, § 95 StPO,** und der **Beschlagnahme, § 94 Abs. 2 StPO**, besteht darin, dass bei der Beschlagnahme der Betroffene nur rein passiv die Wegnahme erdulden muss, während bei § 95 StPO ein aktives Tun – die Herausgabe (z.B. versteckter Sachen) erzwungen wird. Daher ist der Weg über § 95 StPO ausgeschlossen, wenn der Betroffene zu einer aktiven Mitwirkung nicht verpflichtet ist, also nicht gegenüber Zeugen, die ein Zeugnisverweigerungsrecht haben, § 95 Abs. 2 S. 2 StPO, und auch nicht gegenüber dem Beschuldigten.[95]

72 **3.** Beschlagnahmen stehen unter dem **Richtervorbehalt**, § 98 Abs. 1 S. 1 StPO, allerdings ist auch hier eine Eilanordnung wegen Gefahr im Verzuge möglich. Erfolgt eine Beschlagnahme wegen Gefahr im Verzug in Abwesenheit des Betroffenen oder widerspricht dieser, soll sie binnen drei Tagen richterlich bestätigt werden, Abs. 2 S. 1. Die Wirksamkeit der Beschlagnahme hängt allerdings nicht von der Einhaltung dieser Soll-Frist ab. Der Betroffene kann gemäß § 98 Abs. 2 S. 2 StPO jederzeit gegen die Beschlagnahmeanordnungen der Staatsanwaltschaft und ihrer Ermittlungspersonen gerichtliche Entscheidung beantragen. Ist die Beschlagnahme bereits bestätigt, ist der Antrag als Gesuch auf Aufhebung des Bestätigungsbeschlusses umzudeuten.[96]

93 Meyer-Goßner/Schmitt § 94 Rn. 4 ff.

94 Meyer-Goßner/Schmitt § 94 Rn. 13 ff.

95 Meyer-Goßner/Schmitt § 95 Rn. 5, 6.

96 Meyer-Goßner/Schmitt § 98 Rn. 19.

4. Durch die Sicherstellung entsteht ein öffentlich-rechtliches Verwahrungsverhältnis, sog. Verstrickung, vgl. § 136 StGB. Die in Verwahrung genommenen Gegenstände verbleiben während des Ermittlungsverfahrens bei der **Polizei bzw. StA**. Nach Anklageerhebung sind sie als Beweismittel dem **Richter** zur Verfügung zu stellen. Wird die sichergestellte Sache nicht mehr benötigt, ist sie gemäß § 111 n StPO herauszugeben. Die Beschlagnahme von Beweismitteln **endet** spätestens, ohne dass es einer ausdrücklichen Aufhebung bedarf, **mit der Rechtskraft des Urteils**.

5. Beschlagnahmefrei sind nach § 97 StPO in Anlehnung an die Zeugnisverweige- 73
rungsrechte der Berufsgeheimnisträger (§ 53 StPO) gewisse schriftliche Mitteilungen, Aufzeichnungen, ärztliche Untersuchungsbefunde etc. Es wäre nämlich sinnlos, wenn Berufsgeheimnisträger gemäß § 53 StPO zwar schweigen dürfen, aber entsprechende Aufzeichnungen und Mitteilungen bei ihnen beschlagnahmt werden könnten. Flankiert wird diese Regelung durch § 160 a StPO, der bereits im Vorfeld der Beschlagnahme Wirkung entfaltet und den Einsatz von Ermittlungsmaßnahmen einschränkt, wenn sie sich gegen Personen i.S.d. §§ 53, 53 a StPO richten (können). Zu beachten ist, dass § 97 StPO nur eine Umgehung des Zeugnisverweigerungsrechts (§§ 52 ff. StPO) verhindern will. Daher ist **nur die Beschlagnahme solcher Unterlagen verboten, die aus dem Kommunikationsverhältnis zwischen dem Beschuldigten und dem Geheimnisträger stammen.**[97] Eine Beschlagnahme ist hingegen ohne Weiteres möglich, wenn es sich um reine Beweismittel handelt (z.B. Tatwaffe), die beim Geheimnisträger deponiert wurden. Gleiches gilt, wenn der Geheimnisträger (z.B. der Arzt, Anwalt) selbst der Beschuldigte ist und die Beschlagnahme seiner Überführung dienen soll;[98] vgl. auch § 97 Abs. 2 S. 2 StPO.

6. Die Beschlagnahme muss verhältnismäßig sein. 74

Nach höchstrichterlicher Rspr. ist die Beschlagnahme des gesamten auf dem **Mailserver des Providers** gespeicherten E-Mail-Bestandes eines Beschuldigten regelmäßig unverhältnismäßig. Beim Zugriff auf einen umfangreichen elektronischen Datenbestand ist darauf zu achten, dass die Gewinnung bedeutungsloser und dem Beschlagnahmeverbot des § 97 StPO unterliegender Daten vermieden wird. Die Beschlagnahme sämtlicher gespeicherter Daten ist allenfalls dann verhältnismäßig, wenn konkrete Anhaltspunkte dafür vorliegen, dass der gesamte Datenbestand, auf den zugegriffen werden soll, für das Verfahren potentiell beweiserheblich ist. Nach Möglichkeit ist daher von vornherein der zu beschlagnahmende Teil anhand bestimmter Sender- oder Empfängerangaben oder Suchbegriffe einzugrenzen. Auch ist eine vorläufige Sicherstellung im Rahmen einer Durchsuchung zum Zweck der Durchsicht nach § 110 Abs. 1, 3 StPO möglich. Dies alles darf allerdings nicht heimlich geschehen, sondern der Beschuldigte ist davon zu unterrichten.[99]

7. Es ist auch möglich, **Postsendungen** zu beschlagnahmen, die noch nicht beim Be- 75
schuldigten eingetroffen sind. Diesen Eingriff in das Grundrecht des Post- und Briefgeheimnisses gemäß Art. 10 GG regeln §§ 99 f. StPO.

97 BGH NJW 2001, 3793, 3794.

98 BVerfG NJW 2005, 965, 966; NJW 2010, 2937, 2938; BGH NJW 2009, 2690.

99 BVerfG NJW 2009, 2431, 2436; BGH NJW 2010, 1297, 1298.

Fall 14: Kein Auskunftsrecht nach Zustellung

Die Staatsanwaltschaft ermittelt gegen A wegen Geldwäsche. Ihm wird zur Last gelegt, als sog. „Paketagent" Waren, die aus gewerbsmäßigen Betrügereien stammten, in seiner Wohnung angenommen und für den Versand ins Ausland umgepackt zu haben. Die Staatsanwaltschaft beantragt beim Ermittlungsrichter, gemäß §§ 99, 100 Abs. 1 StPO dem Paketzustellunternehmen H aufzugeben, für einen bestimmten Zeitraum Auskunft zu erteilen über sämtliche Lieferungen, die an den Beschuldigten gerichtet waren. Wie wird das Gericht entscheiden?

Nach der bisherigen Rspr. des BGH kann § 99 StPO **nach Zustellung** analoge Anwendung finden.[100] Begründet wird dies mit einem Verweis auf Nr. 84 S. 2 der Richtlinien für das Strafverfahren und das Bußgeldverfahren (RiStBV[101]). Hiernach soll Auskunft auch über solche Postsendungen erteilt werden, die sich bei Eingang des Ersuchens nicht mehr im Machtbereich des Unternehmens befinden. Ferner wird als Begründung angeführt, dass andernfalls nach Beendigung des Gewahrsams des Postunternehmens dem Postgeheimnis als größerer Schutz gewährt würde, als währenddessen. Dies stelle einen Widerspruch dar. Nach nunmehriger Auffassung des BGH stellt § 99 StPO keine taugliche Eingriffsgrundlage dar. Gemäß § 39 Abs. 3 S. 3 PostG sei eine Weitergabe der dem Postgeheimnis unterliegenden Umstände nur möglich, wenn ein Gesetz dies ausdrücklich vorsieht. Eine Berufung auf Nr. 84 S. 2 RiStBV verbiete sich, denn dies stelle eine dienstliche Anweisung dar und keine Eingriffsnorm, auf die ein Grundrechtseingriff gestützt werden könne. Es handele sich um eine bewusste Entscheidung des Gesetzgebers, ein solches Auskunftsrecht nicht zu regeln.[102] Das Gericht wird den Antrag mangels Ermächtigungsgrundlage ablehnen.

---

100 BGH, Beschl. v. 11.07.2012 – 3 BGs 211/12, BeckRS 2014, 05922, KK-StPO/Greven § 99 Rn. 11.

101 Anh. 12 im „Meyer-Goßner/Schmitt.

102 BGH NJW 2017, 680, RÜ2 2017, 37.

Herausgabe, Sicherstellung und Beschlagnahme					
	Erfordern der Herausgabe von Beweismitteln, § 95 StPO	**Formlose Sicherstellung von Beweismitteln, § 94 Abs. 1 StPO**	**Beschlagnahme von Beweismitteln, § 94 Abs. 2 StPO**	**Beschlagnahme von Post im Gewahrsam von Postunternehmen, § 99 StPO**	**Einstweilige Beschlagnahme von Zufallsfunden, § 108 StPO**
Grund/ Zweck	Sicherung von Beweismitteln	Sicherung von Beweismitteln	Sicherung von Beweismitteln	Sicherung von Beweismitteln	Prüfung, ob Zufallsfund sicherzustellen ist
Anordnungszuständigkeit	▪ Richter ▪ Bei Gefahr im Verzug StA und Polizei	▪ Richter ▪ StA, Polizei	▪ Richter, ▪ Bei Gefahr im Verzug auch StA und Ermittlungspersonen (§ 98 Abs. 1 S. 1 StPO) – vgl. zur richterlichen Bestätigung bei Eilanordnungen § 98 Abs. 2 S. 1 StPO	▪ Gericht ▪ Bei Gefahr im Verzug auch StA (§ 100 Abs. 1 StPO) – vgl. zur richterlichen Bestätigung bei Eilentscheidungen § 100 Abs. 2 StPO	▪ Richter ▪ StA, Polizei
Verdachtsstufe	Anfangsverdacht	Anfangsverdacht	Anfangsverdacht	Anfangsverdacht	ungewisser Verdacht (unterhalb Anfangsverdacht)
Spezielle Voraussetzungen	▪ Gewahrsam des Betroffenen ▪ Als Beweismittel für die Untersuchung von Bedeutung	▪ Freiwillige Herausgabe durch Gewahrsam sinhaber ▪ Gewahrsamsinhaber unbekannt oder gewahrsamslose Sache ▪ Als Beweismittel für die Untersuchung von Bedeutung	▪ Gewahrsamsinhaber verweigert freiwillige Herausgabe ▪ Als Beweismittel für die Untersuchung von Bedeutung	▪ Post an den Beschuldigten, von ihm herrührend oder für ihn bestimmt ▪ Als Beweismittel für die Untersuchung von Bedeutung	▪ Gegenstände bei Gelegenheit einer Durchsuchung, die keine Gebäudedurchsuchung i.S.d. § 103 Abs. 1 S. 2 StPO ist, gefunden ▪ In keiner Beziehung zum eigentlichen Verfahren ▪ Deuten auf Begehung einer anderen Straftat hin
Verhältnismäßigkeit	Zur Erreichung des Zwecks geeignet, erforderlich und angemessen				

VI. Führerschein und Fahrerlaubnis

76 Bei Führerscheinen ist zu unterscheiden: Soll der Führerschein **als Beweismittel** sichergestellt werden, z.B. wegen des Verdachts eines Urkundendelikts, gelten die allgemeinen Regeln gemäß § 94 Abs. 1 und 2 StPO. Geht es aber um ein Verkehrsdelikt und kommt der Führerschein nicht als Beweismittel, sondern als **Einziehungsgegenstand** in Betracht (§ 69 Abs. 3 S. 2 StGB), kann er nach § 94 Abs. 3 StPO ebenfalls beschlagnahmt werden.

Wird eine Sache eingezogen, verliert der bisherige Inhaber sein Eigentum und dieses geht an den Staat über. Führerscheine werden in diesem Fall vernichtet; anders als beim Fahrverbot gemäß § 44 StGB erhält der Beschuldigte das Schriftstück nicht zurück.

77 **1.** Die Beschlagnahme ist z.B. bei einer Verkehrskontrolle durch die Polizei gemäß § 98 Abs. 1 S. 1 StPO vorzunehmen, wenn Gefahr im Verzug besteht. An sich bedeutet „Gefahr im Verzug" i.S.d. § 98 Abs. 1 StPO, dass wegen des Zeitablaufs bis zu einer richterlichen Beschlagnahmeanordnung der Verlust des Beweismittels zu befürchten wäre. Bei der Beschlagnahme eines Führerscheines genügt es demgegenüber jedoch auch, dass die Gefahr besteht, der Verdächtige werde ohne die Abnahme des Führerscheins **weitere Trunkenheitsfahrten** unternehmen oder sonst Verkehrsvorschriften **in schwerwiegender Weise verletzen.**[103]

78 **2.** Da die Beschlagnahme des Papiers das Recht zum Führen eines Kfz – abgesehen von § 21 Abs. 2 Nr. 2 StVG[104] – nicht berührt und § 98 Abs. 2 StPO hierüber nichts enthält, bedarf es im Hinblick auf die Fahrerlaubnis einer gesonderten Regelung: § 111 a StPO. Hiernach kann der Richter dem Beschuldigten die Fahrerlaubnis vorläufig entziehen, wenn dringende Gründe für die Annahme bestehen, dass die Fahrerlaubnis gemäß § 69 StGB entzogen werden wird, Abs. 1. An die Stelle der richterlichen Entscheidung nach § 98 Abs. 2 StPO über die Beschlagnahme des Führerscheins (also der Sache) tritt gemäß § 111 a Abs. 4 StPO die richterliche Entscheidung über die **vorläufige Entziehung der Fahrerlaubnis** (also der Berechtigung). Die vorläufige Entziehung der Fahrerlaubnis wirkt gemäß Abs. 3 S. 1 zugleich als **Anordnung oder Bestätigung der Beschlagnahme** eines deutschen Führerscheins. Dies erfordert **dringenden Tatverdacht** wie beim Untersuchungshaftbefehl und einen **hohen Grad von Wahrscheinlichkeit**, dass das Gericht den Beschuldigten für ungeeignet zum Führen von Kraftfahrzeugen halten und ihm daher die Fahrerlaubnis entziehen wird.

79 **3. Endgültig entzogen** wird die Fahrerlaubnis erst später im rechtskräftigen Strafurteil, § 69 Abs. 3 StGB, wenn sich aus der Tat ergibt, dass der Beschuldigte ungeeignet zum Führen von Kfz ist, § 69 Abs. 1 StGB.[105] Gleichzeitig wird eine **Sperrfrist** gemäß § 69 a StGB angeordnet, innerhalb derer die Verwaltungsbehörde keine neue Fahrerlaubnis erteilen darf. Hat der Täter keine Fahrerlaubnis, wird gemäß § 69 a Abs. 1 S. 3 StGB gleichwohl eine isolierte Sperre angeordnet.

---

103 BGHSt 22, 385; Roxin/Schünemann § 34 Rn. 6 ff. und Rn. 29.

104 Wird die Fahrerlaubnis vorläufig entzogen, ist § 21 Abs 1 Nr. 1 StVG mit seinem höheren Strafrahmen anzuwenden.

105 Ausführlich BGH NStZ 2004, 86, 87 ff.; Lenhart NJW 2004, 191.

4. Von der Sperre können gemäß § 69 a Abs. 2 StGB bestimmte **Arten von Kraftfahrzeugen ausgenommen** werden (z.B. Lkw bei Berufskraftfahrern[106]), wenn dadurch der Zweck der Maßregel nicht gefährdet wird. Der Führerschein wird gleichwohl eingezogen, die Beschränkung der Sperre eröffnet der Verwaltungsbehörde die Möglichkeit, für die ausgenommenen Fahrzeugarten eine neue Fahrerlaubnis zu erteilen. **80**

Dies wird flankiert von § 111 a Abs. 1 S. 2 StPO. Hiernach können von der vorläufigen Entziehung der Fahrerlaubnis bestimmte Arten von Kraftfahrzeugen ausgenommen werden, wenn bestimmte Umstände die Annahme rechtfertigen, dass der Zweck der Maßnahme dadurch nicht gefährdet wird. Trotz Beschränkung wird der Führerschein in amtliche Verwahrung genommen. Die Verwaltungsbehörde muss aber alsbald einen Ersatzführerschein für die bestehen gebliebene Fahrerlaubnis ausstellen.[107]

5. Bei **ausländischen Führerscheinen** gelten folgende Regeln: **81**

Handelt es sich um eine Fahrerlaubnis aus der EU oder einem EWR-Staat und hat der Inhaber seinen Hauptwohnsitz im Inland, gelten gemäß § 111 a Abs. 3 S. 2 StPO keine Besonderheiten. Andere ausländische Führerscheine können gemäß § 69 b Abs. 1 StGB mit der Wirkung eines Fahrverbots in der Bundesrepublik Deutschland entzogen werden. Die vorläufige Entziehung wird gemäß § 111 a Abs. 6 StPO dadurch vollzogen, dass der Führerschein zunächst beschlagnahmt und die Entziehung darauf vermerkt wird. Dann wird der Führerschein mit dem Vermerk zurückgegeben.

Führerschein und Fahrerlaubnis

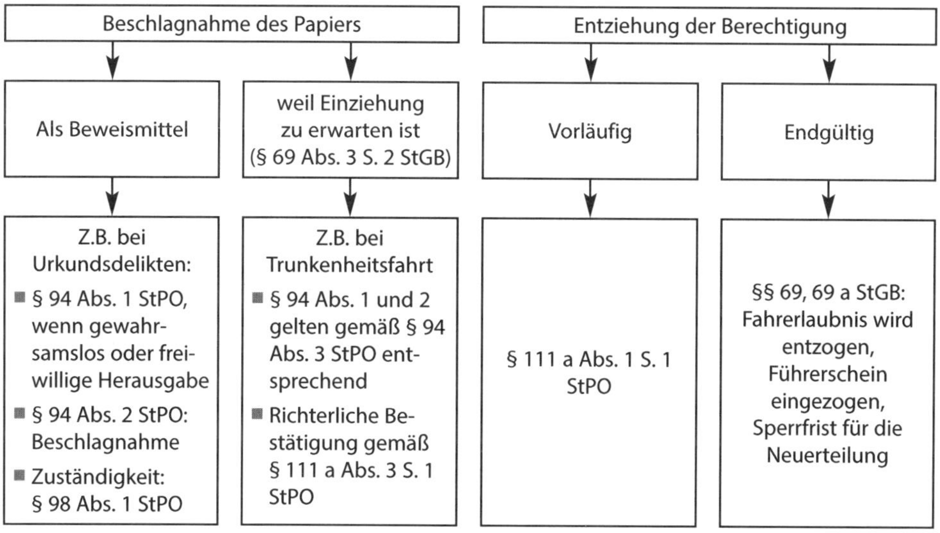

106 Vgl. Fischer § 69 a Rn. 29 f. m.w.N.
107 Meyer-Goßner/Schmitt § 111 a Rn. 4 m.w.N.

C. Zwangsweise Beobachtung und Untersuchung von Personen, §§ 81 ff. StPO

I. Unterbringung, § 81 StPO

82 § 81 StPO gestattet die **Unterbringung** des Beschuldigten in einem **öffentlichen psychiatrischen Krankenhaus** zur Vorbereitung eines Gutachtens über seinen psychischen Zustand für die Dauer von sechs Wochen. Das Gericht ordnet dies an, wenn dringender Tatverdacht besteht und die Maßnahme nicht unverhältnismäßig ist.

II. Körperliche Untersuchung, § 81 a StPO

83 Die **körperliche Untersuchung** des Beschuldigten ist in § 81 a StPO geregelt. Die einfache körperliche Untersuchung gemäß Abs. 1 S. 1 dient dem Zweck, die unabhängige Beschaffenheit des Körpers oder einzelner Körperteile des Beschuldigten durch sinnliche Wahrnehmung ohne körperlichen Eingriff und ohne seine Zustimmung festzustellen. Dabei geht es vor allem um die Feststellung von Tatspuren wie Verletzungen und Wunden. Zu einer aktiven Beteiligung kann der Beschuldigte nicht gezwungen werden (z.B. zu einer Atemalkoholprobe).[108]

84 **1.** Die häufigste Untersuchung ist die **Blutprobe** gemäß Abs. 1 S. 2. Hiernach sind Entnahmen von Blutproben und andere körperliche Eingriffe, die von einem Arzt nach den Regeln der ärztlichen Kunst zu Untersuchungszwecken vorgenommen werden, ohne Einwilligung des Beschuldigten zulässig, wenn kein Nachteil für seine Gesundheit zu befürchten ist. Ein Eingriff durch einen Medizinstudenten, einen Pfleger oder eine Krankenschwester ist rechtswidrig. Etwas anderes gilt nur, wenn diese Personen nach Belehrung mit Einverständnis des Beschuldigten oder unter Aufsicht des verantwortlichen Arztes handeln.[109]

85 **2.** Die auch hier vorgeschriebene **Verhältnismäßigkeit** ist meist kein Problem. Eine Blutprobe ist insbesondere bei Trunkenheitsfahrten oftmals unerlässlich, um die Fahruntüchtigkeit i.S.d. §§ 315 c, 316 StGB nachzuweisen, denn nach st.Rspr. sind Atemluftproben zu unpräzise, um einen Tatnachweis im Strafprozess zu ermöglichen.[110] Anderes gilt nur bei Verstößen gegen die OWi-Grenze von 0,5‰ BAK gemäß § 24 a StVG, denn hier ist die Atemluftprobe als Tatbestandsmerkmal ausdrücklich aufgeführt.

86 **3.** Die körperliche Untersuchung steht gemäß Abs. 2 unter **Richtervorbehalt.** Eine Eilanordnung durch die Staatsanwaltschaft und ihre Ermittlungspersonen ist nur bei Gefährdung des Untersuchungserfolges möglich. Besteht allerdings ein Tatverdacht für ein Vergehen gegen § 315 a Abs. 1 Nr. 1, Abs. 2, 3, § 315 c Abs. 1 Nr. 1 a, Abs. 2, 3 oder § 316 StGB, bedarf es nach § 81 a Abs. 2 S. 2 StPO n.F. **keiner richterlichen Anordnung mehr**. Damit hat sich die häufig gestellte Frage nach der Verwertbarkeit von Blutproben, die ohne richterliche Anordnung entnommen worden sind, für die meisten Fälle erledigt.

---

108 Meyer-Goßner/Schmitt § 81 a Rn. 9, 10.

109 Meyer-Goßner/Schmitt § 81 a Rn. 19, 3.

110 BGH NJW 2001, 1952, 1956.

4. Zu den klassischen Fragen in Studium wie Praxis zählt die nach der Verwertbarkeit von Blutproben bei fehlerhafter Beweisgewinnung, z.B. wenn die Blutprobe nicht von einem Arzt entnommen wird. 87

Fall 15: Täuschung bei Blutprobe

A fährt im Straßenverkehr mit seinem PKW in Schlangenlinien. Er wird von der Polizei angehalten. Er hat gerötete Augen und riecht nach Alkohol. Einen freiwilligen Atemalkoholtest verweigert er. Die Polizei ordnet daraufhin wegen des Verdachts der Trunkenheit im Verkehr eine Blutprobe an. Der zuständige Arzt ist momentan verhindert. Um eine Verfälschung durch das Zuwarten zu verhindern, schlägt der anwesende Medizinstudent M vor, die Blutprobe zu entnehmen. Dem A wird von den Beamten der Wahrheit zuwider erklärt, es handele sich bei M um einen Arzt, auch wenn er sehr jung aussehe. A duldet die Blutprobenentnahme. Ist sie verwertbar?

Da § 81 a StPO diesbezüglich keine Regelung enthält, ist insofern auf den Sinn und Zweck des Arztvorbehalts des § 81 a Abs. 1 S. 2 StPO abzustellen. Dieser besteht nicht darin, eine höhere Qualität des Untersuchungsergebnisses zu gewährleisten, sondern den Beschuldigten vor gesundheitlichen Gefahren zu schützen. **Die durch einen Nicht-Arzt gewonnene Blutprobe ist daher grundsätzlich verwertbar.**[111] Unverwertbarkeit kommt erst dann in Betracht, wenn der anordnende Beamte den Beschuldigten bewusst über die Arzteigenschaft täuscht (Rechtsgedanke des § 136 a StPO).[112]Hier ist A von der Polizei und dem Studenten getäuscht worden. Er hätte darauf bestehen können, dass die Probe von einem Arzt genommen wird. Damit ist die Blutprobe rechtswidrig erlangt worden. Im Falle eines Widerspruchs in der Hauptverhandlung ist sie unverwertbar (siehe zur Widerspruchslösung Rn. 199).

---

5. Gemäß **§ 81 a Abs. 3** StPO dürfen Blutproben und sonstige Körperzellen nur in dem der Entnahme zugrunde liegenden oder in anderen anhängigen Strafverfahren verwertet werden. Eine Verwendung zur Beweisführung in Zivilverfahren, hier zur Vaterschaftsfeststellung oder zur Gefahrenabwehr (z.B. Feststellung einer HIV-Infizierung), ist daher unzulässig. 88

Unter den Voraussetzungen **des § 46 Abs. 4 S. 2 OWiG** kann eine Verwertung im Ordnungswidrigkeitsverfahren erfolgen. Dies wird z.B. relevant, wenn ein Strafverfahren in ein Bußgeldverfahren übergeht.

Gemäß **§ 81 a Abs. 3 Hs. 2 StPO** sind die gewonnenen Blutproben und sonstigen Körperzellen **unverzüglich zu vernichten, sobald sie nicht mehr benötigt werden**. Diese Vernichtungsanordnung betrifft nur das gewonnene Material, nicht die Ergebnisse der Untersuchung, welche Bestandteil der Akte bleiben.[113]

---

111 BGHSt 24, 125; OLG Celle JZ 1989, 906; OLG Zweibrücken NJW 1994, 810.

112 KK-StPO/Senge § 81 a Rn. 13 m.w.N.

113 Meyer-Goßner/Schmitt § 81 a Rn. 38, 39.

III. Erkennungsdienstliche Behandlung, § 81 b StPO

89 § 81 b StPO regelt die **erkennungsdienstliche Behandlung**. Hiernach dürfen Lichtbilder und Fingerabdrücke des Beschuldigten auch gegen seinen Willen aufgenommen und Messungen und ähnliche Maßnahmen an ihm vorgenommen werden. Soweit die Vorschrift Maßnahmen für erkennungsdienstliche Zwecke gestattet, handelt es sich seiner Natur nach um Polizeirecht, das in die StPO aufgenommen wurde. Repressiv sind die Messungen nur dann, wenn sie für die Durchführung des Strafverfahrens vorgenommen wurden. Diese Unterscheidung ist für den Rechtsschutz von Bedeutung (vgl. § 40 VwGO einerseits, § 98 Abs. 2 S. 2 StPO analog andererseits).

Nach h.M. ist auch die zwangsweise Veränderung der Haar- und Barttracht **zulässig, soweit dem Beschuldigten ein Aussehen gegeben werden soll, welches er zu einem früheren Zeitpunkt einmal frei gewählt hatte**. Streitig ist lediglich die Ermächtigungsgrundlage. Das BVerfG[114] zieht **§ 81 a StPO** heran, da die zwangsweise Veränderung der Haar- und Barttracht als körperlicher Eingriff i.S.d. Vorschrift zu qualifizieren sei. Nach a.A.[115] ist die Ermächtigungsgrundlage in **§ 81 b StPO** zu sehen, da die zwangsweise Veränderung der Haar- und Barttracht lediglich eine Vorbereitungsmaßnahme für die Identifizierung i.S.v. § 81 b StPO ist.

IV. Untersuchung anderer Personen, § 81 c StPO

90 **Gegen Dritte** ist eine körperliche Untersuchung ohne ihre Einwilligung nur unter den einschränkenden Voraussetzungen des **§ 81 c StPO** möglich:

Nach § 81 c Abs. 1 StPO gilt der sog. **Zeugen- und Spurengrundsatz**, d.h. der Dritte muss als Zeuge in Betracht kommen und es müssen Anhaltspunkte für Tatspuren an seinem Körper bestehen. Der Zeugengrundsatz verlangt nicht, dass der betreffende Dritte wirklich eine Aussage machen kann. Erforderlich ist nur, dass für ihn die Möglichkeit der Zeugenrolle besteht,[116] aber die Untersuchung kann aus den gleichen Gründen wie das Zeugnis verweigert werden, Abs. 3 S. 1.

Nach h.M. wird aus der Wendung „an ihrem Körper" geschlossen, dass nach § 81 c Abs. 1 StPO lediglich die Untersuchung des Körpers auf äußerlich feststellbare Spuren zulässig sei, nicht hingegen Eingriffe in den Körper des Zeugen, wie z.B. Röntgenuntersuchungen, Magenauspumpen.[117] Dabei kann sich die Untersuchung auch auf die natürlichen Körperöffnungen erstrecken, sodass z.B. das Öffnen des Mundes zwecks Besichtigung eingeschlagener Zähne oder die Vornahme eines Scheidenabstrichs zulässig ist.

Eine Ausnahme vom Zeugen- und Spurengrundsatz ist in **§ 81 c Abs. 2 StPO** enthalten. Danach sind ärztliche Untersuchungen zur Feststellung der Abstammung und die Entnahme von Blutproben auch an Personen zulässig, die als Zeugen nicht in Betracht kommen, wenn die Maßnahme zur Erforschung der Wahrheit unerlässlich ist und kein Nachteil für die Gesundheit zu befürchten ist.

114 BVerfGE 47, 239 f.

115 Meyer-Goßner/Schmitt § 81 b Rn. 10 und § 81 a Rn. 23.

116 Meyer-Goßner/Schmitt § 81 c Rn.10.

117 So BGH StV 1991, 146; LR/Krause § 81 c Rn.19; Roxin/Schünemann § 33 Rn. 6.

Beispiel: Ermittlungsverfahren gegen die Kindesmutter wegen Verdachts des Meineides bezüglich der Abstammung des Kindes vom Ehemann im Unterhaltsverfahren. Bei dem Kind kann eine Blutprobe entnommen werden; es können Abstammungsuntersuchungen erfolgen.

Die Untersuchung muss zum Zwecke der Wahrheitserforschung notwendig und sie darf auch nicht unzumutbar sein, vgl. § 81 c Abs. 4 StPO. Bei der Untersuchung ist außerdem § 81 d StPO zu beachten: Kann die körperliche Untersuchung das Schamgefühl verletzen, so wird sie von einer Person gleichen Geschlechts oder von einer Ärztin oder einem Arzt vorgenommen.

Bzgl. der Verwertung in anderen Strafverfahren und der Vernichtung des gewonnenen Materials verweist **§ 81 c Abs. 5 S. 2 auf § 81 a Abs. 3 StPO**.

V. Molekulargenetische Untersuchung, §§ 81 e ff. StPO

1. §§ 81 e ff. StPO gestatten Beweiserhebungen anhand **molekulargenetischer Untersuchung**. Gemäß § 81 e Abs. 1 S. 1 StPO kann an dem durch Maßnahmen nach § 81 a Abs. 1 StPO oder § 81 c StPO erlangten Material mittels molekulargenetischer Untersuchung das DNA-Identifizierungsmuster, die Abstammung und das Geschlecht festgestellt und die Feststellungen mit Vergleichsmaterial abgeglichen werden. Dies gilt nach Abs. 2 S. 1 auch für aufgefundenes, sichergestelltes oder beschlagnahmtes Material. Ist unbekannt, von welcher Person das Spurenmaterial stammt, dürfen nach aktueller Fassung der Norm auch Feststellungen über die Augen-, Haar- und Hautfarbe sowie das Alter des Spurenlegers getroffen werden. Die Untersuchungen nach § 81 e Abs. 1 StPO stehen ohne Einwilligung gemäß § 81 f StPO unter Richtervorbehalt. Als Verdachtsgrad ist wiederum der bloße Anfangsverdacht ausreichend. 91

Beispiel:[118] Die F war in ihrer Wohnung vergewaltigt und getötet worden. Zeugen hatten nur Hinweise auf einen Pkw der Marke Porsche mit Münchener Kennzeichen geben können. Nachdem Nachforschungen im engeren Bekanntenkreis der Getöteten ergebnislos verlaufen waren, erstreckte man die Ermittlungen auf alle Halter eines Porsches mit Münchener Kennzeichen. So wurden über 750 Personen Blutproben entnommen und genetisch untersucht. Hierzu gehörte auch A, obwohl er seine Lebensgefährtin als Zeugin für sein Alibi benannt hatte. Die Entnahme und Untersuchung der Blutprobe war rechtmäßig, da ein bloßer Anfangsverdacht reicht und die Maßnahme nach der Schwere der Tat angemessen und nach der derzeitigen Beweislage unerlässlich war.

2. Nach **§ 81 g Abs. 1 S. 1 StPO** können molekulargenetische Untersuchungen **auch präventiv** durchgeführt werden, falls der Beschuldigte einer Straftat von erheblicher Bedeutung oder gegen die sexuelle Selbstbestimmung verdächtig ist und Grund zur Annahme besteht, dass der Beschuldigte künftig wieder schwerwiegende Straftaten begehen wird.[119] 92

3. Die **DNA-Reihenuntersuchung** ist in § 81 h StPO geregelt. Hiernach dürfen auf gerichtliche Anordnung bei Verbrechen gegen das Leben, die körperliche Unversehrtheit oder bei Sexualdelikten Personen, die bestimmte, auf den Täter vermutlich zutreffende Prüfungsmerkmale erfüllen, Körperzellen entnommen, das DNA-Identifizierungsmuster und das Geschlecht molekulargenetisch untersucht werden und dies mit dem vorhan- 93

118 Nach BVerfG StV 1996, 645.

119 Zur Auslegung dieser recht unbestimmten Vorschrift: BVerfG NJW 2001, 879, 880 ff.; NJW 2001, 2320, 2321 ff.; NJW 2008, 281, 282; Fluck NJW 2001, 2292.

denen Material abgeglichen werden. Dies dient der Feststellung, ob das Spurenmaterial von Täter stammt oder – nach der Neufassung des Gesetzes – von einem Verwandten gerader Linie oder in der Seitenlinie bis zum dritten Grad.

Beispiel: Die N wurde von einem Unbekannten vergewaltigt und massiv verletzt. Es konnten DNA-Spuren des Täters sichergestellt werden. Auf Antrag der StA wurde ein Reihengentest für alle männlichen Personen, die zwischen 1970 und 1992 geboren waren und am Tatort lebten gemäß § 81 h StPO a.F. angeordnet. 2406 Männer gaben Speichelproben ab. Bei der Untersuchung der anonymisierten Proben stellte die Sachverständige fest, dass aufgrund eines seltenen Allels ein Verwandter des Täters in der Gruppe war (sog. Beinahe-Treffer). Die Probe wurde entanonymisiert und schließlich der jugendliche V als Täter ermittelt. Nach der alten Fassung der Vorschrift ist dies nicht zulässig gewesen, denn hiernach durfte nur ermittelt werden, ob eine der genommenen Proben vom Täter stammte. Der BGH hatte in diesem Fall nach Abwägung aller Umstände des Einzelfalles kein Beweisverwertungsverbot angenommen.[120] Diese Gesetzeslücke ist nunmehr geschlossen worden.

D. Überwachung und Einsatz technischer Mittel, §§ 100 a ff. StPO

94 Die Vorschriften der §§ 100 a ff. StPO sind durch das Gesetz zur effektiveren und praxistauglichen Ausgestaltung des Strafverfahrens vom 17.08.2017 (BGBl. I. S. 3202), in Kraft getreten am 24.08.2017, neu gefasst und durch das Gesetz zur Modernisierung des Strafverfahrens im Jahr 2019 ergänzt worden (BGBl. I S. 2121) worden. Da diese Ermittlungsmittel erheblich in die Grundrechte des Beschuldigten und Dritter eingreifen, ist den Vorschriften gemeinsam, dass sie nur unter engen Voraussetzungen Anwendung finden. Zum einen sind die meisten Maßnahmen nur dann anwendbar, wenn es um die Aufklärung von **(besonders) schweren Straftaten** geht, die (meist) erschöpfend in Katalogen aufgeführt sind (vgl. §§ 100 a Abs. 2, 100 b Abs. 2, 100 c Abs. 1 Nr. 1, 100 f Abs. 1, 100 g Abs. 1 Nr. 1 – nicht abschließend: „insbesondere" –, Abs. 2, 100 i Abs. 1 StPO – auch hier: „insbesondere"), zudem müssen diese **auch im Einzelfall (besonders) schwer wiegen** (vgl. §§ 100 a Abs. 1 Nr. 2, 100 b Abs. 1 Nr. 2, 100 c Abs. 1 Nr. 2, 100 f Abs. 1, 100 g Abs. 2 StPO) oder **von erheblicher Bedeutung** sein (§§ 100 g Abs. 1 Nr. 1, 100 h Abs. 1 Nr. 2 und § 100 i Abs. 1 StPO). Hinzu kommt regelmäßig, dass die **Erforschung des Sachverhaltes und/oder die Ermittlung des Aufenthaltsortes des Beschuldigten auf andere Weise wesentlich erschwert oder aussichtslos** wäre (vgl. §§ 100 a Abs. 1 Nr. 3, 100 b Abs. 1 Nr. 3, 100 c Abs. 1 Nr. 4, 100 f Abs. 1, 2, 100 g Abs. 1 Nr. 2 StPO – hier nur bei Aussichtslosigkeit –, Abs. 2, Abs. 3, 100 h Abs. 1 StPO – weniger erfolgversprechend oder erschwert –, Abs. 2 Nrn.1, 2 § 100 i StPO – hier erforderlich ausreichend). Im Einzelnen:

I. Telekommunikationsüberwachung

95 **1.** Die **Telekommunikationsüberwachung** gemäß § 100 a StPO ist nur bei einem Anfangsverdacht für schwere Straftaten aus dem Katalog gemäß Abs. 2 zulässig. Diese Maßnahme darf gemäß § 100 e StPO nur auf Antrag der Staatsanwaltschaft durch das Gericht angeordnet werden, wobei die Möglichkeit einer Eilanordnung für drei Tage bei Gefahr im Verzug besteht. Die Anordnung ist auf höchstens drei Monate zu befristen und kann nur unter erschwerten Bedingungen verlängert werden.

120 BGH NJW 2013, 1827.

2. § 100 a Abs. 1 StPO a.F. war ursprünglich dahin konzipiert gewesen, ein Abhören eines Telefongespräches in der Übermittlungsphase zu erlauben. § 100 a StPO bezieht sich nach h.M. nicht nur auf die herkömmlichen Formen des Telefonierens, sondern auf **Nachrichtenübermittlungen jeglicher Art**.[121] Beim **Zugriff auf E-Mails** ist für die Ermächtigungsgrundlage **zu differenzieren:**[122]

Das **Stadium der eigentlichen Übermittlung einer E-Mail** fällt in den Schutz des Fernmeldegeheimnisses i.S.v. Art. 10 GG. Daher kann ein Zugriff nur gemäß **§ 100 a StPO** erfolgen,[123] sodass eine Katalogtat i.S.v. § 100 a Abs. 2 StPO erforderlich ist.

Mit dem **endgültigen Eingang der E-Mail in den Herrschaftsbereich des Empfängers** endet der Schutzbereich des Art. 10 GG. Es besteht nur noch das Recht auf informationelle Selbstbestimmung. Daher kann ein Zugriff auf die bereits eingegangenen E-Mails durch Beschlagnahme gemäß **§§ 94, 98 StPO** erfolgen,[124] sodass Anfangsverdacht bzgl. aller Straftaten genügt. Das **BVerfG**[125] hat klargestellt, dass E-Mails, die beim Provider end- oder zwischengespeichert sind, zwar dem Schutz des Art. 10 GG unterfallen. Jedoch sind die Beschlagnahmevorschriften der **§§ 94, 98 StPO** unter Beachtung der Verhältnismäßigkeit eine ausreichende Ermächtigungsgrundlage.[126]

Fall 16: E-Mails beim Provider

A wird zur Last gelegt, mit wechselnden Beteiligten massenhaft Betrügereien bei eBay zu begehen. Er steht ferner im Verdacht, einer europaweit tätigen Organisation anzugehören, an die er Teile des Erlöses weiterleitet. Von ihm sind mehrere, sich ähnelnde E-Mail-Adressen bei einem deutschen Provider bekannt. Wie kann die Staatsanwaltschaft Einsicht in die noch beim Provider liegenden E-Mails erlangen?

Die Staatsanwaltschaft kann beim Ermittlungsrichter die Beschlagnahme der beim E-Mail-Anbieter liegenden E-Mails gemäß §§ 94 Abs. 2, 98 Abs. 1 StPO beantragen. Der hierfür nötige Anfangsverdacht ist gegeben. Die E-Mails kommen auch als Beweismittel infrage. Fraglich ist allerdings, ob die Beschlagnahme sämtlicher E-Mails verhältnismäßig ist. Bei einem Zugriff auf einen umfangreichen elektronischen Datenbestand ist darauf zu achten, dass die Gewinnung überschießender, für das Verfahren bedeutungsloser und ggf. einem Beschlagnahmeverbot wie § 97 StPO unterliegender Daten vermieden wird. Die Beschlagnahme sämtlicher gespeicherter Daten ist daher nur dann verhältnismäßig, wenn konkrete Anhaltspunkte dafür vorliegen, dass der gesamte Datenbestand, auf den zugegriffen werden soll, für das Verfahren potentiell beweiserheblich ist. Nach Möglichkeit ist die Beschlagahme auf einen Teil des Datenbestands unter Eingrenzung der relevanten E-Mails z.B. anhand bestimmter Sender- oder Empfängerkennungen oder von Suchbegriffen zu begrenzen.[127] Dies ist hier indes nicht möglich, da nicht ersichtlich ist, auf welche E-Mails sich die Staatsanwaltschaft hier beschränken

---

121 BGH NStZ 1997, 247; LG Hanau, StV 2000, 354, 355; LG Mannheim, StV 2002, 242, 243; KK-StPO/Bruns § 100 a Rn. 2.

122 Klein NJW 2009, 2996.

123 BVerfG NJW 2005, 2603; NJW 2008, 822, 825.

124 BVerfG NJW 2006, 976.

125 BVerfG NJW 2009, 2431.

126 BGH NJW 2010, 1297.

127 BGH NJW 2010, 1297, 1298.

könnte. Zu beachten bleibt, dass Beschlagnahmen wie Durchsuchungen keine heimlichen Ermittlungsmethoden sind. Die Anordnung ist den Betroffenen und Verfahrensbeteiligten bekannt zu machen (§§ 33 Abs. 1, 35 Abs. 2 StPO). Eine Zurückstellung der Benachrichtigung wegen Gefährdung des Untersuchungszwecks sieht die StPO hier nicht vor. § 101 Abs. 5 S. 1 StPO gilt nicht entsprechend.

---

96 **3.** Kommunikationsformen wie **Skype, WhatsApp** oder andere **Messenger-Dienste** lassen einen Zugriff in der Übermittlungsphase entweder gar nicht oder nur unter großen Schwierigkeiten zu. Probates Mittel ist, die Kommunikation noch vor Verlassen der Sphäre des Gesprächsteilnehmers zu überwachen. Hierzu ist allerdings ein Eingriff in das vom Beschuldigten genutzte Gerät erforderlich, was § 100 a StPO a.F. nicht vorgesehen hat. Gemäß § 100 a Abs. 1 S. 2, 3 StPO in der Fassung seit 2017 darf eine solche sog. **Quellen-TKÜ** nunmehr rechtmäßig erfolgen.

97 **4.** Die Maßnahme darf sich nach § 100 a Abs. 3 StPO nur gegen den Beschuldigten oder gegen Personen richten, von denen aufgrund bestimmter Tatsachen anzunehmen ist, dass sie für den Beschuldigten bestimmte oder von ihm herrührende Mitteilungen entgegennehmen oder weitergeben oder dass der Beschuldigte ihren Anschluss oder ihr informationstechnisches System benutzt.

II. Online-Durchsuchung, § 100 b StPO

98 Bei einem Anfangsverdacht für besonders schwere, kataloghaft aufgezählte Straftaten gestattet § 100 b StPO die Online-Durchsuchung des vom Betroffenen genutzten Systems, und zwar – im Unterschied zu der Durchsuchung i.S.d. §§ 102, 105 StPO – **heimlich**, also ohne Wissen des Betroffenen. Die **Online-Durchsuchung** darf sich nach Abs. 3 nur gegen den Beschuldigten richten, es sei denn er benutzt IT-Systeme anderer Personen und die Online-Durchsuchung beim Beschuldigten allein ist nicht ausreichend.

Gemäß § 100 e Abs. 2 StPO darf die Maßnahme nur auf Antrag der Staatsanwaltschaft durch die in § 74 a Abs. 4 GVG genannte Kammer des Landgerichts angeordnet werden, in dessen Bezirk die Staatsanwaltschaft ihren Sitz hat, und zwar grundsätzlich durch alle Kammermitglieder. Der Ermittlungsrichter ist unzuständig. Eine Eilanordnung ist möglich, aber nicht durch die Staatsanwaltschaft, sondern durch den Kammervorsitzenden. Diese tritt außer Kraft, wenn sie nicht binnen drei Werktagen von der Strafkammer bestätigt wird. Die Anordnung ist auf höchstens einen Monat zu befristen, kann aber verlängert werden. Nach sechs Monaten entscheidet über eine weitere Verlängerung das Oberlandesgericht.

III. Akustische Wohnraumüberwachung, § 100 c StPO

99 Beim sog. **„großen Lauschangriff"** gemäß § 100 c StPO kann heimlich das **nichtöffentlich gesprochene Wort** mit technischen Mitteln **abgehört** werden. Wiederum ist ein Anfangsverdacht für eine Straftat i. S. d. § 100 b Abs. 2 StPO nötig, die auch im Einzelfall besonders schwer wiegt. Die Maßnahme darf sich nach Abs. 2 nur gegen den Beschul-

digten richten und nur in Wohnungen des Beschuldigten durchgeführt werden. In Wohnungen anderer ist die Maßnahme nur dann zulässig, wenn anzunehmen ist, dass sich der Beschuldigte dort aufhält und die Maßnahme in Wohnungen des Beschuldigten allein nicht zur Erforschung des Sachverhaltes oder zur Ermittlung des Aufenthaltsortes eines Mitbeschuldigten führen wird.

Hinsichtlich der Anordnungskompetenz gilt das zu § 100 b StPO Gesagte, vgl. § 100 e Abs. 2 StPO.

IV. Grenzen der Überwachung, § 100 d StPO

Gemäß § 100 d Abs. 1 StPO dürfen Maßnahmen nach §§ 100 a–c StPO nicht angeordnet 100
werden, wenn allein Erkenntnisse aus dem Kernbereich privater Lebensgestaltung erwartet werden. Diese unterliegen – der hierfür entwickelten höchstrichterlichen Rspr. entsprechend – nach Abs. 2 S. 1 einem Verwertungsverbot (Näheres unten Rn. 176 ff.). Abs. 3 und 4 formulieren Anweisungen, wonach nach Möglichkeit derartige Daten gar nicht erst erhoben werden bzw. dass diese zu löschen sind. Nach Abs. 5 sind Online-Durchsuchungen und akustische Wohnraumüberwachungen bei Personen i.S.d. § 53 StPO unzulässig. Bei Zeugen i.S.d. §§ 52 und 53 a StPO hängt eine Verwertbarkeit von einer besonderen Verhältnismäßigkeitsprüfung ab.

V. Überwachung außerhalb von Wohnraum, §§ 100 f, h StPO, und Observation, § 163 f StPO

1. Das Abhören und Aufzeichnen des **außerhalb von Wohnungen nichtöffentlich ge-** 101
sprochenen Wortes (sog. „kleiner Lauschangriff") ist in § 100 f StPO geregelt. Die Maßnahme ist nach Abs. 1 nur bei einem Anfangsverdacht für Katalogtaten i.S.d. § 100 a Abs. 2 StPO möglich, die auch im Einzelfalls schwerwiegend sein muss. Die Sachverhaltserforschung oder die Ermittlung des Aufenthaltsortes des Beschuldigten muss auf andere Weise aussichtslos oder wesentlich erschwert sein. Die Anordnung obliegt gemäß Abs. 4 i.V.m. § 100 e Abs. 1 StPO dem Gericht auf Antrag der Staatsanwaltschaft. Eine Eilanordnung wegen Gefahr im Verzug ist der Staatsanwaltschaft für die Dauer von drei Werktagen möglich.

2. § 100 h StPO gestattet das heimliche Herstellen von **Bildaufnahmen** und den Einsatz 102
besonderer für Observationszwecke bestimmter **technischer Mittel** (z.B. Peilsender), wenn es sich um eine Straftat von erheblicher Bedeutung handelt. Diese Maßnahmen stehen **nicht unter einem Richtervorbehalt**.

3. Eine **planmäßige (längerfristige) Observation**, die länger als 24 Stunden dauert 103
oder mehr als an zwei Tagen stattfindet, ist nur unter den Voraussetzungen des § 163 f StPO möglich. Auch sie setzt eine Straftat von erheblicher Bedeutung voraus und dass die Erforschung des Sachverhaltes oder die Ermittlung des Aufenthaltsortes des Täters auf andere Weise wesentlich erschwert wäre. Sie kann unter bestimmten Voraussetzungen auch gegen Dritte angeordnet werden und steht gemäß Abs. 3 unter Richtervorbehalt mit Eilanordnungsmöglichkeit.

VI. Erhebung von Verkehrs- und Bestandsdaten, §§ 100 g, j StPO

104 § 100 g StPO ist im Jahr 2015 neu gefasst und in 2017 sowie in 2019 erneut ergänzt worden. Dies war notwendig geworden, weil das BVerfG[128] die §§ 113 a und 113 b TKG a.F., wonach Vorratsdaten gespeichert werden mussten, im Jahr 2010 für nichtig erklärt hatte. Auch § 100 g Abs. 1 S. 1 StPO a.F. ist für nichtig erklärt worden, soweit dadurch Verkehrsdaten i.S.d. § 113 a TKG erhoben werden durften.

Die neue Fassung der Vorschrift ermöglicht die Feststellung von Verbindungs- und Standortdaten sowie Zielwahlsuchen. Nach h.M. ist sie auch auf IP-Tracking, also auf die Ermittlung von IP-Adressen im sog. Darknet analog anwendbar.[129]

105 **1.** § 100 g **Abs. 1 StPO** regelt die Erhebung von **Verkehrsdaten i.S.d. § 96 Abs. 1 TKG**, die aus geschäftlichen Gründen bei Telekommunikationsunternehmen gespeichert werden, also u.a. Nummer oder Kennung der beteiligten Anschlüsse oder der Endeinrichtung, Kartennummer, bei mobilen Daten auch die Standortdaten, Beginn und Ende der Verbindung, der in Anspruch genommene Telekommunikationsdienst sowie weitere zur Abrechnung notwendige Daten. Der Inhalt der Kommunikation fällt nicht hierunter. Die Verkehrsdaten dürfen nach § 100 g Abs. 1 Nr. 1 StPO erhoben werden, wenn eine **Straftat von auch im Einzelfall erheblicher Bedeutung** vorliegt, insbesondere (aber nicht ausschließlich) eine aus dem **Katalog des § 100 a Abs. 2 StPO**. Die Datenerhebung ist auch dann möglich, wenn eine **Straftat mittels Telekommunikation** begangen worden ist, Abs. 1 Nr. 2. In jedem Fall muss dies zur Erforschung des Sachverhaltes erforderlich und verhältnismäßig sein. Bei Abs. 1 Nr. 2 kommt hinzu, dass die Erforschung auf andere Weise aussichtslos wäre. **Standortdaten dürfen zudem nach Abs. 1 nur für die Zukunft oder in Echtzeit** erhoben werden. Retrograde Standortdaten können nur dann erhoben werden, wenn die Voraussetzngen von Abs. 2 vorliegen. Hierunter fallen auch die Positionsmeldungen nicht telefonierender Mobiltelefone (standby),[130] die nicht gespeichert sind. Gespeicherte Standortdaten unterfallen Abs. 2.[131]

106 **2.** § 100 g **Abs. 2 StPO** regelt den Zugriff auf **Verkehrsdaten i.S.d. § 113 b TKG**, die aufgrund gesetzlicher Verpflichtung gespeichert werden (sog. **Vorratsdatenspeicherung**). Gemäß § 113 b Abs. 2 TKG müssen für zehn Wochen u.a. die Rufnummern bzw. Kennungen der beteiligten Anschlüsse, Datum und Uhrzeit der Verbindung, der genutzte Dienst und die Kennungen mobiler Teilnehmer, bei VoIP-Telefonaten die IP-Adressen speichern. Das Gleiche gilt für SMS- und Kurznachrichtendienste. Nach Abs. 3 werden bei Kommunikation über das Internet die IP-Adresse, die Benutzerkennung, Datum und Uhrzeit der Internetnutzung gespeichert. Nach Abs. 4 sind im Fall der Nutzung mobiler Telefondienste die Standortdaten in den jeweiligen Funkzellen für vier Wochen zu speichern. Ein Vergleich der Daten zeigt, dass es Überschneidungen mit § 96 Abs. 1 TKG geben kann.

---

128 BVerfG NJW 2010, 833.

129 BGH wistra 2015, 395; Meyer-Goßner/Schmitt § 100 g Rn. 45, a. M. Krause NStZ 2016, 139 (144); Steinmetz wistra 2015, 396.

130 Meyer-Goßner/Schmitt § 100 g Rn. 9.

131 Meyer-Goßner/Schmitt § 100 g Rn. 21 f.

Der Zugriff auf diese Daten ist nach § 100 g Abs. 2 StPO nur bei **einer Straftat aus dem in S. 2 aufgeführten Katalog besonders schwerer Straftaten**, die auch **im Einzelfall besonders schwer** wiegen müssen, zulässig, wenn die Erforschung des Sachverhaltes oder die Ermittlung des Aufenthaltsortes des Beschuldigten auf andere Weise **nicht möglich oder wesentlich erschwert** wäre und dies auch verhältnismäßig ist. 107

Das OVG Münster hat mit Beschluss vom 22.06.2017[132] im Wege der einstweiligen Anordnung die Verpflichtung zur anlasslosen Speicherung von Verkehrsdaten nach § 113 b TKG bis zum Abschluss des Hauptsacheverfahrens vorläufig ausgesetzt, da die nationalen Regelungen zur Speicherpflicht gegen europarechtliche Vorgaben des EuGH verstoßen würden. Zudem hat die Bundesnetzagentur aufgrund dieser Entscheidung erklärt, auf eine mögliche Verhängung von Bußgeldern gegen Provider, die die Vorratsdatenspeicherung nicht umsetzen, bis auf Weiteres zu verzichten. Somit findet nach wie vor keine Vorratsdatenspeicherung statt. Dies hat insbesondere Auswirkungen auf die Erhebung **retrograder** Standortdaten nach Abs. 2 (vgl. Abs. 1 S. 3, der für *künftige* gilt), denn diese Vorschrift verweist auf § 113 b TKG und nicht auf § 96 TKG, der hilfsweise in Betracht käme. Nach allgemeiner Ansicht wird die Rechtmäßigkeit des Abrufs von Daten nach § 100 g StPO durch die geltende Rechtslage nicht in Frage gestellt. Bei Vorliegen der Voraussetzungen des § 100 g Abs. 2 StPO darf in entsprechender Anwendung der Vorschrift auf nach § 96 TKG gespeicherte Vorratsdaten zurückgegriffen werden.[133]

§ 100 g StPO verdrängt i.Ü. § 100 a StPO nicht, wenn es um die Echtzeit-Überwachung künftiger Telekommunikation betrifft, sondern tritt neben § 100 a StPO. Die Überwachung der Telekommunikation erfasst nicht nur die Kommunikationsinhalte, sondern auch die näheren Umstände der Telekommunikation einschließlich der fraglichen IP-Adressen. Daher kann nach § 100 a StPO der Anbieter eines E-Mail-Dienstes im Rahmen einer ordnungsgemäß angeordneten Telekommunikationsüberwachung verpflichtet werden, den Ermittlungsbehörden die IP-Adressen zu übermitteln, wenn er seinen Dienst aus Datenschutzgründen so organisiert hat, dass er diese nicht protokolliert.[134]

Ein weiteres Problem ist, nach welcher Vorschrift das sog. **IP-Tracking** zulässig ist. Dies dient durch Übersendung manipulierter Dateien zur Feststellung verschleierter IP-Adressen im Darknet. Dieser Frage wird unterschiedlich beantwortet. Nach Rspr. des BGH ist § 100 g StPO anzuwenden.[135]

3. § 100 g Abs. 3 StPO bestimmt, dass die **Funkzellenabfrage** nur zulässig ist, wenn die Voraussetzungen von Abs. 1 Nr. 1 vorliegen (Straftat von im Einzelfall erheblicher Bedeutung), dass die Datenerhebung in einem angemessenen Verhältnis zur Bedeutung der Sache steht und die Erforschung des Sachverhaltes oder die Ermittlung des aufenthaltortes des Beschuldigten auf andere Weise aussichtslos oder erschwert wäre. Auf nach § 113 b TKG gespeicherte Daten darf für eine Funkzellenabfrage nur unter den strengen Voraussetzungen des Abs. 2 zugegriffen werden. 108

132 NVwZ-RR 2018, 43.

133 LG Mannheim NStZ 2018, 430, 431.

134 BVerfG NJW 2019, 584.

135 BGH, Beschl. v. 23.09.2014 – 1 BGs 210/14, BeckRS 2015, 17557; a.A. Krause NStZ 2016, 139 ff.

Einschränkungen für zeugnisverweigerungsberechtigte Personen i.S.d. § 53 Abs. 1 S. 1 Nr. 1–5 StPO nebst einem Verwertungsverbot enthält § 100 g Abs. 4 StPO.

109 **4.** Sämtliche Ermittlungsmöglichkeiten des § 100 g StPO stehen gemäß § 101 a Abs. 1 S. 1 i.V.m. § 100 e Abs. 1 S. 1 StPO unter **Richtervorbehalt**. Eine Eilanordnung durch die Staatsanwaltschaft kommt nur für Verkehrsdatenerhebungen nach § 100 g Abs. 1 und Abs. 3 StPO in Betracht, also nur für den Zugriff auf Daten i.S.d. § 96 Abs. 1 TKG sowie für Funkzellenabfragen. Daten i.S.d. § 113 b TKG sind der Eilanordnungskompetenz entzogen. Hierfür gilt ein „absoluter" Richtervorbehalt, vgl. § 101 a Abs. 1 S. 2 StPO.[136]

110 **5.** Die Erhebung der Verkehrsdaten wäre sinnlos, wenn man sie niemandem zuordnen könnte. Die Erhebung der **Bestandsdaten** i.S.d. §§ 95, 111 TKG – auch anhand einer dynamischen IP-Adresse – gestattet § 100 j StPO. Nach Abs. 1 S. 2 ist auch das Herausverlangen von Zugangssicherungscodes für Endgeräte zulässig, dies aber nach Abs. 3 S. 1 nur auf gerichtliche Anordnung oder bei Gefahr im Verzug auch auf Anordnung der Staatsanwaltschaft und ihrer Ermittlungspersonen. Hieraus folgt, dass für die Ermittlung einer IP-Adresse oder einer Rufnummer ein ermittlungsrichterlicher Beschluss gemäß § 100 g i.V.m. §§ 101 a Abs. 1 S. 1, 101 b Abs. 1 S. 1 StPO erforderlich ist, für die Ermittlung des dazugehörenden Klarnamens nach § 100 j Abs. 1 S. 1 StPO nicht.

VII. Technische Ermittlungsmaßnahmen bei Mobilfunkendgeräten, § 100 i StPO

111 Gemäß § 100 i StPO dürfen durch technische Mittel die Gerätenummer (IMEI) und die Kartennummer (IMSI) sowie der Standort des Mobiltelefons ermittelt werden. Hiernach kann auch ein sog. **IMSI-Catcher**[137] zur Unterstützung von Observationszwecken eingesetzt werden und auch die Daten eines aktiv geschalteten Mobiltelefons ermittelt werden, wenn die Rufnummer nicht bekannt ist, weil der Betroffene sich ein Mobiltelefon geliehen, die Chipkarte getauscht oder unter falschem Namen gekauft hat.[138] § 100 i Abs. 1 Nr. 2 StPO ist auch die Rechtsgrundlage für eine stille SMS, auch „stealth ping" genannt. Hierbei handelt es sich um eine spezielle Kurzmitteilung an eine Mobilfunknummer, die eine Verbindung mit dem angewählten Mobiltelefon erzeugt, jedoch von dessen Nutzer nicht bemerkt wird, da sie im Nachrichteneingang nicht angezeigt wird. Hierdurch wird eine Rückmeldung des Mobiltelefons bei der Funkzelle, bei der es eingebucht ist, bewirkt, wodurch bei dem jeweiligen Netzbetreiber eine Datensatz erzeugt wird, der die Angabe der benutzten Funkzelle enthält. Nach einer Abfrage der Daten kann so der ungefähre Standort des Telefons bestimmt werden, sofern es im Standby-Modus war.[139]

136 Vgl. Meyer-Goßner/Schmitt § 101 a Rn. 5.

137 Ein mobiles Gerät, das eine Funkzelle simuliert, sodass sich das Mobiltelefon dort einbucht. Hierdurch kann der genaue Standort ermittelt werden.

138 Vgl. Meyer-Goßner/Schmitt § 100 i Rn. 1.

139 BGH NStZ 2018, 611.

Überwachung und Einsatz technischer Mittel							
	§ 100 a StPO: Telekommunikationsüberwachung	**§ 100 b StPO: Online-Durchsuchung**	**§ 100 c StPO: Akustische Wohnraumüberwachung**	**§§ 100 f, h StPO: Akustische Überwachung außerhalb von Wohnraum**	**§ 163 f StPO: Längerfristige Observation**	**§§ 100 g, j StPO: Erhebung von Verkehrs- und Bestandsdaten**	**§ 100 i StPO: Technische Ermittlungsmaßnahmen bei Mobilfunkendgeräten**
Ziel	Aufklärung des Inhalts der Telekommunikation	Heimliches Erheben von digitalen Daten	Abhören des nichtöffentlich gesprochenen Wortes in Wohnräumen	Abhören des nichtöffentlich gesprochenen Wortes außerhalb von Wohnräumen; Fertigung von Bildaufnahmen und sonstige Observatiionsmittel	Beobachtung des Beschuldigten länger als 24 Stunden oder an mehr als zwei Tagen	Eckdaten der Telekommunikation – nicht Inhalt –, künftige Standortdaten, Funkzelle	Geräte- und Kartennummer sowie Standort
Anordnungszuständigkeit	§ 100 e Abs. 1 S. 1, 2 StPO: Ermittlungsrichter, hilfsweise StA	§ 100 e Abs. 2 S. 1, 2 StPO: Staatsschutzkammer, hilfsweise der Vorsitzende	§ 100 e Abs. 2 S. 1, 2 StPO: Staatsschutzkammer, hilfsweise der Vorsitzende	§ 100 f Abs. 4 i.V.m. § 100 e Abs. 1 S. 1, 2 StPO: Ermittlungsrichter, hilfsweise StA für akustische Überwachung, § 100 h: für Bildaufnahmen p. StA und Polizeibeamte	§ 163 f Abs. 3 S. 1 StPO: Ermittlungsrichter, hilfsweise StA und Ermittlungspersonen	§ 101 a Abs. 1 S. 1, 2 i.V.m. § 100 e Abs. 1 S. 1, 2: Ermittlungsrichter, hilfsweise StA, nicht jedoch bei Vorratsdaten i.S.d. § 113 b TKG	§ 100 l Abs. 3 S. 1 i.V.m. § 100 e Abs. 1 S. 1, 2: Ermittlungsrichter, hilfsweise StA
Verdachtsstufe	Anfangsverdacht für Katalogtat i.S.d. § 100 a Abs. 2 StPO	Anfangsverdacht für Katalogtat i.S.d. § 100 b Abs. 2 StPO	Anfangsverdacht für Katalogtat i.S.d. § 100 b Abs. 2 StPO	Anfangsverdacht für Katalogtat i.S.d. § 100 a Abs. 2 StPO	Anfangsverdacht für Straftat von erheblicher Bedeutung	**Abhängig von Ermittlungszweck:** Anfangsverdacht für Straftat von im Einzelfall erheblicher Bedeutung (insbes. § 100 a Abs. 2 StPO) oder für Straftat mittels Telekommunikation **Bei Vorratsdaten:** Anfangsverdacht für Katalogtat i.S.d. § 100 g Abs. 2 StPO	Anfangsverdacht für Straftat von im Einzelfall erheblicher Bedeutung (insbes. § 100 a Abs. 2 StPO)

E. Verdeckte Ermittler, §§ 110 a ff. StPO, V-Personen, noeP und legendierte Kontrollen

112 Verdeckte Ermittler sind Beamte des Polizeidienstes, die unter einer Legende verdeckt operieren (§ 110 a Abs. 2 StPO), insbesondere im Bereich der organisierten Kriminalität. Hiervon sind V(ertrauens)-Personen zu unterscheiden, also Privatpersonen, welche die Strafverfolgungsbehörden mit Informationen aus der Szene versorgen. Zwischen beiden steht der noeP, der nicht offen ermittelnde Polizeibeamte. Nur der Einsatz verdeckter Ermittler ist in der StPO ausdrücklich geregelt.

I. Voraussetzungen

113 Gemäß § 110 a Abs. 1 StPO muss ein Anfangsverdacht für eine Straftat von erheblicher Bedeutung bestehen, und zwar aus ausgewählten Bereichen der organisierten Kriminalität, bei denen zudem Wiederholungsgefahr besteht. Die betreffenden Beamten werden mit einer veränderten Identität und u.U. mit gefälschten Papieren ausgestattet. Ihr Einsatz ist erst nach Zustimmung der Staatsanwaltschaft zulässig, aber es besteht nach § 110 b Abs. 1 StPO auch eine Eilanordnungskompetenz. Nur Einsätze, die sich gegen einen bestimmten Beschuldigten richten oder bei denen der verdeckte Ermittler eine nicht frei zugängliche Wohnung betritt, bedürfen der Zustimmung des Gerichts, wobei wiederum eine Eilanordnungskompetenz besteht, § 110 b Abs. 2 StPO.

II. Befugnisse

114 Die **Ermittlungsbefugnisse des verdeckten Ermittlers richten sich nach § 110 c StPO**. Hiernach darf er Wohnungen mit dem Einverständnis des Berechtigten betreten, ohne seine Identität aufdecken zu müssen. **Im Übrigen** richten sich gemäß § 110 c S. 3 StPO seine Ermittlungsbefugnisse **nach den allgemeinen Vorschriften**. Der verdeckte Ermittler hat also die Befugnisse, die einem Polizeibeamten auch sonst zustehen. Die Einräumung von Sonderrechten sowie das Recht auf Begehung „milieutypischer Straftaten" hat der Gesetzgeber abgelehnt.

Ein verdeckter Ermittler darf einen Beschuldigten, der sich **auf sein Schweigerecht berufen** hat, nicht unter Ausnutzung eines geschaffenen Vertrauensverhältnisses beharrlich zu einer Aussage drängen und ihm in einer vernehmungsähnlichen Befragung Äußerungen zum Tatgeschehen entlocken. Eine solche Beweisgewinnung verstößt gegen den Grundsatz, dass niemand verpflichtet ist, sich selbst zu belasten (nemo tenetur-Grundsatz), und hat regelmäßig ein Beweisverwertungsverbot zur Folge.[140] Diese Grundsätze gelten selbst dann, wenn ein Polizeibeamter nicht als verdeckter Ermittler im engeren Sinne handelt:

140 BGH NJW 2007, 3128.

Fall 17: Abgenötigte Selbstbelastung

A befindet sich in Strafhaft, weil er versucht hatte, mehrere Personen zum Mord an seiner Ehefrau anzustiften. In der Haft lernt er S kennen, der Mitglied bei einem kriminellen Motorradclub sein soll. A fragt, ob dessen „Leute draußen" in der Lage wären, seine Frau umzubringen. Er beschreibt sie und gibt fragmentarisch das Kennzeichen des von ihr genutzten Wagens an. S offenbart sich den Strafverfolgungsbehörden. Die Polizei sucht einen langhaarigen und tätowierten Kollegen aus, der vorgeben soll, auf das Ansinnen des A einzugehen. Er besucht den Inhaftierten und erklärt diesem, es habe Probleme bei der Identifizierung der Ehefrau gegeben. Er legt dem A zwei Fotos von der Frau und einer weiteren Person vor und bittet darum, die zu Tötende zu identifizieren. A ist misstrauisch und gibt vor, seine Brille nicht dabei zu haben und deshalb nicht genau sehen zu können. Darauf erklärt der Polizist, dass notfalls auch beide Frauen „weggemacht" werden könnten. A ist entrüstet, weil Unschuldige reingezogen werden würden. Auf die Frage, ob es denn richtig sei, dass seine Frau getötet werden sollte, nickt A. A wird angeklagt und schweigt zu den Vorwürfen. Kann er durch die Aussage des Polizisten überführt werden?
(Fall nach BGH NStZ 2010, 3670)

Maßgeblich ist, ob die Aussage des Polizisten verwertbar ist. Der BGH hat hier die Grundsätze der Verwertbarkeit von Erkenntnissen eines verdeckten Ermittlers **entsprechend** herangezogen. Wird der Verdächtige von einem verdeckten Ermittler mit Nötigungsmitteln **zu Äußerungen gedrängt**, sind diese als Beweismittel unzulässig und unterliegen einem Beweisverwertungsverbot, weil sie die Rechte des Beschuldigten auf ein faires Verfahren verletzen. Das Vorgehen des Polizisten verstieß gegen den nemo-tenetur-Grundsatz. Zwar sind verdeckte Ermittler berechtigt, unter Nutzung einer Legende selbstbelastende Äußerungen eines Beschuldigten entgegenzunehmen und an die Ermittlungsbehörden weiterzuleiten. Sie sind aber nicht befugt, in diesem Rahmen den Beschuldigten zu selbstbelastenden Äußerungen **zu drängen oder ihrerseits durch Straftaten herbeizuführen**. Die Aussage des Polizisten ist unverwertbar.

III. Vertrauenspersonen

Von dem verdeckten Ermittler zu unterscheiden ist die Vertrauensperson (sog. V-Leute). **115**
Hierbei handelt es sich um **Privatpersonen**, die als Informanten eingesetzt werden. Strafprozessual haben sie den Status eines herkömmlichen Zeugen. Sie haben keine staatlichen Befugnisse und dürfen keine Zwangsmittel anwenden.

IV. noeP

Ebenfalls kein verdeckter Ermittler ist der sog. **noeP** (**n**icht **o**ffen **e**rmittelnder **P**olizeibe- **116**
amter), z.B. ein Polizist, der unter falschem Namen zum Schein Betäubungsmittel zu erwerben sucht. Handelt es sich um eine Einzelaktion, bedarf es hierzu keiner richterlichen Zustimmung.[141] Gleiches gilt für Polizisten, die im Internet Scheinidentitäten anneh-

men, um Straftaten zu entdecken bzw. aufzuklären, z.B. Kinderpornografie. Art. 10 Abs. 1 GG schützt lediglich das Vertrauen des Einzelnen darin, dass eine Fernkommunikation, an der er beteiligt ist, nicht von Dritten zur Kenntnis genommen wird. Dagegen ist das Vertrauen der Kommunikationspartner zueinander nicht Gegenstand des Grundrechtsschutzes. Die Enttäuschung des personengebundenen Vertrauens in den Kommunikationspartner wird grundrechtlich nicht geschützt.[142]

V. Legendierte Kontrollen

117 Eine weitere legale Möglichkeit, die Rechtsnatur staatlichen Handelns zu verschleiern, ist die sog. **legendierte Kontrolle**.

Fall 18: Kein Vorrang des Strafprozessrechts

Gegen A und weitere Personen wird wegen des Verdachts des Handelns mit Betäubungsmitteln ermittelt. Durch eine Überwachung der Telekommunikation erhielt die Polizei Hinweise auf einen Betäubungsmitteltransport, den A organisiert hatte. Sein Auto wurde daraufhin mit einem Peilsender versehen und A observiert. Am Tattag erhielten die Beamten Kenntnis davon, dass sich das Kfz des A aus dem Ausland wieder in Richtung Deutschland in Bewegung gesetzt hatte. Der Polizei erschien es notwendig zu verhindern, dass BtM in erheblichem Umfang in Umlauf gerieten, waren aber gleichzeitig an der Sicherung etwaiger Beweise interessiert. Insbesondere wollten sie nicht, dass der Mitbeschuldigte B, der sich im Ausland aufhielt, von den Ermittlungen erfahren und die Wiedereinreise unterlassen würde. Der Wagen des A wurde verfolgt. Als dieser in einer Baustelle zu schnell fuhr, überholten die eingesetzten Beamten das Fahrzeug und setzten das Zeichen „Bitte folgen". Als A angehalten hatte, teilte man ihm mit, dass er zu schnell gefahren sei und fragte nach verbotenen Gegenständen. Weitere Beamte kamen hinzu, darunter ein Diensthundeführer mit einem BtM-Spürhund. Dieser schlug an und die Beamten fanden im Wageninneren 8 kg Kokain. Nun wurde A als Beschuldigter belehrt und vorläufig festgenommen. Können die Erkenntnisse aus der präventiv-polizeilichen Durchsuchung im Strafverfahren verwertet werden? (Fall nach BGH RÜ 2017, 643)

Hier stellt sich bezüglich der Verwertbarkeit die Frage, ob die Durchsuchung von einem Richter hätte angeordnet werden müssen (§ 105 StPO). Nach dem im konkreten Fall einschlägigen HSOG (dort: § 37 Abs. 1 Nr. 1 i.V.m. § 36 Abs. 1 Nr. 1) können Polizeibehörden Sachen ohne richterliche Anordnung durchsuchen, die von einer Person mitgeführt werden, wenn Tatsachen die Annahme rechtfertigen, dass sie Gegenstände mit sich führt, die sichergestellt werden dürfen. Das ist nach § 30 Nr. 1 HSOG zulässig, um eine gegenwärtige Gefahr abzuwehren, ferner gemäß § 40 Nr. 4 HSOG, wenn tatsächliche Anhaltspunkte die Annahme rechtfertigen, dass sie zur Begehung einer Straftat oder Ordnungswidrigkeit gebraucht oder verwertet werden sollten. Damit handelt es sich um eine sog. **doppelfunktionale Maßnahme**, bei der die Polizei mit jeweils selbstständiger präventiver und repressiver Zielsetzung tätig wurde. Ob bei einer solchen Lage

141 BGH NJW 1996, 2108.

142 BVerfGE 106, 28, 37 f. Rn. 290.

das Strafprozessrecht vorrangig ist,[143] die für Rechtswegzuständigkeit im Verwaltungsrecht entwickelte Schwerpunkttheorie[144] anzuwenden ist oder beide Wege parallel möglich sind,[145] ist umstritten. Der BGH hat entschieden, dass das Gesetz **keinen Vorrang strafprozessualer Vorschriften gegenüber dem Gefahrenabwehrrecht** kennt. Wird nach letzterem durchsucht, setzt eine Verwendung personenbezogener Daten nach § 161 Abs. 2 S. 1 StPO nur voraus, dass die Daten polizeirechtlich rechtmäßig erhoben wurden, sie zur Aufklärung einer Straftat dienen, aufgrund derer eine solche Maßnahme nach der Strafprozessordnung hätte angeordnet werden dürfen, und dass die materiell-rechtlichen Voraussetzungen für eine entsprechende Beweisgewinnung gemäß der StPO vorgelegen haben. Der Vorschrift liegt die Idee des **hypothetischen Ersatzeingriffs** zugrunde.[146] Die Erkenntnisse aus der Durchsuchung sind also als Beweismittel verwertbar.[147]

F. Rechtsschutz gegen Zwangsmittel

Will sich der Betroffene gegen richterliche Beschlüsse wenden, die ihn aktuell belasten, 118
ist grundsätzlich die Beschwerde gemäß §§ 304 ff. StPO statthaft. Geht es aber um erledigte Maßnahmen oder soll eine Entscheidung eines Staatsanwaltes oder eines Polizeibeamten angegriffen werden, enthält die Strafprozessordnung keine ausdrücklichen Regelungen. Aus diesem Grund hat sich folgendes System im Wege der richterlichen Rechtsfortbildung entwickelt:

I. Gegen **erledigte Beschlüsse** des Gerichts ist bei einem entsprechenden Rechtsschutz- 119
interesse über den Erledigungszeitpunkt hinaus die Beschwerde statthaft.[148] Zwar entfällt die Beschwer in der Regel, wenn die Entscheidung vollzogen ist und keine fortdauernde Wirkung mehr entfaltet. Allerdings kann der Betroffene die Berechtigung eines Grundrechtseingriffs klären lassen, wenn die direkte Belastung durch den angegriffenen Hoheitsakt sich nach dem typischen Verfahrensverlauf auf eine Zeitspanne beschränkt, in welcher der Betroffene die **gerichtliche Entscheidung kaum erlangen kann.**[149] Dies folgt insbesondere aus Art. 19 Abs. 4 GG. Die Beschwerde ist also z.B. auch statthaft gegen eine vollzogene Durchsuchungsanordnung, Anordnung einer Blutprobe aufgrund eines richterlichen Beschlusses gemäß § 81 a StPO und erledigte Eingriffe in die persönliche Freiheit.

---

143 Gubitz NStZ 2016, 128; Müller/Römer NStZ 2012, 543, 547.

144 Z.B. BVerwG NVwZ 2001, 1285, 1286.

145 LG Münster NStZ 2016, 126, 127; Nowrousian Kriminalistik 2013, 105 ff.

146 BGH NStZ 2017, 651; RÜ 2017, 643.

147 In der Entscheidung belässt es der BGH dabei, die Verwertbarkeit der Erkenntnisse aus der Durchsuchung festzustellen. § 161 Abs. 2 StPO regelt nach seinem Wortlaut allerdings nur den Import von personenbezogenen Daten aus anderen Verfahren, enthält allerdings keine Regelung für Beweismittel selbst. Dass die Drogen als Gegenstände richterlichen Augenscheins verwertbar sind, sagt der BGH nicht ausdrücklich, ist aber wohl so zu verstehen.

148 BVerfG NStZ-RR 2017, 379; OLG Celle NStZ-RR 2003, 177 für eine weitere Beschwerde nach Aufhebung eines Haftbefehls; KK-StPO/Zabeck § 304 Rn. 31.

149 BVerfGE 96, 27.

Ein Feststellungsinteresse kann sich auch dann ergeben, wenn konkrete Umstände für die Wahrscheinlichkeit vorliegen, dass die Gefahr der **Wiederholung** gleicher Ermittlungshandlungen gegeben ist.[150] Das Gleiche gilt, wenn die Maßnahme **tiefgreifend in Grundrechte** eingegriffen hat.[151] Auch kann eine fortwirkende **Diskriminierung** zu einem Rechtsschutzinteresse führen bzw. ein **Rehabilitationsinteresse** eine gerichtliche Überprüfung gebieten.[152]

Umstritten ist, ob ein **Entschädigungsinteresse** im Hinblick auf einen späteren Amtshaftungsprozess ein Feststellungsinteresse begründet, da der Zivilrichter im Rahmen der Amtshaftungsklage (§ 839 BGB, Art. 34 GG) ohnehin die Rechtmäßigkeit der strafprozessualen Maßnahme selbst prüfen muss.[153]

120 **II.** Gemäß § 98 Abs. 2 S. 2 StPO ist gegen Beschlagnahmeanordnungen der Staatsanwaltschaft und ihrer Ermittlungspersonen der Antrag auf gerichtliche Entscheidung zulässig. Diese offen formulierte Vorschrift wird **entsprechend** auf die gerichtliche Überprüfung von **Maßnahmen anderer Art** angewendet, z.B. Fahndungsmaßnahmen, Durchsuchung oder Mitnahme von Papieren zur Durchsicht. Darüber hinaus ist § 98 Abs. 2 S. 2 StPO auch – also doppelt analog – auf die **nachträgliche gerichtliche Prüfung** der Rechtmäßigkeit bereits durch Vollzug erledigter Eingriffsmaßnahmen der Staatsanwaltschaft und ihrer Ermittlungspersonen anzuwenden.[154] Auch die Feststellung der Rechtswidrigkeit der **Art und Weise** der Durchführung einer erledigten **nichtrichterlichen oder richterlichen Maßnahme** ist über § 98 Abs. 2 S. 2 StPO möglich,[155] soweit keine Sondervorschriften eingreifen.

150 BGH NJW 1990, 2758 für den früher für anwendbar gehaltenen § 28 Abs. 1 S. 4 EGGVG, Meyer-Goßner/Schmitt § 28 EGGVG Rn. 8.

151 BVerfG NJW 1997, 2163; 2002, 1333; KK-StPO/Greven § 98 Rn. 23.

152 KK-StPO/Greven a.a.O.

153 Verneinend daher KG NStZ 1997, 563, vom BVerfG NJW 1998, 669 nicht beanstandet; OLG Karlsruhe NStZ 1986, 567; Jorzik/Kunze Jura 1990, 294, 299.

154 BGHSt 28, 57; 37, 79 (82), 44, 171; Meyer-Goßner/Schmitt § 98 Rn. 23.

155 BGHSt 44, 265; 45, 182; Meyer-Goßner/Schmitt a.a.O.

Rechtsschutz gegen Zwangsmaßnahmen

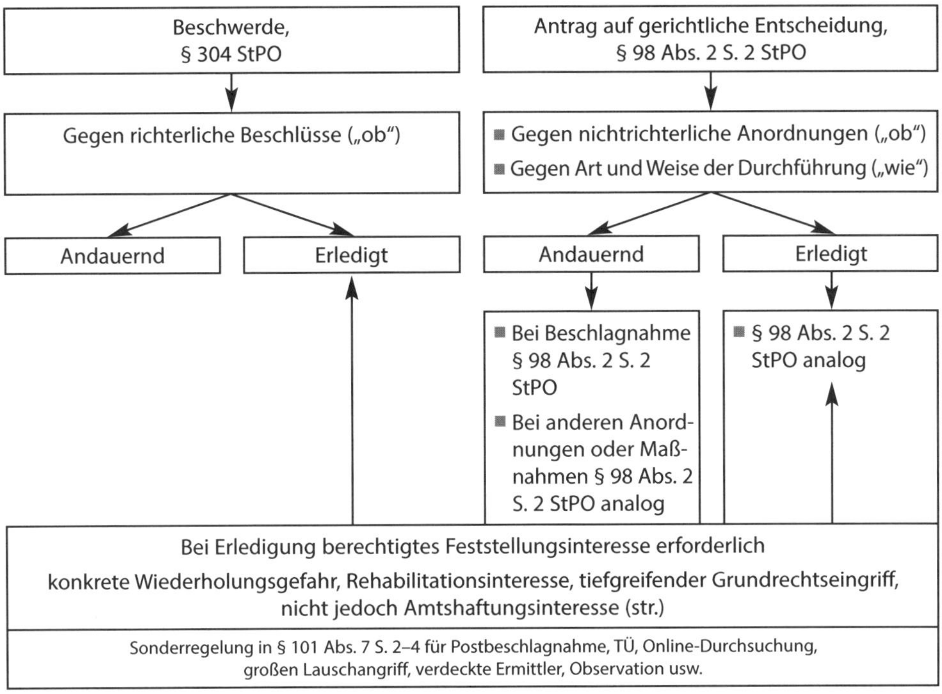

3. Abschnitt: Entschließung, Anklage und Hauptverhandlung

Gemäß § 170 StPO kann das Ermittlungsverfahren nur auf zwei Arten enden, nämlich mit einer Einstellung oder der Erhebung der öffentlichen Klage (in welcher Form auch immer). Die Entscheidung hierüber wird als Entschließung der Staatsanwaltschaft bezeichnet. Eine Einstellung kann das ganze Ermittlungsverfahren betreffen oder nur einzelne prozessuale Taten i.S.d. § 264 StPO. In diesem Fall spricht man von einer Teileinstellung. Das Verfahren wird dann im Übrigen fortgesetzt, meist durch Anklageerhebung. **121**

A. Die Einstellung des Ermittlungsverfahrens

I. § 170 Abs. 2 StPO

1. Gemäß § 170 Abs. 2 S. 1 StPO ist das Ermittlungsverfahren einzustellen, wenn die Ermittlungen keinen genügenden Anlass zur Erhebung der öffentlichen Klage bieten. Das ist der Fall, wenn das Gericht prognostisch nicht gemäß § 203 StPO das Hauptverfahren eröffnen wird, weil es am **hinreichenden Tatverdacht** fehlt. Dieser kann z.B. fehlen, weil der Beschuldigte verstorben ist, ein unbehebbares Verfahrenshindernis vorliegt, die Tat nicht nachweisbar ist, er gerechtfertigt gehandelt hat, entschuldigt ist oder schlicht unschuldig ist. **122**

Liegt ein Antrag auf Erhebung der öffentlichen Klage vor, hat die Staatsanwaltschaft den Antragsteller zu bescheiden. Ist der Antragsteller zugleich der Verletzte und ist das Klageerzwingungsverfahren statthaft gemäß § 172 Abs. 2 S. 3 StPO, ist er hierüber und über die dafür vorgesehene Frist zu belehren, § 171 S. 1, 2 StPO. Schließlich setzt die Staatsanwaltschaft den (ehemaligen) Beschuldigten von der Einstellung in Kenntnis, wenn er vernommen worden ist, Haftbefehl gegen ihn erlassen war, wenn er darum gebeten hat oder ein besonderes Interesse an der Bekanntgabe ersichtlich ist, § 170 Abs. 2 S. 2 StPO. Hat er von den Ermittlungen keine Kenntnis, unterbleibt die Einstellungsnachricht.

123 **2.** Einen speziellen Fall regeln §§ 374 ff. StPO. Die Delikte aus dem Katalog des § 374 StPO (z.B. Beleidigung, Körperverletzung, Nötigung und Sachbeschädigung) können von dem Verletzten selbst durch Erhebung einer privaten Anklage beim zuständigen Gericht verfolgt werden. Die Staatsanwaltschaft erhebt gemäß § 376 StPO wegen dieser Taten nur dann die öffentliche Klage, wenn dies im öffentlichen Interesse liegt.

Wann das öffentliche Interesse i.S.d. § 376 StPO im Einzelnen zu bejahen ist, regeln Nrn. 86 ff., 229 ff., 234, 260, 261 RiStBV.

Geht es in dem Verfahren (oder der Tat i.S.d. § 264 StPO) **ausschließlich um Privatklagedelikte** und fehlt das öffentliche Interesse an der Strafverfolgung, stellt die Staatsanwaltschaft das Verfahren gemäß § 170 Abs. 2 i.V.m. §§ 374, 376 StPO ein und **verweist den Antragsteller auf den Privatklageweg**. Dabei wirkt das fehlende öffentliche Interesse als Verfahrenshindernis, wobei eine gerichtliche Überprüfung dieser Bewertung nicht möglich ist.[156] Ein Antrag auf gerichtliche Entscheidung im Klageerzwingungsverfahren ist gemäß § 172 Abs. 2 S. 3 StPO ebenfalls nicht statthaft, wenn das Verfahren ausschließlich eine Straftat zum Gegenstand hat, die vom Verletzten im Wege der Privatklage verfolgt werden kann. Aus welchem Grund das Verfahren eingestellt worden ist – fehlender hinreichender Tatverdacht oder fehlendes öffentliches Interesse[157] –, ist dabei nicht maßgebend. Dem Antragsteller bleibt nur die (sachliche) Dienstaufsichtsbeschwerde, über die im Falle der Nichtabhilfe im Wege der Fachaufsicht von der Generalstaatsanwaltschaft entschieden wird. Dies gilt auch bei Gefährdungsdelikten, wenn der Eintritt der Gefahr lediglich ein Privatklagedelikt darstellen würde (z.B. § 315 c StGB, dem nur eine konkrete Gefahr für fremde Sachen oder eine Leibes-, nicht aber eine Lebensgefahr bestanden hat: die Realisierung würde §§ 223, 229, 303 StGB erfüllen, die als Privatklagedelikte nicht zur Klageerzwingung berechtigen).[158]

II. § 153 StPO

124 Das Legalitätsprinzip (§§ 152 Abs. 2, 160 StPO) wird durch die sog. Opportunitätsvorschriften – zu der auch §§ 374 ff. StPO gehören – durchbrochen. Unter bestimmten Voraussetzungen kann die Staatsanwaltschaft das Verfahren trotz Tatverdachts einstellen.

Gemäß § 153 Abs. 1 S. 1 StPO kann das **Ermittlungsverfahren** eingestellt werden, wenn es ein Vergehen zum Gegenstand hat, die Schuld des Täters als gering anzusehen wäre, kein öffentliches Interesse an der Strafverfolgung besteht und das für die Eröffnung des

156 Meyer-Goßner/Schmitt § 376 Rn. 7.

157 Ob dies auch gilt, wenn es um ein Verfahren gegen Jugendliche geht, gegen die gemäß § 80 Abs. 1 JGG die Privatklage nicht möglich ist, ist umstritten. OLG Stuttgart NSZ 1989, 136 hält das Klageerzwingungsverfahren für statthaft. Siehe auch KK-StPO/Moldenhauer § 172 Rn. 39 m.w.N. zum Meinungsstand.

158 MünchKomm-StPO-Kölbel § 172 Rn. 24 m.w.N.

Hauptverfahrens zuständige Gericht zustimmt. Der Zustimmung des Gerichts bedarf es nicht bei einem Vergehen, das nicht mit im Mindestmaß erhöhter Strafe bedroht ist und bei dem die durch die Tat verursachten Folgen gering sind (z.B. Diebstahl einer geringwertigen Sache, §§ 242 Abs. 1, 248 a StGB).

Auch wenn die öffentliche Klage bereits erhoben ist, kann das Gericht mit Zustimmung der Staatsanwaltschaft und des Angeschuldigten das Verfahren nach Abs. 2 einstellen. Der Angeschuldigte hat die Möglichkeit, durch Verweigerung der Zustimmung einen Freispruch oder eine Einstellung zu erzwingen – auf die Gefahr verurteilt zu werden.[159] Eine gerichtliche Einstellung nach § 153 Abs. 2 StPO führt nach der Rspr. des BGH dazu, dass die Tat – wie bei § 153 a Abs. 1 S. 5 StPO – nicht mehr als Vergehen verfolgt werden kann. Es tritt also **beschränkter Strafklageverbrauch** ein.[160]

III. § 153 a StPO

Die Vorschrift regelt eine Art Absprache im Strafverfahren. § 153 a StPO gestattet nach **125**
Abs. 1 die vorläufige Einstellung des **Ermittlungsverfahrens**, wenn das Gericht und der Beschuldigte zustimmen, das Verfahren ein Vergehen zum Gegenstand hat, ein bestehendes öffentliches Interesse durch die Erfüllung von Auflagen und Weisungen kompensiert werden kann und die Schwere der Schuld nicht entgegensteht. Anders als bei § 153 StPO ist die Schuldbeurteilung hier nicht hypothetisch („wäre"). Erfüllt der Beschuldigte die Auflagen oder Weisungen innerhalb der gesetzten Frist, kann die Tat nicht mehr als Vergehen verfolgt werden (Abs. 1 S. 5) und das Verfahren wird endgültig eingestellt. Als Auflagen und Weisungen nennt das Gesetz beispielhaft die Wiedergutmachung des Schadens, die Zahlung eines Geldbetrages an eine gemeinnützige Einrichtung oder die Staatskasse, gemeinnützige Leistungen, Unterhaltspflichten nachzukommen (besonders bedeutsam bei Verfahren wegen § 170 StGB), sich ernsthaft zu bemühen, einen Täter-Opfer-Ausgleich zu erreichen oder an einem sozialen Trainingskurs teilzunehmen. Da Abs. 1 S. 7 auf § 153 Abs. 1 S. 2 StPO verweist, bedarf es der gerichtlichen Zustimmung nicht bei Vergehen, die nicht im Mindestmaß erhöhter Strafe bedroht sind und wenn die durch die Tat verursachen folgen gering sind.

Wie bei § 153 Abs. 2 StPO kann eine Einstellung gemäß § 153 a Abs. 2 StPO auch erfolgen, wenn die öffentliche Klage erhoben ist. Im Unterschied zu § 153 StPO tritt der beschränkte Strafklageverbrauch auch dann ein, wenn die Einstellung durch die Staatsanwaltschaft vorgenommen worden ist.

Nach der Neufassung von § 153 a Abs. 2 StPO ist die Norm nicht mehr nur „bis zum Ende der Hauptverhandlung, in der die tatsächlichen Feststellungen letztmals geprüft werden können" anwendbar, sondern nach Streichung dieser Einschränkung auch in der Revisionsinstanz anwendbar (bei der es sich um keine Tatsacheninstanz handelt).

159 Meyer-Goßner/Schmitt § 153 Rn. 27.

160 BGH NStZ 2004, 218; a.M. Meyer-Goßner/Schmitt § 153 Rn. 38.

IV. § 154 StPO

126 Liegen **mehrere Taten im strafprozessualen Sinne** gemäß § 264 StPO, also mehrere selbstständige historische Lebensvorgänge vor, so kann das Verfahren bezüglich einer prozessualen Tat gemäß § 154 StPO eingestellt werden, wenn sie neben der anderen Tat nicht beträchtlich ins Gewicht fällt.

Geht es z.B. einerseits um einen Diebstahl geringwertiger Sachen und andererseits um einen schweren Raub, kann das Verfahren bezüglich des Diebstahls eingestellt werden, weil dieser bei der zu erwartenden Strafzumessung gemäß §§ 53 f. StGB kein wesentliches Mehr ausmachen würde.

Hier ist – anders als bei §§ 153 ff. StPO – keine Zustimmung weiterer Beteiligter erforderlich und die Einstellungsmöglichkeit ist auch nicht auf Vergehen beschränkt. Die Einstellung ist vor (Abs. 1) und nach Erhebung der öffentlichen Klage (Abs. 2) möglich. Nach der Rspr. des BGH kommt nach einer gerichtlichen Einstellung gemäß § 154 Abs. 2 StPO eine Wiederaufnahme nur bei einem deutlich erhöhten Schuldgehalt in Betracht, also wenn sich die Tat nachträglich als Verbrechen darstellt.[161] Der von § 153 a StPO sowie § 153 Abs. 2 StPO bekannte partielle Strafklageverbrauch gilt faktisch also auch hier.

V. Sonderfall § 154 a StPO

127 Denselben Gedanken wie § 154 StPO bedient § 154 a StPO, jedoch innerhalb derselben prozessualen Tat. Die Vorschrift ermöglicht, unwesentliche abtrennbare Teile einer Tat oder einzelne Gesetzesverletzungen nicht anzuklagen.

Beispiel: Der Bankräuber hat während des Überfalls den Kassierer beleidigt. Gemäß § 154 a Abs. 1 StPO kann die Anklage auf §§ 249 ff. StGB beschränkt werden.

Es handelt sich nicht um eine Einstellung, vielmehr wird die Tat als solche angeklagt. Daher ergeht auch kein Bescheid, auch wenn einem prozessualen Strafantrag nicht vollumfänglich entsprochen wird. Wie bei den anderen Vorschriften auch ist eine Beschränkung nach Erhebung der öffentlichen Klage nach Abs. 2 möglich, wenn die Staatsanwaltschaft zustimmt. Gegebenenfalls kann sie nach Abs. 3 erzwingen, dass ausgeschiedene Teile wieder einbezogen werden.

VI. Sonstige wichtige Einstellungsvorschriften

128 Gemäß **§ 154 f StPO** kann die StA das Verfahren vorläufig einstellen, falls der Aufenthalt des Beschuldigten unbekannt ist oder sonstige in seiner Person liegende Hindernisse bestehen.

Nach **§ 153 b StPO** kann von der Verfolgung abgesehen werden, wenn das Gericht von Strafe absehen kann, insbesondere in den Fällen des § 60 StGB.

Bei Auslandstaten kann nach **§ 153 c StPO** von der Verfolgung abgesehen werden.

---

161 BGH NJW 2009, 2548 für die Frage von Zeugnisverweigerungsrechten in Bezug auf Taten, bezüglich derer nach § 154 Abs. 1 oder Abs. 2 StPO verfahren worden ist.

Ist eine zivil- oder verwaltungsrechtliche Frage zu klären, kann hierauf gemäß **154 d StPO** gewartet werden.

Eine Einstellung ist gemäß **§ 154 e StPO** bei dem (Gegen-)Vorwurf der falschen Verdächtigung oder Beleidigung gegen den Antragsteller möglich, wenn zunächst der Ausgang des Straf- oder Disziplinarverfahrens gegen den ursprünglich Beschuldigten abgewartet werden soll.

VII. Rechtsbehelfe gegen Einstellungsverfügungen der Staatsanwaltschaft

1. Ist der Antragsteller nicht mit der Einstellung des Ermittlungsverfahrens einverstanden, kann er sich dagegen wehren. In § 172 StPO finden sich die Regelungen **über das Klageerzwingungsverfahren**. Es ist nach Abs. 2 S. 3 nur dann statthaft, wenn das Verfahren nicht aus den dort genannten Opportunitätsgründen eingestellt worden ist, denn das Klageerzwingungsverfahren soll das Legalitätsprinzip sichern.[162] Auch ist es nicht statthaft, wenn das Verfahren **ausschließlich Privatklagedelikte** zum Gegenstand hatte. Damit beschränkt sich der Anwendungsbereich faktisch auf Einstellungen gemäß § 172 Abs. 2 StPO bei Offizialdelikten (siehe zur Einschränkung Rn. 123). 129

Nur in krassen Ausnahmefällen ist bei einer Einstellung nach § 153 Abs. 1 S. 2 StPO das Klageerzwingungsverfahren möglich, insbesondere wenn die Staatsanwaltschaft das Verfahren entgegen des Gesetzeswortlauts bei dem Verdacht eines Verbrechens einstellt oder wenn der Anwendungsbereich der angewandten Einstellungsnorm nicht gegeben ist.[163] Das BVerfG hat darüber hinaus entschieden, dass ein Klageerzwingungsantrag auch dann statthaft sei, wenn er damit begründet wird, dass die Einstellung nach § 153 StPO gesetzwidrig sei, weil die Voraussetzung der Norm nicht vorlägen,[164] was aber letztlich den Wortlaut vom § 172 Abs. 2 S. 3 StPO ins Gegenteil verkehrt.

Das Klageerzwingungsverfahren setzt zunächst voraus, dass der Antragsteller zugleich Verletzter ist. Erhält er von der Staatsanwaltschaft einen Einstellungsbescheid, steht ihm nach § 172 Abs. 1 S. 1 StPO zunächst die Beschwerde an den vorgesetzten Beamten der Staatsanwaltschaft zu, also den Generalstaatsanwalt.[165] Hilft der Staatsanwalt der Beschwerde nicht ab, übersendet er sie an die Generalstaatsanwaltschaft zur Entscheidung. 130

Bei der Generalstaatsanwaltschaft wird diese sog. **Vorschaltbeschwerde** durch einen der dort tätigen Dezernenten bearbeitet. Insbesondere wird dort geprüft, ob der Beschwerde abgeholfen wird, z.B. durch Weisung an die Staatsanwaltschaft, die Ermittlungen wieder aufzunehmen oder gar Anklage zu erheben. Wird ihr dagegen nicht abgeholfen, erhält der Antragsteller/Beschwerdeführer einen weiteren ablehnenden Bescheid, in dem er über die folgenden Möglichkeiten belehrt wird. Gegen diesen Bescheid kann der Antragsteller binnen Monatsfrist einen **Antrag auf gerichtliche Ent-** 131

162 Meyer-Goßner/Schmitt § 172 Rn. 3.

163 Meyer-Goßner/Schmitt § 172 Rn. 3 m.w.N.

164 BVerfG RÜ2, 2020, 108.

165 **Zum Verständnis:** Natürlich entscheidet der Generalstaatsanwalt nicht persönlich über alle Vorschaltbeschwerden, vielmehr sind bei seiner Behörde Dezernenten tätig, die die Fachaufsicht in seinem Auftrag wahrnehmen und für ihn entscheiden.

scheidung stellen, § 172 Abs. 2 S. 1, Abs. 4 StPO. Er ist beim für die Entscheidung zuständigen Oberlandesgericht binnen einer Frist von einem Monat anzubringen. Der Antrag muss von einem Rechtsanwalt unterzeichnet sein, Abs. 3 S. 2. Er muss zudem den Antrag (mit-)geprüft haben und hierfür Verantwortung übernehmen und darf sich daher in keiner Weise vom Inhalt distanzieren.[166]

In dem Antrag muss der Sachverhalt und das bisherige Verfahren (einschließlich aller Fristen) so vollständig geschildert werden, dass sich ein Einblick in die Akte erübrigt.[167] Der zuständige Strafsenat des OLG prüft sodann, ob Anklage zu erheben ist, d.h. ob ein hinreichender Tatverdacht i.S.v. § 170 Abs. 1 StPO besteht. Zur Vorbereitung dieser Entscheidung kann das OLG auch weitere Ermittlungen anordnen.

132 Das OLG beschließt entweder die Verwerfung des Antrags, § 174 StPO, oder die Erhebung der Anklage, § 175 StPO. Im letzteren Falle ist die Anklage aber mit dem Beschluss noch nicht erhoben. Der Beschluss verpflichtet nur die StA zur Erhebung der Anklage (§ 175 S. 2 StPO).

133 **2.** Für die übrigen Fälle der Einstellung besteht die Möglichkeit der **sachlichen Dienstaufsichtsbeschwerde.** Der Generalstaatsanwalt übt über die Staatsanwaltschaften die Fachaufsicht aus. Beschwert sich der Antragsteller z.B. über eine Einstellung gemäß § 153 Abs. 1 S. 1 StPO wegen Geringfügigkeit, prüft auch in diesem Fall der zuständige Dezernent, ob er abhilft. Andernfalls werden die Akten wiederum dem Generalstaatsanwalt vorgelegt. Dieser überprüft die getroffene Entscheidung. Ordnet er nicht die Wiederaufnahme der Ermittlungen oder eine andere Maßnahme an, bescheidet er den Antragsteller wie im Falle der Vorschaltbeschwerde, jedoch ohne Rechtsbelehrung hinsichtlich des – jetzt nicht statthaften – Antrags auf gerichtliche Entscheidung. Dem Antragsteller bleibt nur noch die Möglichkeit der (weiteren) sachlichen Dienstaufsichtsbeschwerde. Über diese wird dann im Justizministerium entschieden.

Fall 19: Umdeutung

A hat gegen B Strafantrag wegen Wohnungseinbruchsdiebstahls gestellt. Die StA führt die notwendigen Ermittlungen durch. Staatsanwalt S stellt das Ermittlungsverfahren wegen eines nicht zu erschütternden Alibis des B ein. Er erteilt einen Bescheid, der auch eine Belehrung über die Möglichkeit der Beschwerde erhält. Dieser Bescheid wird dem A formlos übersandt. Einen Monat später geht bei der Staatsanwaltschaft die schriftliche Beschwerde des A ein. Was wird S unternehmen?

S prüft zunächst, ob er der Beschwerde abhilft und die Ermittlungen wiederaufnimmt. Geschieht dies nicht, müsste er die Akten an sich der Generalstaatsanwaltschaft übersenden, damit dort über die Vorschaltbeschwerde entschieden werden kann. Allerdings scheint die Beschwerdefrist des § 172 Abs. 1 S. 1 StPO abgelaufen zu sein. Mangels förmlicher Zustellung kann nicht nachvollzogen werden, wann A den Bescheid erhalten hat, sodass der Beginn der Vorschaltbeschwerdefrist nicht feststeht. Nur vereinzelt wird die entsprechende Anwendung von § 41 Abs. 2 VwVfG (sog. Dreitagesfiktion) für zulässig

166 Meyer-Goßner/Schmitt § 172 Rn. 33.

167 BVerfG NJW 2004, 1585, 1586; OLG Frankfurt NJW 2003, 3145; OLG Celle NJW 2008, 2202.

erachtet.[168] Früher wurden Bescheide gemäß § 170 Abs. 2 StPO den Antragstellern förmlich zugestellt, um den Beginn der Frist für die Vorschaltbeschwerde beweisen zu können. Ist die Beschwerde verspätet, wird sie in eine fristlose sachliche Dienstaufsichtsbeschwerde **umgedeutet**,[169] sodass über sie ebenfalls durch den Generalstaatsanwalt zu entscheiden ist. Aus diesem Grund wird seit vielen Jahren auf eine Zustellung und die damit verbundenen Kosten verzichtet, da es letztlich nicht auf die Frist ankommt. Diese wird erst dann relevant, wenn es zum Antrag auf gerichtliche Entscheidung kommt.

Hinweis: *Eine beliebte Frage in der mündlichen Prüfung.*

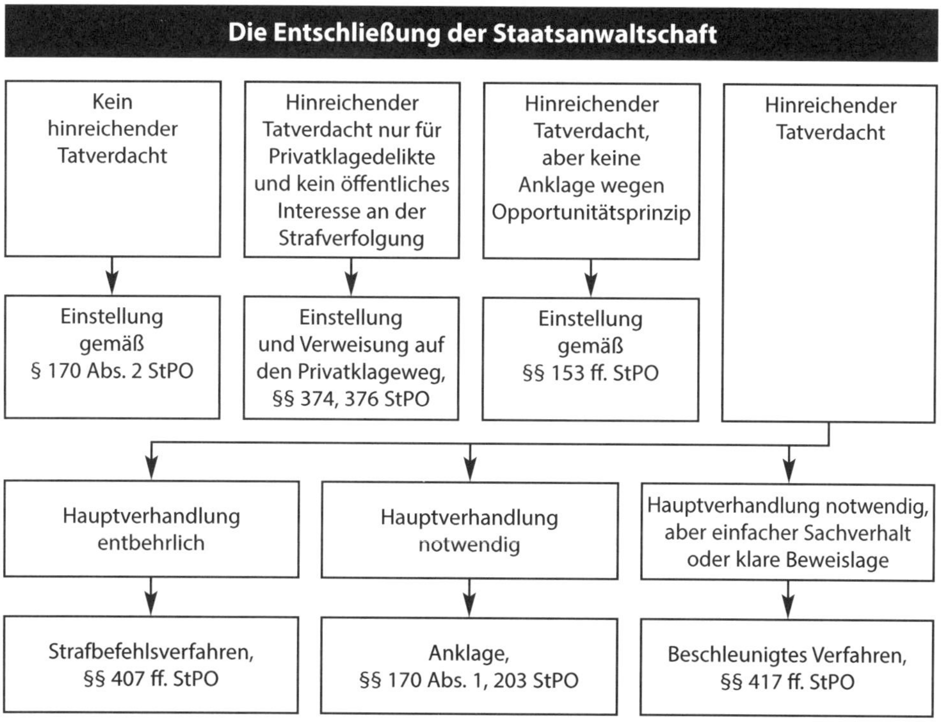

B. Die Erhebung der öffentlichen Klage

Besteht hinreichender Tatverdacht und soll keine Einstellung aus Opportunitätsgrün- 134
den erfolgen, erhebt der Staatsanwalt gemäß § 170 Abs. 1 StPO die öffentliche Klage durch Einreichung einer Anklageschrift bei dem zuständigen Gericht.

Als weitere Möglichkeiten kommen z.B. die Beantragung eines Strafbefehls oder der Antrag auf Entscheidung im beschleunigten Verfahren in Betracht.

Hinreichender Tatverdacht i.S.v. § 170 Abs. 1 StPO besteht, wenn nach dem Ergebnis der Ermittlungen wahrscheinlich ist, dass der Beschuldigte in einer künftigen Hauptver-

168 Vgl. zu dem Problem Meyer/Goßner-Schmitt § 171 Rn. 5 m.w.N.

169 Meyer-Goßner/Schmitt § 172 Rn. 18.

handlung verurteilt werden wird.[170] Sicherheit oder gar die Überzeugung von der Verurteilung sind dagegen nicht erforderlich. Der Grundsatz „in dubio pro reo" bindet den Staatsanwalt nicht. Allerdings ist in die Prognoseentscheidung einzustellen, ob das Gericht bei Berücksichtigung dieses Grundsatzes zu einer Verurteilung gelangen wird.

Entschließt sich der Staatsanwalt zur Erhebung der öffentlichen Klage, vermerkt er den **Abschluss der Ermittlungen** in den Akten, § 169 a StPO. Der Verteidiger hat nunmehr ein unbeschränktes Akteneinsichtsrecht, § 147 Abs. 2 S. 1 StPO, ebenso der der nicht verteidigte Beschuldigte, § 147 Abs. 4 S. 1 (wobei diesem anders als dem Verteidiger die Original-Akten nicht übersandt werden können, sondern gemäß § 32 f Abs. 2 S. 1 StPO die Einsicht in den Diensträumen gewährt wird[171]). Der Beschuldigte wird gemäß § 157 StPO zum **Angeschuldigten**.

135 Den Inhalt der **Anklageschrift** regeln §§ 199 Abs. 2, 200 StPO und Nrn. 110 ff. RiStBV. Hauptbestandteil ist der sog. **Anklagesatz**, der die zur Last gelegte Tat nach Zeit und Ort ihrer Begehung sowie die gesetzlichen Merkmale der strafbaren Handlung (d.h. den Gesetzestext der Straftatbestände) und die anzuwendenden Strafvorschriften bezeichnet.

Für die Abfassung des Anklagesatzes besteht bei den Staatsanwaltschaften keine einheitliche Übung. Zum Teil wird sofort unter den Gesetzeswortlaut subsumiert (mit der Einleitung „indem"), zum Teil wird erst nach dem abstrakten Gesetzeswortlaut die Tatbeschreibung mit der Wendung eingeleitet: „Dem Angeschuldigten wird Folgendes zur Last gelegt:" Andere verwenden überhaupt keine Überleitungsfloskel. Unterschiedlich wird auch gehandhabt, ob die Anklageschrift wie vom Gesetz vorgesehen die „Anzuwendenden Strafvorschriften" wiedergibt oder „Verbrechen und/oder Vergehen". Die anzuwendenden Strafvorschriften werden nach BT und AT-Normen gruppiert dargestellt, und zwar jede Norm nur einmal. Im Detail gibt es noch weitere lokale Unterschiede.

136 Die Anklageschrift bestimmt und begrenzt die prozessuale Tat, die dem Gericht zur Entscheidung vorgelegt wird. Sie hat **Informations- und Umgrenzungsfunktion**, wobei letzterer die größere Bedeutung beikommt. Die Tat wird mit Zeit und Ort als historisches Ereignis in der Weise geschildert, dass die Identität des gemeinten geschichtlichen Vorgangs klargestellt wird. Sie muss sich von anderen gleichartigen strafbaren Handlungen desselben Täters unterscheiden lassen. Schilderungen müssen umso konkreter sein, je größer die Möglichkeit ist, dass der Angeschuldigte verwechselbare weitere Straftaten gleicher Art verübt hat. Umgekehrt kann es, wenn klar ist, worum es gehen soll, unschädlich sein, das falsche Datum zu nennen.[172] Mängel bei der Umgrenzung der Tat führen dazu, dass die Eröffnung des Hauptverfahrens abzulehnen ist, wenn die Staatsanwaltschaft die Nachbesserung verweigert.[173]

---

170 BVerfG NStZ 2002, 606, 607; Meyer-Goßner/Schmitt § 170 Rn. 1 u. 2, § 203 Rn. 2.

171 Meyer-Goßner/Schmitt § 147 Rn. 32.

172 Meyer-Goßner/Schmitt § 200 Rn. 7 m.w.N.

173 Meyer-Goßner/Schmitt § 200 Rn. 26.

Fall 20: Mängel in der Umgrenzungsfunktion

A ist vor der großen Strafkammer wegen Untreue angeklagt. In der Anklageschrift wird ihm zur Last gelegt, im Tatzeitraum „seit Juni 2016" eine Untreue zum Nachteil der Gemeinde S gemäß § 266 Abs. 1 StGB begangen zu haben. A war von 2008 bis März 2018 Bürgermeister der Gemeinde und faktischer Geschäftsführer der Ba. KG tätig. Die Gemeinde war zu 100 % an der K-GmbH beteiligt, über die sie von den „Ba. Gesellschaften" vereinnahmte Kurtaxenbeträge erhielt. Zur Tat ist in der Anklageschrift ausgeführt:

„Der Angeschuldigte verweigerte die Auskunftserteilung über den Stand der Zahlungen der Kurtaxen sowie der weiteren Verbindlichkeiten und veranlasste, ab Juni 2016 nicht deren Zahlung ... Hierdurch wurden die Vermögensinteressen der Gemeinde S, zumindest ab der Stundungsvereinbarung vom Juni 2016 bis zu seinem Rücktritt als Bürgermeister am 02.03.2018 beeinträchtigt und es entstand der Gemeinde S ein sich jährlich vergrößernder Schaden aufgrund der nicht gezahlten Verbindlichkeiten und Nichteinhaltung der Ratenzahlungsvereinbarung in der Zeit von Juni 2016 bis Anfang 2018 von zuletzt insgesamt 284.252,31 €". Eine nähere Beschreibung des Tatvorwurfs bzw. der Tathandlungen enthält die Anklageschrift nicht. Wie wird das Gericht entscheiden, wenn die Staatsanwaltschaft auf ihrer Anklage beharrt?
(Verkürzt nach BGH RÜ2 2018, 61.)

Das Gericht wird die Eröffnung des Hauptverfahrens gemäß § 204 StPO aus Rechtsgründen ablehnen, wenn die Anklage funktionelle Mängel enthält. Dies könnte hier der Fall sein, weil sie ihrer Umgrenzungsfunktion nicht gerecht wird. Aus der Anklageschrift ergibt sich nicht hinreichend konkret, welche bestimmte Tat die Staatsanwaltschaft gegen den Angeklagten als Untreue zum Nachteil der Gemeinde zur Anklage bringen wollte. Es fehlt an der Konkretisierung eines nach § 266 Abs. 1 StGB tatbestandsmäßigen Verhaltens des A zum Nachteil der Gemeinde. Es bleibt neben der vagen zeitlichen Eingrenzung offen, welches von anderen gleichartigen Taten abgrenzbare, individualisierbare Verhalten (Tun oder Unterlassen) im Zusammenhang mit Anfragen einer Institution (Gemeindevorstand oder Kommunalaufsicht) als untreuerelevante und zu einem Schaden der Gemeinde führende Pflichtverletzung dem Angeklagten zur Last gelegt werden soll. Die Konkretisierung ist daher mangelhaft. Dem Angeklagten ist es nicht möglich, sich gegen einen unklaren Vorwurf zu verteidigen. Die Eröffnung des Hauptverfahrens ist aus Rechtsgründen abzulehnen.

Beispiel für eine einfache Anklageschrift

Aktenzeichen	Staatsanwaltschaft bei dem Landgericht – 543 Js 12338/20 –	Kiel, den …
Adressat	An das Amtsgericht – Strafrichter – in Kiel	
	Anklageschrift	
Angaben zur Person	Der Kaufmann Michael Philipp Schmidt, geb. am 12.04.1981 in Neumünster Knooper Weg 43, 24106 Kiel geschieden, Deutscher – Verteidiger: Rechtsanwalt Müller, Kiel (Vollmacht Bl. 24 d. A.) – wird angeklagt,	
Tatzeit und -ort	am 13.02.2020 in Kiel	
Gesetzliche Merkmale der Tat	durch dieselbe Handlung a) in der Absicht, sich einen rechtswidrigen Vermögensvorteil zu verschaffen, das Vermögen eines anderen dadurch beschädigt zu haben, dass er durch Vorspiegelung falscher Tatsachen einen Irrtum erregt hat, b) zur Täuschung im Rechtsverkehr eine unechte Urkunde hergestellt und gebraucht zu haben.	
Konkretisierung	Am 13.02.2018 begab sich der Angeschuldigte in die Verkaufsräume des Bekleidungsgeschäfts Wolter in der Kieler Holstenstraße. Dort erwarb er einen Mantel im Wert von 799,-- € und bezahlte diesen mit der ec-Karte seines Mitbewohners Gerhard. Dabei ahmte er auf dem Lastschriftbeleg dessen Unterschrift nach. Der Angeschuldigte handelte, um ohne Gegenleistung an den Mantel zu gelangen.	
Anzuwendende Strafvorschriften	**Anzuwendende Strafvorschriften:** §§ 263 Abs. 1, 267 Abs. 1. Var. 1 und 3, 52 StGB	
Hinweis auf Einziehung	Der Angeschuldigte hat durch diese Tat einen Mantel erlangt. Diese unterliegt gemäß § 73 Abs. 1 StGB der Einziehung.	
Beweismittel	Beweismittel: I. Angaben des Angeschuldigten (Bl. 18 d. A.) II. Zeugen 1. Anna Schmittke, Kiel (Bl. 40 d. A.) 2. Henriette Schultze, Bordesholm (Bl. 45 d. A.) 3. Matthias Gerhard, Kiel (Bl. 22 d. A.) III. Urkunde Lastschriftbeleg (Bl. 18 d. A.) IV. Gegenstand richterlichen Augenscheins Mantel	
Antrag	Es wird beantragt, das Hauptverfahren zu eröffnen.	
Unterschrift	Schnell (Staatsanwalt)	

C. Das Zwischenverfahren

Gehen die Akten mit der Anklageschrift bei Gericht ein, muss dieses gemäß § 199 Abs. 1 StPO entscheiden, ob das Hauptverfahren zu eröffnen ist. Der Vorsitzende übersendet die Anklageschrift gemäß § 201 Abs. 1 StPO an den (jetzt so bezeichneten) Angeschuldigten und fordert ihn auf, sich innerhalb einer zu bestimmenden Frist dazu zu äußern, z.B. Einwendungen vorzubringen. **137**

Die Bedeutung des Zwischenverfahrens liegt einmal darin, dass eine nicht öffentliche gerichtliche Kontrolle stattfindet, bevor es zu einer für den Angeschuldigten belastenden öffentlichen Hauptverhandlung kommt. Zum anderen gibt es dem Angeschuldigten nach Mitteilung der Anklageschrift nochmals die Gelegenheit, Beweisanträge und Einwendungen vorzubringen, § 201 StPO. Das Gericht kann vor seiner Entscheidung weitere Beweiserhebungen zur Aufklärung der Sache anordnen, § 202 StPO. Auch jetzt noch sind Einstellungen nach dem Opportunitätsprinzip möglich, z.B. nach §§ 153 Abs. 2, 153 a Abs. 2 oder § 154 Abs. 2 StPO.

Das Gericht beschließt gemäß § 203 StPO die Eröffnung des Hauptverfahrens, wenn hinreichender Tatverdacht besteht. Anderenfalls lehnt es die Eröffnung gemäß § 204 StPO aus tatsächlichen oder aus Rechtsgründen ab. Es ist auch möglich, das Hauptverfahren mit Änderungen zu eröffnen, § 207 Abs. 2 StPO. Unter Umständen muss die Staatsanwaltschaft dann gemäß § 207 Abs. 3 StPO eine neue Anklageschrift einreichen, obwohl das Hauptverfahren bereits eröffnet worden ist. Gleichzeitig beschließt das Gericht in Haftsachen von Amts wegen die Anordnung oder Fortdauer der Untersuchungshaft, Abs. 4.

D. Das Hauptverfahren

Wesentlicher Bestandteil des Hauptverfahrens ist die Hauptverhandlung, §§ 226 ff. StPO. **138**

I. Die Hauptverhandlung

Der Gang der Hauptverhandlung gestaltet sich gemäß § 243 StPO wie folgt: **139**

1. Aufruf der Sache

Der Vorsitzende stellt fest, ob der Angeklagte, die Zeugen und Sachverständigen erschienen sind und die Beweismittel herbeigeschafft sind. Häufig werden sie bereits jetzt gemäß § 57 StPO über ihre Wahrheitspflicht belehrt. Dann verlassen die Zeugen den Sitzungssaal. **140**

2. Vernehmung des Angeklagten über seine persönlichen Verhältnisse

Dies dient der Feststellung der Person des Angeklagten und seiner Verhandlungsfähigkeit. Angaben zur Sache muss der Angeklagte nicht machen. **141**

3. Verlesung des Anklagesatzes durch den Staatsanwalt

142 War gemäß § 207 Abs. 3 StPO eine neue Anklageschrift zu fertigen, wird diese vorgelesen. Hatte das Gericht bei der Eröffnungsentscheidung die Tat rechtlich anders gewürdigt (z.B. Diebstahl statt Betrug), wird die Anklageschrift entsprechend abgeändert vorgetragen.

4. Positiv-/Negativattest

143 Der Vorsitzende teilt nun mit, ob im Vorfeld Verständigungsgespräche stattgefunden haben oder nicht. Falls Gespräche geführt wurden, muss der wesentliche Inhalt wiedergegeben werden, auch wenn es nicht zu einer Verständigung gekommen ist. Werden zwischenzeitlich weitere Gespräche geführt, sind diese ebenso mitzuteilen.

5. Vernehmung des Angeklagten zur Sache

144 Zuvor wird er darauf hingewiesen, dass es ihm freistehe, sich zu der Anklage zu äußern oder nicht zur Sache auszusagen. Handelt es sich um ein besonders umfangreiches erstinstanzliches Verfahren vor dem Land- oder Oberlandesgericht, in dem die Hauptverhandlung voraussichtlich länger als zehn Tage dauern wird, erhält der Verteidiger (vgl. § 140 Abs. 1 Nr. 1 StPO) auf Antrag Gelegenheit, vor der Vernehmung des Angeklagten für diesen eine Erklärung zur Anklage abzugeben, sog. Opening Statement. Dieses darf allerdings den Schlussvortrag nicht vorwegnehmen (siehe die Parallele in § 257 Abs. 3 StPO). Vorstrafen sollen anhand des Bundeszentralregisterauszuges nur insoweit festgestellt werden, als sie für die Entscheidung von Bedeutung sind (was bei einem Freispruch nicht der Fall sein wird). Wann sie festgestellt werden, bestimmt der Vorsitzende. Meist wird der Registerauszug unmittelbar vor den Schlussvorträgen verlesen.

6. Beweisaufnahme

145 Es folgt das Herzstück der Hauptverhandlung, die Beweisaufnahme, § 244 Abs. 1 StPO.

Die Leitung der Verhandlung, die Vernehmung des Angeklagten und die Aufnahme der Beweise obliegt gemäß § 238 Abs. 2 StPO dem Vorsitzenden. Es besteht zwar die Möglichkeit eines Kreuzverhörs nach anglo-amerikanischem Vorbild (§ 239 StPO), hiervon wird aber so gut wie nie Gebrauch gemacht. Gleichwohl hat der Vorsitzende den Beisitzern, den Schöffen, der Staatsanwaltschaft, dem Verteidiger und dem Angeklagten zu gestatten, Fragen zu stellen, § 240 StPO, wobei ungeeignete oder nicht zur Sache gehörende Fragen zurückzuweisen sind, § 241 Abs. 2 StPO. Die Vernehmung von minderjährigen Zeugen wird allein vom Vorsitzenden durchgeführt, allerdings ist eine unmittelbare Befragung möglich, wenn ein Nachteil für das Wohl des Zeugen nicht zu befürchten ist, § 241 a StPO. Bestehen Zweifel an der Zulässigkeit von Fragen, entscheidet das Gericht als Kollegialorgan durch Beschluss, §§ 238 Abs. 2, 242 StPO.

Umstände, die die **Schuld- und Straffrage** betreffen, werden in der Beweisaufnahme ausschließlich durch **Strengbeweismittel** bewiesen, also durch die Angaben des Angeklagten, Zeugen (§§ 48 ff. StPO), Sachverständige (§§ 72 ff. StPO), richterlichen Augenschein (§§ 86 ff. StPO) und Urkundenverlesung (§§ 249 ff. StPO). Umstände, die dagegen lediglich **Verfahrensfragen** betreffen, werden im **Freibeweis** geklärt, z.B. Prozessvoraussetzungen und -hindernisse, Eides- oder Beweisverwertungsverbote.[174]

Fall 21: Freibeweis bei Verwertungsverbot

A ist wegen Mordes angeklagt und behauptet, sein polizeiliches Geständnis sei durch Prügel erzwungen worden. Muss das Gericht hierzu in der Hauptverhandlung Zeuge befragen?

Hier geht es um die Voraussetzungen des Beweisverwertungsverbotes gemäß § 136 a Abs. 3 S. 2 StPO. Das Gericht kann sich also durch telefonische Nachfrage ein Bild von der Vernehmungssituation machen. Der Vernehmungsbeamte oder sonstige Zeugen müssen nicht geladen und befragt werden. Der Grundsatz „in dubio pro reo" gilt dabei nicht.[175]

Sog. doppelrelevante Tatsachen, die sowohl für die Schuld- und Straffrage als auch für die Prozessentscheidung erheblich sind (z.B. § 173 Abs. 1 StGB einerseits und § 52 StPO andererseits), müssen im Strengbeweis festgestellt werden.

7. Schlussvorträge und letztes Wort

Nach dem Schluss der Beweisaufnahme erhalten die Staatsanwaltschaft, der Verteidiger und der Angeklagte das Wort, § 258 StPO. Dem Staatsanwalt steht das Recht der Erwiderung zu. Dem Angeklagten gebührt stets das letzte Wort, auch wenn ein Verteidiger für ihn gesprochen hat. 146

Fall 22: Das (aller-)letzte Wort

A ist wegen Beihilfe zum Vorenthalten und Veruntreuen von Arbeitsentgelt in 166 Fällen und weiterer Straftaten angeklagt. Nach den Schlussvorträgen und dem letzten Wort des geständigen A wird erneut in die Beweisaufnahme eingetreten. Die Kammer regt bezüglich eines abtrennbaren Tatkomplexes eine Verfahrenseinstellung nach § 154 Abs. 2 StPO an. Die Vertreterin der Staatsanwaltschaft stellt einen entsprechenden Antrag. Daraufhin wird das Verfahren zum Teil durch Beschluss des Gerichts eingestellt. Anschließend wiederholten Staatsanwaltschaft und Verteidiger ihre Anträge. A erhält vor der Urteilsverkündung nicht erneut das letzte Wort. Ist ein Verfahrensfehler geschehen?

174 BGH NJW 2000, 1204, 1205 ff.
175 BGH StV 1999, 354.

A hätte erneut das letzte Wort gewährt werden müssen. Jeder Wiedereintritt in die Verhandlung nimmt den Ausführungen des Angeklagten die rechtliche Bedeutung als Schlussvortrag und letztes Wort, sodass § 258 StPO nach jedem Wiedereintritt erneut zu beachten ist. Diese Verpflichtung entfällt nur, wenn nach dem letzten Wort ausschließlich Vorgänge erörtert werden, die auf die gerichtliche Entscheidung keinen Einfluss haben können. Dies ist bei einer teilweisen Verfahrenseinstellung nach § 154 Abs. 2 StPO jedoch nicht der Fall.[176]

---

8. Beratung und Urteilsverkündung

147 Nach dem letzten Wort zieht sich das Gericht zur (geheimen) Beratung (siehe §§ 192 ff. GVG, § 263 StPO) zurück. Anschließend wird gemäß § 260 Abs. 1 StPO das Urteil verkündet, und zwar durch Verlesung der Urteilsformel und Eröffnung der Urteilsgründe. Das Urteil ergeht im Namen des Volkes. Der wesentliche Inhalt wird mündlich mitgeteilt, § 268 Abs. 1, 2 StPO. Anschließend werden – soweit erforderlich – weitere Entscheidungen wie Bewährungsauflagen, Fortdauer der U-Haft usw. verkündet, §§ 268 a ff. StPO.

II. Beweisantrag und Beweisermittlungsantrag

148 Der aus § 244 Abs. 2 StPO folgende Amtsaufklärungsgrundsatz besagt, dass das Gericht zur Erforschung der Wahrheit die Beweisaufnahme von Amts wegen auf alle Tatsachen und Beweismittel zu erstrecken hat, die für die Entscheidung von Bedeutung sind. Kommt das Gericht nach Auffassung eines Verfahrensbeteiligten dieser Pflicht nicht ausreichend nach, kann ein Beweisantrag gestellt werden.

149 Der **Beweisantrag** ist nach der Legaldefinition gemäß § 244 Abs. 3 S. 1 das ernsthafte Verlangen, Beweis über eine bestimmt behauptete konkrete Tatsache, die die Schuld- oder Rechtsfolgenfrage betrifft, durch ein bestimmt bezeichnetes Beweismittel zu erheben und dem Antrag zu entnehmen ist, weshalb das bezeichnete Beweismittel die behauptete Tatsache belegen können soll.[177] Kurz gefasst: Ein Beweisantrag besteht aus der Benennung einer Beweistatsache, eines Beweismittels und ggf. Ausführungen zur Konnexität, wenn sich diese nicht bereits aus dem übrigen Vorbringen ergibt.

150 Davon zu unterscheiden ist der **Beweisermittlungsantrag**. Beweisermittlungsanträge erfüllen eine oder mehrere Voraussetzungen eines Beweisantrages nicht, sondern dienen der Vorbereitung von Beweisanträgen, die der Antragsteller noch nicht stellen kann, weil er die Beweistatsache nicht kennt oder das Beweismittel nicht bestimmt bezeichnen kann.[178] Die Unterscheidung ist deshalb so wichtig, weil nur ein förmlicher Beweisantrag durch einen Beschluss nach § 244 Abs. 6 S. 1 StPO aus den im Gesetz ge-

---

176 Vgl. zu diesen von der Rspr. entwickelten Kriterien z.B. BGHSt 16, 164, 166; StV 1999, 354; NStZ 1999, 147, 148; BGH, Beschl. v. 11.05.2017 – 1 StR 35/17, BeckRS 2017, 116314; RÜ2 2017, 232; LR/Gieß § 136 a Rn. 53; Meyer-Goßner/Schmitt § 244 Rn. 7.

177 BGHSt 1, 29, 31; 6, 128, 129; Meyer-Goßner/Schmitt § 244 Rn. 18.

178 Meyer-Goßner/Schmitt § 244 Rn. 25.

nannten Gründen abgelehnt werden muss. Ein Beweisermittlungsantrag ist dagegen nur an § 244 Abs. 2 StPO zu messen, der einen weniger strengen Maßstab darstellt und keine Entscheidung durch Beschluss erfordert. Verkennt das Gericht, dass es sich um einen Beweisantrag handelt, und unterlässt es die Beweiserhebung ohne Beschluss kann bereits dies die Revision begründen.[179]

1. Der Antragsteller muss zunächst eine **konkrete Tatsache** behaupten (also dass etwas Bestimmtes geschehen ist, nicht dagegen ob). Es muss grundsätzlich der tatsächliche Vorgang oder Zustand bezeichnet werden, der mit dem Beweismittel unmittelbar belegt werden kann. Keine Tatsache ist das Beweisziel, also die Folgerung, die das Gericht nach Auffassung des Antragstellers ziehen soll (z.B. Unglaubwürdigkeit eines Zeugen). Damit ist insbesondere anzugeben, welche Wahrnehmungen ein Zeuge bekunden wird, nicht ausreichend ist es dagegen, nur die Schlüsse zu bezeichnen, die er aus seinen Wahrnehmungen gezogen hat und die das Gericht übernehmen soll.[180] Gleiches gilt für die Behauptung sog. Negativtatsachen (z.B. dass eine Zeuge etwas nicht wahrgenommen hat). 151

Die Tatsache muss zudem **beweisbedürftig** sein. Das sind alle entscheidungserheblichen Tatsachen, die der Angeklagte nicht glaubhaft eingesteht, und Erfahrungssätze, die nicht allgemeingültig sind.[181]

Dass ein Beweisantrag als solcher bezeichnet wird, macht ihn nicht zu einem solchen. Insbesondere wenn die Beweisbehauptung ohne jeden tatsächlichen Anhaltspunkt und ohne jede begründete Vermutung **aufs Geratewohl ins Blaue hinein** aufgestellt wird, handelt es sich nur um einen Scheinbeweisantrag, der allenfalls als Beweisermittlungsantrag aufgefasst werden kann, aber nicht muss.

2. Das Beweismittel muss zudem **bestimmt bezeichnet** sein. Geht es – wie meist – um einen Zeugen, muss dieser individualisiert werden, also Vor- und Nachname sowie seine ladungsfähige Anschrift angegeben werden. Ist der Antragsteller hierzu nicht in der Lage, genügt es, den Weg zu beschreiben, auf dem diese Angaben zuverlässig ermittelt werden kann.[182] 152

3. Weiter verlangt das Gesetz **Konnexität**, also Angaben darüber, weshalb das bezeichnete Beweismittel die Tatsache belegen können soll. Nötig ist, sofern nicht offenkundig, die Angabe, weshalb die Auskunftsperson die in ihr Wissen gestellte Beobachtung gemacht haben und darüber berichten kann.[183] Die Tatsachen, die die Konnexität begründen sollen, müssen bestimmt behauptet werden. 153

4. Gemäß § 244 Abs. 6 S. 1 StPO muss ein Beweisantrag durch Beschluss abgelehnt werden, wenn ihm nicht entsprochen wird. Hierdurch soll dem Antragsteller die Möglichkeit gegeben werden, Irrtümer und Missverständnisse auszuräumen. Daraus folgt, dass ein unbedingt gestellter Beweisantrag noch in der Hauptverhandlung beschieden wer- 154

---

179 Meyer-Goßner/Schmitt § 244 Rn. 83.
180 LR/Becker § 244 Rn. 96 m.w.N.
181 Meyer-Goßner/Schmitt § 244 Rn. 3 m.w.N.
182 Meyer-Goßner/Schmitt § 244 Rn. 21.
183 Meyer-Goßner/Schmitt a.a.O. Rn. 21 a m.w.N.

den muss. Der im Gesetz genannte Katalog der Ablehnungsgründe ist abschließend. Auch findet grundsätzlich keine vorweggenommene Würdigung der verlangten Beweiserhebung statt (sog. **Verbot der Beweisantizipation**), es sei denn, diese ist bei der Prüfung des jeweiligen Ablehnungsgrundes unabdingbar.[184]

155 **5.** Zu beachten ist ferner, dass für sog. **präsente Beweismittel** § 245 Abs. 2 StPO andere Ablehnungsgründe formuliert als § 244 Abs. 3–5 StPO. Haben der Angeklagte oder die Staatsanwaltschaft Zeugen oder Sachverständige geladen (der Angeklagte gemäß § 38 StPO durch einen Gerichtsvollzieher) und sind diese auch erschienen oder haben sie sonstige Beweismittel herbeigeschafft und wird ein Beweisantrag gestellt, kann das Gericht diesen nur aus den in § 245 Abs. 2 StPO genannten Gründen ablehnen.

156 **6.** Ein Beweisantrag kann auch unter eine **Bedingung** gestellt werden, z.B. dass eine bestimmte Prozesslage eintritt. Über den Antrag ist dann nur zu entscheiden, wenn die Bedingung eintritt. Wird ein Beweisantrag davon abhängig gemacht, wie das Gericht einen bestimmten Sachverhalt beurteilt (z.B. eine bestimmte Tatsache ist bereits erwiesen), spricht man von einem **Eventualbeweisantrag**.[185] Hiervon ist der **Hilfsbeweisantrag** zu unterscheiden, der von der Entscheidung über einen unbedingt gestellten Hauptantrag abhängig gemacht wird, meist Freispruch oder Verurteilung. Er wird meist im Schlussvortrag gestellt und über ihn wird in den Urteilsgründen entschieden.

7. Beim Regelfall der nicht präsenten Beweismittel kann eine Ablehnung nur aus folgenden Gründen erfolgen (§ 244 Abs. 3–5 StPO):

157 **a)** Beweisanträge sind stets abzulehnen, wenn die Beweiserhebung **unzulässig** ist (§§ 244 Abs. 3 S. 2, 245 Abs. 2 S. 2 StPO). Hiervon sind unzulässige Beweisanträge zu unterscheiden, die z.B. von Nichtberechtigten gestellt werden. Unzulässig sind Beweiserhebungen mit in der StPO nicht zugelassenen Beweismitteln (Mitangeklagte, Privatkläger, erfolgreich abgelehnte Sachverständige, Beweismittelverbote) und über Themen, die nicht Gegenstand einer Beweisaufnahme sein können.[186]

Fall 23: Keine Unzulässigkeit bei strafbarem Aussageverhalten

S ist wegen schweren sexuellen Missbrauchs von Kindern in drei Fällen und wegen sexuellen Missbrauchs von Kindern in zwei Fällen angeklagt. Ihm wird vorgeworfen, im Tatzeitraum in fünf Fällen sexuelle Handlungen an der Tochter der Mitangeklagten F vorgenommen zu haben. In der Hauptverhandlung beantragt der Verteidiger des S, zwei behandelnde Ärzte der Tochter, darunter eine Frauenärztin, als Zeugen zu vernehmen. Er trägt vor, die F habe auf sein Drängen bzw. seine Veranlassung jeweils einen Untersuchungstermin für ihre Tochter vereinbart. Während des Termins bei der Frauenärztin habe er vor der Praxis gewartet, während des anderen Arzttermins

184 LR/Becker § 244 Rn. 183.

185 Hierunter werden z.T. verschiedene Dinge verstanden, vgl. LR/Becker a.a.O. Rn. 152 einerseits und Meyer-Goßner/Schmitt § 244 Rn. 22b andererseits.

186 Z.B. Auslegung des Rechts auf den Entscheidungsfall, vgl. Meyer-Goßner/Schmitt § 244 Rn. 49 m.w. Beispielen.

sei er zugegen gewesen. Diese Beweistatsachen seien für die tatrichterliche Überzeugungsbildung hinsichtlich der ihm angelasteten sexuellen Übergriffe von Bedeutung, denn träfen die Vorwürfe zu, hätte er mit Sicherheit nicht entsprechende ärztliche Untersuchungen veranlasst, die dazu hätten führen können, dass sein angebliches Tun aufgedeckt worden wäre. Die Tochter, die als Nebenklägerin am Verfahren teilnimmt, lässt durch ihre Nebenklägervertreterin erklären, sie entbinde die beiden Ärzte nicht von ihrer Schweigepflicht. Wie wird das Gericht mit dem Antrag umgehen? (BGH RÜ 2018, 381)

Das Gericht könnte diesen – als solchen anzusehenden – Beweisantrag gemäß § 244 Abs. 3 S. 2 StPO ablehnen, wenn es sich bei den Zeugen um unzulässige Beweismittel handelt. Ein nach § 53 Abs. 1 Nr. 3 StPO zur Zeugnisverweigerung berechtigter Arzt, der nicht von seiner Schweigepflicht entbunden ist, ist nach der Rspr. allerdings kein unzulässiges Beweismittel. Daran ändert sich auch nichts dadurch, dass er sich im Falle einer Aussage nach § 203 Abs. 1 Nr. 1 StGB strafbar machen würde. Diese Entscheidung muss der Arzt treffen. Ein auf Vernehmung des Arztes gerichteter Beweisantrag darf daher nicht ohne Weiteres abgelehnt werden. Allerdings kann vorher freibeweislich geklärt werden, ob der Arzt von seinem Zeugnisverweigerungsrecht Gebrauch machen wird, z.B. durch eine telefonische Nachfrage. Erklärt der Arzt, schweigen zu wollen, ist er ein unzulässiges Beweismittel. Damit hat das Gericht zwei Möglichkeiten: Es kann den Arzt telefonisch über seine Aussagebereitschaft befragen oder ihn zum nächsten Hauptverhandlungstermin als Zeugen laden. Der Beweisantrag kann jedoch nicht einfach abgelehnt werden.

---

b) Eine Ablehnung wegen **Offenkundigkeit** einer Beweistatsache (oder des Gegenteils) gemäß § 244 Abs. 3 Nr. 1 StPO ist möglich, wenn diese allgemeinkundig oder gerichtskundig ist. **Allgemeinkundig** sind Tatsachen und Erfahrungssätze, von denen verständige und erfahrene Menschen regelmäßig ohne Weiteres Kenntnis haben oder über die sie sich aus allgemein zugänglichen zuverlässigen Quellen ohne Fachkenntnisse zu haben unschwer unterrichten können, z.B. aus Zeitungen, Rundfunk, Land-/Straßenkarten. Auch Naturvorgänge sind offenkundig. **Gerichtskundig** sind dagegen Tatsachen und Erfahrungssätze, die der Richter im Zusammenhang mit seiner amtlichen Tätigkeit zuverlässig in Erfahrung gebracht hat, gleichgültig ob in diesem oder einem anderen Verfahren. Auch die Feststellungen anderer Richter, von denen das Gericht amtlich erfahren hat, sind gerichtskundig, nicht aber Feststellungen des anhängigen Verfahrens nach einer Aussetzung desselben. Auch ist nicht die Kenntnis aller Richter erforderlich, es ist vielmehr ausreichend, dass die Kenntnis einer Tatsache bei einem Gerichtsmitglied vorhanden ist, das sie an alle anderen Mitglieder vermitteln muss.[187] Die Allgemein- und Gerichtskundigkeit beschränkt sich allerdings auf mittelbar beweiserhebliche Tatsachen, insbesondere auf Hintergrundmaterial.[188] 158

187 Meyer-Goßner/Schmitt § 244 Rn. 51–53.
188 Meyer-Goßner § 244 Rn. 52 m.w.N.

Beispiel: Der Inhalt einer Aussage eines Zeugen in einer früheren Hauptverhandlung derselben oder einer anderen Sache darf nicht als gerichtskundig angenommen werden und auf diese Weise unter Umgehung von § 250 StPO Grundlage für den Schuldspruch/Freispruch werden. Wird er allerdings als Zeuge vernommen, kann der Inhalt seiner früheren Aussage als gerichtskundig behandelt werden, wenn es um die Aussagekonstanz geht, also ob er früher gleiche oder andere Angaben gemacht hat.[189]

159 **c)** Eine Beweistatsache ist für die Entscheidung **bedeutungslos i.S.v. Abs. 3 Nr. 2**, wenn zwischen ihr und der abzuurteilenden Tat kein Zusammenhang besteht. Es wird die rechtliche von der tatsächlichen Bedeutungslosigkeit unterschieden. Eine Beweistatsache ist **aus tatsächlichen Gründen bedeutungslos**, wenn sie, selbst wenn sie erwiesen wäre, die Entscheidung des Gerichts nicht beeinflussen könnte. Das ist vor allem dann der Fall, wenn zwischen der Beweistatsache und dem Gegenstand der Urteilsfindung keinerlei Sachzusammenhang besteht, darüber hinaus auch dann, wenn trotz eines Zusammenhangs die Beweistatsache selbst im Fall ihres Erwiesenseins die Entscheidung nicht beeinflussen würde, weil sie nur mögliche, nicht aber zwingende Schlüsse auf die Haupttatsache zulässt und das Gericht den möglichen Schluss nicht ziehen will. Der Ablehnungsbeschluss muss sich damit auseinandersetzen, warum es den nur möglichen Schluss nicht ziehen will und dem Antragsteller damit ermöglichen, sich auf die Umstände, die gegen den Schluss sprechen, einzustellen und durch entsprechende Anträge zu reagieren. Formelhafte Begründungen reichen also nicht.[190] Das Urteil darf sich hierzu später nicht in Widerspruch setzen.

Aus rechtlichen Gründen bedeutungslos ist eine Tatsache, wenn eine Verurteilung schon aus anderen bereits erwiesenen Gründen wie z.B. Prozesshindernissen oder sonstigen Strafausschließungsgründen ausscheidet.[191]

160 **d)** Wenn sich das Gericht auf Grundlage der Beweisaufnahme die Überzeugung verschafft hat, die unter Beweis gestellte Behauptung ist wahr, kann der Beweisantrag wegen **Erwiesenheit** abgelehnt werden. Dabei kommt es nicht darauf an, ob die Beweisbehauptung zur Entlastung des Angeklagten dient, vielmehr kann sie auch zu seiner Belastung aufgestellt werden. Nicht ausreichend ist jedoch, dass das Gericht vom Gegenteil der Beweisbehauptung überzeugt ist. In den Urteilsgründen darf sich das Gericht nicht mit der für erwiesen erachteten Tatsache in Widerspruch setzen. Dabei darf es auch aus einer zugunsten des Angeklagten vorgebrachten Tatsache Schlüsse zu dessen Nachteil ziehen. Dies ist der wesentliche Unterschied zur Wahrunterstellung.

161 **e)** Ist ein Beweismittel **völlig ungeeignet** (Abs. 3 Nr. 4), ist es dem Gericht nicht zuzumuten, eine Beweiserhebung durchzuführen, deren Nutzlosigkeit von vornherein feststeht. Voraussetzung der Ungeeignetheit ist, dass das Gericht ohne jede Rücksicht auf das bisher gewonnene Beweisergebnis im Freibeweis feststellen kann, dass sich mit dem angebotenen Beweismittel das in dem Beweisantrag in Aussicht gestellte Ergebnis nach sicherer Lebenserfahrung nicht erzielen lässt.[192] Die Ungeeignetheit darf – anders

189 LR/Becker § 244 Rn. 210.

190 BGH RÜ2 2019, 113.

191 Meyer-Goßner/Schmitt § 244 Rn. 55.

192 Meyer-Goßner/Schmitt § 244 Rn. 58 m.w.N.

als die Erwiesenheit – nicht mit der Bewertung des bisherigen Beweisergebnisses begründet werden. Es wird die **absolute** von der **relativen Ungeeignetheit** unterschieden. Ergibt sich die Ungeeignetheit aus einem allgemeingültigen Erfahrungssatz (blinder Zeuge soll bekunden, was er gesehen hat), spricht man von absoluter, bei einem einfachen Erfahrungssatz (Bekundung von lange zurückliegenden Routinehandlungen) von relativer Ungeeignetheit.

Ein **Zeuge** ist z.B. völlig ungeeignet, wenn er wegen dauernder körperlicher oder geistiger Gebrechen oder infolge Trunkenheit die in sein Wissen gestellte Wahrnehmung nicht machen konnte oder wenn er zu Vorgängen Aussagen soll, die sich im Inneren eines anderen Menschen abgespielt haben, sofern er keine äußeren, einen Rückschluss hierauf ermöglichenden Umstände bekunden kann.[193] **Sachverständige** sind nur dann völlig ungeeignet, wenn auszuschließen ist, dass sich der Sachverständige zu der vorgelegten Beweisfrage sachlich überhaupt äußern kann, insbesondere wenn es nicht möglich ist, ihm die tatsächlichen Grundlagen zu verschaffen, die er für sein Gutachten benötigt. Das ist insbesondere dann der Fall, wenn sich der Sachverständige nach Inhalt oder Sinn des Beweisantrages auf **Tatsachen** stützen müsste, **die das Gericht als Beweisgrundlage bereits ausgeschlossen hat** oder die nicht ermittelbar sind.[194] Ein lediglich eingeschränkter Beweiswert begründet seine Ungeeignetheit nicht.

f) Auch die **tatsächliche** oder **rechtliche Unerreichbarkeit** eines Beweismittels kann **162**
nach Abs. 3 Nr. 5 zur Ablehnung führen. Ersteres ist der Fall, wenn alle Bemühungen des Gerichts, die der Bedeutung und dem Wert des Beweismittels entsprechen, zu dessen Beibringung erfolglos geblieben sind und keine begründete Aussicht besteht, es in absehbarer Zeit herbeizuschaffen, wobei das Gericht Bemühungen nur ausnahmsweise als aussichtslos unterlassen kann.[195] **Rechtliche Unerreichbarkeit** liegt vor, wenn das Gericht das Erscheinen eines dazu freiwillig nicht bereiten Zeugen nicht erzwingen kann (z.B. V-Leute der Polizei, wenn die Behörde Namen und Anschrift nicht preisgibt, nicht dagegen Zeugnisverweigerungsrechte gemäß §§ 52 ff. StPO, denn diese machen das Beweismittel bereits unzulässig).

g) Das Gericht kann einen Beweisantrag auch mit der Begründung ablehnen, die Be- **163**
weistatsache soll so behandelt werden, als wäre sie wahr (Abs. 3 Nr. 6). Die **Wahrunterstellung** ist aber nur zugunsten des Angeklagten möglich. Weder die Urteilsfeststellungen, noch die Beweiswürdigung darf sich hierzu in Widerspruch setzen. Sie ist nur für (zum Zeitpunkt der Antragstellung, nicht des Urteils) erhebliche Beweistatsachen möglich. Bedeutungslosigkeit und Wahrunterstellung schließen sich damit aus. Allerdings kann sich später ergeben, dass die als wahr unterstellte Tatsache bedeutungslos geworden ist. Durch die Wahrunterstellung sichert das Gericht nicht zu, die Tatsache auch als erheblich zu behandeln.

---

193 Meyer-Goßner/Schmitt a.a.O. Rn. 59

194 LR/Becker § 244 Rn. 238 m.w.N.

195 Meyer-Goßner/Schmitt a.a.O. Rn. 62 a.

164 **h)** Das Gericht kann darüber hinaus einen Antrag auf Sachverständigenbeweis wegen **eigener Sachkunde** ablehnen (§ 244 Abs. 4 S. 1 StPO). Es kann sich das erforderliche Wissen auch während des Prozesses aneignen, z.B. durch Aussagen von sachverständigen Zeugen oder Sachverständigen, nicht jedoch durch Befragung von Sachverständigen außerhalb der Hauptverhandlung. Es reicht dabei aus, dass ein Richter die Sachkunde besitzt und sie den übrigen Richtern vermitteln kann.

165 **i)** Augenscheinseinnahmen und die Vernehmung von Auslandszeugen können nach § 244 Abs. 5 StPO abgelehnt werden, wenn dies nach pflichtgemäßem Ermessen zur Erforschung der Wahrheit nicht erforderlich ist. Maßstab ist damit § 244 Abs. 2 StPO.

j) Eine Ablehnung durch Gerichtsbeschluss war nach § 244 StPO a. F. ist auch dann gerechtfertigt, wenn ein Beweisantrag aus **Verschleppungsabsicht** gestellt wird, also wenn nur eine nicht unerhebliche Verfahrensverzögerung erstrebt wird. Gemäß § 244 Abs. 6 S. 2 StPO n. F. bedarf es einer Ablehnung in Beschlussform nicht mehr, wenn die beantragte Beweiserhebung nichts Sachdienliches zu Gunsten des Antragstellers erbringen kann, dieser sich dessen bewusst ist und er die Verschleppung des Verfahrens bezweckt.

Ferner kann **§ 244 Abs. 6 S. 3–4 StPO** der Vorsitzende nach Abschluss der Beweisaufnahme eine angemessene Frist zur Stellung von Beweisanträgen bestimmen. Beweisanträge, die nach dieser Frist gestellt werden, dürfen in den Urteilsgründen beschieden werden, werden also wie Hilfsbeweisanträge behandelt. Das gilt allerdings nicht, wenn der Antragsteller glaubhaft macht, dass eine frühere Antragstellung nicht möglich war. Bei der Ablehnung in den Urteilsgründen ist das Gericht nicht auf die Verschleppungsabsicht beschränkt.

166 **8.** Geht es um sog. **präsente Beweismittel**, ist für die Ablehnung eines Beweisantrages § 245 Abs. 2 StPO maßgebend, der die Möglichkeiten hierzu einschränkt. Auch hier gilt zwar, dass der Antrag abzulehnen ist, wenn die Beweiserhebung unzulässig ist. Im Übrigen gilt folgendes:

Zwar müssen auch hier **offenkundige und schon erwiesene Tatsachen** nicht aufgeklärt werden, aber hier ist die Offenkundigkeit des Gegenteils kein zulässiger Ablehnungsgrund. Ähnlich verhält es sich beim **fehlenden (objektiven) Sachzusammenhang**. Voraussetzung ist, dass jede Sachbezogenheit zwischen Beweistatsache und Gegenstand der Urteilsfindung fehlt. Anders als bei der Bedeutungslosigkeit kann der Beweisantrag nicht mit der Begründung abgelehnt werden, dass trotz bestehenden Zusammenhangs die Beweistatsache aus rechtlichen oder tatsächlichen Gründen nicht geeignet ist, die Urteilsfindung zu beeinflussen. Die **völlige Ungeeignetheit** folgt dagegen aus den bereits dargestellten Grundsätzen.

Antrag bezüglich Beweiserhebung

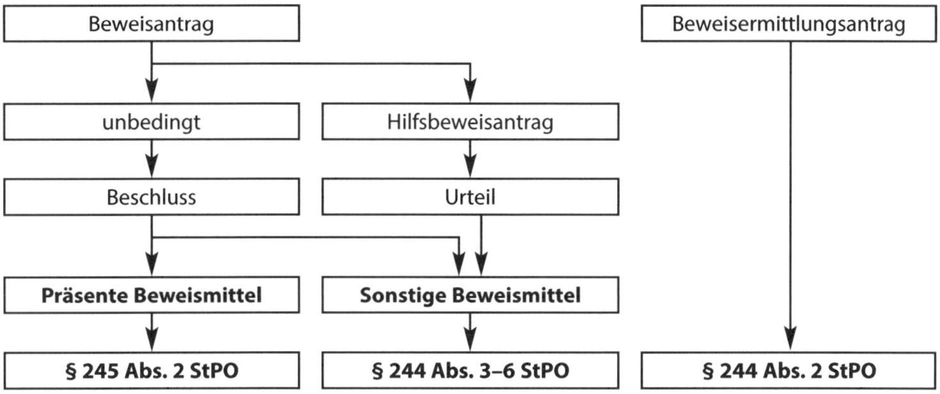

III. Beweispersonen

1. Zentrale Norm für Zeugenvernehmungen ist § 250 StPO. Beruht hiernach der Beweis **167** einer Tatsache auf der Wahrnehmung einer Person, ist diese zu vernehmen. Eine Ersetzung der Vernehmung durch Verlesung eines Protokolls einer früheren Vernehmung oder einer schriftlichen Erklärung ist nicht zulässig (sog. **Unmittelbarkeitsgrundsatz**), es sei denn, es greift eine gesetzliche Ausnahme ein, §§ 251, 253 ff. StPO.

Gleichwohl ist es zulässig, Schriftstücke dadurch einzuführen, dass sie dem Angeklagten, Sachverständigen oder Zeugen **vorgehalten** werden, und zwar als Vernehmungsbehelf. Beweismittel ist dann nicht die Urkunde, sondern das, was aufgrund des Vorhaltes erklärt wird. Allerdings ist die Einführung von längeren, schwierigen oder schwer verständlichen Urkunden durch Vorhalt unzulässig.[196]

2. Unter Umständen ist es aber gleichwohl möglich, eine frühere Aussage durch **Protokollverlesung** einzuführen. **168**

a) § 251 Abs. 1 StPO gestattet die Verlesung,

- wenn der Angeklagte einen Verteidiger hat und der Staatsanwalt, der Verteidiger und der Angeklagte einverstanden sind (Nr. 1),
- wenn die Verlesung lediglich der Bestätigung eines Geständnisses des Angeklagten dient und er, der keinen Verteidiger hat, sowie der Staatsanwalt der Verlesung zustimmen (Nr. 2),
- wenn die Beweisperson verstorben ist oder in absehbarer Zeit nicht vernommen werden kann (Nr. 3) oder
- wenn es nur um die Höhe eines Vermögensschadens geht (Nr. 4).

196 Meyer-Goßner/Schmitt § 249 Rn. 28.

b) Nach **§ 251 Abs. 2 StPO** ist die Verlesung einer **richterlichen Vernehmung** möglich, wenn

- dem Erscheinen der Beweisperson für eine längere oder ungewisse Zeit Krankheit, Gebrechlichkeit oder andere nicht zu beseitigende Hindernisse entgegenstehen (Nr. 1),
- der Beweisperson das Erscheinen in der Hauptverhandlung wegen zu großer Entfernung unter Berücksichtigung der Bedeutung seiner Aussage nicht zugemutet werden kann (Nr. 2),
- der Staatsanwalt, der Verteidiger und der Angeklagte mit der Verlesung einverstanden sind (Nr. 3).

Fall 24: Widerrufenes Geständnis

Gegen A wird ein Ermittlungsverfahren wegen Raubes geführt. Er wird festgenommen und dem zuständigen Ermittlungsrichter mit dem Antrag vorgeführt, Untersuchungshaftbefehl wegen Verdunkelungsgefahr zu erlassen. Nachdem ihm ein Pflichtverteidiger bestellt worden ist, gibt A gegenüber dem Ermittlungsrichter ein detailliertes Geständnis ab. Dieses wird protokolliert. Staatsanwalt S nimmer daraufhin seinen U-Haft-Antrag zurück. A wird angeklagt. In der Hauptverhandlung erklärt er, unschuldig zu sein. Er habe nur zum Schein ein Geständnis abgegeben, um den Haftgrund aus der Welt zu schaffen. Kann man das Geständnis zum Gegenstand der Hauptverhandlung machen?

Gemäß **§ 254 StPO** können Erklärungen des Angeklagten, die in einem richterlichen Protokoll oder in einer Bild-Ton-Aufzeichnung einer Vernehmung enthalten sind, zum Zweck der Beweisaufnahme über ein Geständnis verlesen bzw. vorgeführt werden. Dasselbe kann geschehen, wenn ein in der Vernehmung hervortretender Widerspruch mit der früheren Aussage nicht auf andere Weise ohne Unterbrechung der Hauptverhandlung festgestellt oder behoben werden kann. Ferner ist es möglich, die bei der richterlichen Vernehmung anwesenden Personen als **Zeugen vom Hörensagen** zu vernehmen.

---

169 **3.** Gemäß § 253 StPO ist eine **Verlesung zur Gedächtnisunterstützung** auch dann möglich, wenn die Beweisperson erklärt, dass sie sich einer Tatsache nicht mehr erinnere, ferner wenn ein in der Vernehmung hervortretender Widerspruch mit der früheren Aussage nicht auf andere Weise ohne Unterbrechung der Hauptverhandlung festgestellt werden kann. Beweismittel bleibt nach dem Wortlaut allerdings immer die Bekundung der Beweisperson, nicht die Urkunde. Die h.M. dehnt den Anwendungsbereich von § 253 StPO allerdings über den eigentlichen Wortlaut hinaus aus.[197] Hiernach lässt die Vorschrift in Durchbrechung des Unmittelbarkeitsgrundsatzes zu, die Vernehmung einer Verhörsperson durch die Verlesung des Protokolls als **Urkundsbeweis** zu ersetzen:

197 BGHSt 3, 199, 201; NJW 86, 2063; Meyer-Goßner/Schmitt § 253 Rn. 1.

Erklärt ein Zeuge, keine Erinnerung mehr zu haben, besteht die Möglichkeit, den Vernehmungsbeamten als Zeuge vom Hörensagen zu vernehmen. Dann muss regelmäßig die Hauptverhandlung unterbrochen werden. Der Zeuge wird üblicherweise seine Erinnerung durch Lektüre der Vernehmung auffrischen und – erwartungsgemäß – die früheren Bekundungen des Zeugen bestätigen. Daher lässt die h.M. zu, das Protokoll sofort zu verlesen, um die Unterbrechung der Hauptverhandlung und Vernehmung des Polizisten zu vermeiden.

Fall 25: Vergesslicher Zeuge

In der Hauptverhandlung wird Zeuge Z vernommen. Er erklärt, sich nicht mehr erinnern zu können. Sodann wird ihm vom Gericht der Inhalt seiner polizeilichen Vernehmung zur Gedächtnisunterstützung vorgehalten. Der Zeuge kann sich immer noch nicht erinnern. Welche Möglichkeiten hat das Gericht, die Zeugenaussage gleichwohl in den Prozess einzuführen?

Der Vorsitzende kann nun den Vernehmungsbeamten als Zeugen über die Vernehmung des Z laden und vernehmen. Aus § 250 StPO folgt der Grundsatz, dass der Vernehmungsbeamte über seine Wahrnehmungen über die Zeugenbefragung persönlich zu vernehmen ist. Eine Verlesung gemäß § 251 StPO kommt nicht in Betracht, da keine der Voraussetzungen der Vorschrift gegeben ist. Aus § 253 StPO folgt, dass das Vernehmungsprotokoll zur Gedächtnisunterstützung verlesen werden kann. Eine Verlesung im Urkundsbeweis gibt der Wortlaut dieser Vorschrift nicht her. Allerdings lässt diese Vorschrift nach h.M.[198] in Durchbrechung des Unmittelbarkeitsgrundsatzes des § 250 StPO zu, dass das Protokoll als Urkunde verlesen und dadurch die Vernehmung der Verhörsperson ersetzt werden kann.

Abwandlung:

Was ändert sich, wenn der geladene Vernehmungsbeamte erklärt, sich an die Vernehmung des Z nicht mehr erinnern zu können?

Nun kann das Vernehmungsprotokoll nicht mehr als Beweismittel verwendet werden. Die Verlesungsmöglichkeit des § 253 StPO dient ausschließlich dazu, eine Ladung und Vernehmung des Polizisten zu vermeiden.[199] Ihm kann allenfalls das Protokoll zur Gedächtnisunterstützung vorgehalten werden. Sollte dies nicht zum Erfolg führen, ist die Aussage des Zeugen nicht einführbar.

---

198 Meyer-Goßner/Schmitt § 253 Rn. 1 zum Meinungsstand.

199 BGH StV 2013, 545.

170 **4.** § 255 a Abs. 1 StPO lässt unter den Voraussetzungen der §§ 251, 252, 253 und 255 StPO die Vorführung einer früher erstellten Bild-Ton-Aufzeichnung einer Zeugenvernehmung zu. Neu geregelt worden ist § 255 a Abs. 2 StPO. In Verfahren wegen Straftaten gegen die sexuelle Selbstbestimmung, gegen das Leben, wegen Misshandlung von Schutzbefohlenen und wegen Straftaten i.S.d. §§ 232–233 a StGB kann die Vernehmung eines minderjährigen Zeugen durch die Vorführung einer im Ermittlungsverfahren hergestellten Bild-Ton-Aufzeichunung seiner früheren richterlichen Vernehmung **ersetzt** werden, wenn der Angeklagte und sein Verteidiger Gelegenheit zur Mitwirkung hatte und der Zeuge der vernehmungsersetzenden Vorführung nicht unmittelbar nach der Aufzeichnung widersprochen hat. Dies gilt auch für Zeugen, die als Verletzte zum Zeitpunkt der Tat unter 18 Jahre alt waren und für Verletzte einer Sexualstraftat. Diese Vernehmung im Ermittlungsverfahren macht dann die erneute Vernehmung in der Hauptverhandlung überflüssig (vernehmungsersetzend), ist also faktisch ein vorweggenommener Teil der Hauptverhandlung, was das Teilnahmerecht des Beschuldigten und Verteidigers erklärt. Diese Vorschrift ist im Zusammenhang mit § 58 a StPO zu lesen. Nach Abs. 1 **kann** die Vernehmung in Bild und Ton aufgezeichnet werden. Dies **soll** geschehen, wenn damit die schutzwürdigen Interessen Minderjähriger besser gewahrt werden können oder zu besorgen ist, dass der Zeuge in der Hauptverhandlung nicht vernommen werden kann und die Aufzeichnung zur Erforschung der Wahrheit nicht erforderlich ist. Sie **muss** nach Abs. 1 S. 3 aufgezeichnet werden und als richterliche Vernehmung erfolgen, wenn damit die schutzwürdigen Interessen von durch Sexualstraftaten Verletzten besser gewahrt werden können und der Zeuge zugestimmt hat.

171 **5.** § 256 StPO gestattet zudem die Verlesung von Erklärungen von Behörden und Sachverständigen (z.B. zur Blutprobenentnahme und zum Blutalkoholgehalt).

172 **6.** Eine der wichtigsten Grenzen der Durchbrechung des Unmittelbarkeitsgrundsatzes enthält **§ 252 StPO** (s.u. Rn. 180).

IV. Beweisverbote

173 Nicht jedes Beweismittel ist dem Zugriff der Strafverfolgungsbehörden zugänglich. Nach st.Rspr. ist es kein Grundsatz der StPO, dass die Wahrheit um jeden Preis erforscht werden muss.[200] Gemäß § 261 StPO entscheidet das Gericht nach seiner freien, aus dem Inbegriff der Verhandlung geschöpften Überzeugung. Beweisverbote können dazu führen, dass bestimmte Beweismittel der richterlichen Beweiswürdigung entzogen sind.[201] Es sind folgende Termini zu unterscheiden:

Beweisverbote ist der Oberbegriff für Beweiserhebungs-, -verwertungs- und/oder -verwendungsverbote.[202]

---

200 BGHSt 14, 358, 365; LR/Gössel Einl. Abschn. L Rn. 11 ff.

201 Meyer-Goßner/Schmitt § 261 Rn. 13.

202 Der Koalitionsvertrag zwischen CDU, CSU und SPD vom 07.02.2018 sieht auf S. 123 die systematische Kodifizierung der Regeln zur Zulässigkeit von Beweiserhebung und -verwertung vor.

1. Beweiserhebungsverbote

Beweiserhebungsverbote normieren die Unzulässigkeit einer Ermittlungshandlung und setzen dem Amtsaufklärungsgrundsatz des § 244 Abs. 2 StPO rechtliche Grenzen. Ein Verstoß gegen ein Beweiserhebungsverbot führt allerdings nicht automatisch dazu, dass das erlangte Beweismittel nicht zum Gegenstand der Urteilsfindung gemacht werden kann. Die Beweiserhebungsverbote werden – in erster Linie aus didaktischen Gründen[203] – gemeinhin wie folgt eingeteilt: 174

- **Beweisthemenverbote:** Bestimmte Tatsachen dürfen nicht aufgeklärt werden, z.B. solche, die bereits bindend festgestellt, unaufklärbar oder geheimhaltungsbedürftig (z.B. § 174 Abs. 3 GVG) sind. Auch über Tatsachen, die dem Beratungsgeheimnis gemäß § 43 DRiG unterliegen, oder über bereits gemäß § 51 Abs. 1 BZRG getilgte Vorstrafen darf kein Beweis erhoben werden.[204]
- **Beweismittelverbote:** Bestimmte Beweismittel sind kraft Gesetzes gesperrt, z.B. Zeugen, die von ihrem Zeugnisverweigerungsrecht gemäß §§ 52 ff. StPO Gebrauch gemacht haben oder die nach § 54 StPO zur Aussageverweigerung verpflichtet sind. Auch §§ 250, 252, 256 StPO enthalten Beweismittelverbote.[205]
- **Beweismethodenverbote:** Bestimmte Arten der Beweisbeschaffung sind verboten, vgl. § 136 a StPO. Hierzu gehört z.B. auch die Blutprobenentnahme durch einen Nichtarzt entgegen § 81 a StPO.[206]
- **Relative Beweiserhebungsverbote:** Bestimmte Untersuchungen erfordern die Anordnung durch eine bestimmte Person, z.B. den Ermittlungsrichter bei der Durchsuchung. Verstoße gegen derartige Regelungen werden z.T. als relative Beweiserhebungsverbote verstanden, während andere dies als überflüssig erachten, weil die hierfür infrage kommenden Fälle bereits von den Beweismittelverboten erfasst werden.[207]

203 Vgl. LR/Gössel Einl. Abschn. L. Rn. 207.
204 LR/Gössel Einl. Abschn. L Rn. 209; Meyer-Goßner/Schmitt Einl. Rn. 52.
205 LR/Gössel Einl. Abschn. L Rn. 212 f.; Meyer-Goßner/Schmitt Einl. Rn. 53.
206 LR/Gössel Einl. Abschn. L Rn. 214 f.; Meyer-Goßner/Schmitt Einl. Rn. 54.
207 LR/Gössel Einl. Abschn. L Rn. 216.

Wichtige Beweiserhebungsverbote

Situation	Vorschrift	Besonderheiten
Erkenntnisse aus dem Kernbereich privater Lebensgestaltung durch Telekommunikationsüberwachung, Online-Durchsuchung, akustische Wohnraumüberwachung	§ 100 d Abs. 1 StPO	Abhören/Aufzeichnen unverzüglich unterbrechen, Aufzeichnungen unverzüglich löschen
Anwendung unzulässiger Vernehmungsmethoden	§ 136 a Abs. 3 S. 2 StPO	Zustimmung des Vernommenen unbeachtlich
Erkenntnisse aus dem Verfahren gegen eine in § 53 Abs. 1 Nr. 1, 2, 4 StPO genannte Person, Rechtsanwalt usw., über die der Betroffene das Zeugnis verweigern dürfte	§ 160 a Abs. 1 S. 2 StPO	Ermittlungsmaßnahme selbst bereits unzulässig, Aufzeichnungen sind unverzüglich zu löschen
Vorhalt/Verwendung zum Nachteil von vorherigen getilgten/tilgungsreifen Verurteilungen	§ 51 BZRG	
Verlesungsverbot als Ersetzung von Zeugenaussagen	§ 250 S. 2 StPO	Ausnahmen in §§ 251, 253–256 StPO

2. Beweisverwertungsverbote

175 **Beweisverwertungsverbote** führen dazu, dass die ermittelten Tatsachen **nicht zum Gegenstand der Beweiswürdigung gemacht werden dürfen**. Dabei können sich Beweisverwertungsverbote u.U. aus Beweiserhebungsverboten ergeben, müssen es aber nicht. Demgegenüber können Verwertungsverbote auch ohne Rechtsverstoß bei der Beweisgewinnung bestehen. Es handelt sich bei Beweiserhebungs- und -verwertungsverboten also nicht um gegensätzliche Begriffe, vielmehr besteht eine Schnittmenge. Nicht wenige Beweisverwertungsverbote sind gesetzlich nicht ausdrücklich geregelt, sondern von der Rspr. entwickelt worden.

a) Selbstständige Beweisverwertungsverbote

176 Von selbstständigen Beweisverwertungsverboten spricht man, wenn das Beweismittel zwar auf rechtsfehlerfreie Weise gewonnen wurde, aber aus anderen Gründen unverwertbar ist.[208]

Wird bei der Beweiserhebung oder -verwertung unzulässig in Grundrechte des Beschuldigten oder anderer Personen eingegriffen, kann das betreffende Beweismittel nicht zur Urteilsfindung herangezogen werden. Hier ist die vom BVerfG zu Art. 2 Abs. 1 i.V.m. Art. 1 Abs. 2 GG entwickelte **Dreisphärentheorie**[209] von besonderer Bedeutung: Staatliche Eingriffe in die sog. **Sozialsphäre** sind uneingeschränkt zulässig. Eingriffe in die

208 LR/Sander/Cirener § 252 Rn. 1.

209 BVerfGE 34, 238, 245

Privatsphäre sind möglich, wenn bei Abwägung des Rechts auf Privatheit mit den Interessen der Allgemeinheit an einer funktionstüchtigen Strafrechtspflege letztere überwiegt. Schließlich existiert die Intimsphäre des Einzelnen, mit der das Grundgesetz dem einzelnen Bürger einen **Kernbereich** unantastbarer **privater Lebensgestaltung** gewährt, der der öffentlichen Gewalt entzogen ist. Besonders relevant sind dabei **Tagebuchaufzeichnungen** und **Selbstgespräche** sowie unter **Verstoß gegen § 201 StGB** erlangte Beweise.

aa) Tagebuchaufzeichnungen

Tagebuchaufzeichnungen sind gesperrt, wenn der schlechthin unantastbare Bereich privater Lebensgestaltung betroffen ist, der von Fall zu Fall abzugrenzen ist. Intime Tagebuchaufzeichnungen können nicht verwertet werden,[210] Niederschriften, welche lediglich die Privatsphäre betreffen, nach entsprechender Abwägung schon. Bei Aufzeichnungen, die die innere Gedanken- und Gefühlswelt, also den unantastbaren Bereich privater Lebensführung betreffen, hat der Grundrechtsschutz Vorrang, sodass diese schlechthin unverwertbar sind. Handelt es sich dagegen um Aufzeichnungen über den Tathergang von geplanten oder durchgeführten Straftaten, so bedarf es bzgl. der Verwertbarkeit einer Güterabwägung. Diese ergibt i.d.R., dass bei schwerwiegenden Straftaten eine Verwertung zulässig ist, da das Persönlichkeitsrecht dann gegenüber den Belangen der Strafrechtspflege zurücktreten muss. 177

bb) Selbstgespräche

Selbstgespräche sind allerdings stets und ohne Rücksicht auf ihren Inhalt dem unantastbaren Kernbereich zugehörig. 178

Fall 26: Selbstgespräche und Kernbereich

S ist verdächtig, die L getötet zu haben. S war der Ehemann der L, die von den Philippinen stammte und ein gemeinsames Kind zur Welt gebracht hatte. Die Ehe von S und L scheiterte. S befürchtete, die L würde sein Umgangsrecht durch Wegziehen vereiteln. S erschlug seine Ehefrau in deren Wohnung, damit das Kind bei ihm aufwachsen konnte. Im Zuge der Ermittlungen wurden auf entsprechende Beschlüsse des Ermittlungsrichters verschiedene verdeckte Überwachungsmaßnahmen durchgeführt. Unter anderem fand eine Überwachung im Auto des S statt. Es wurden dessen Selbstgespräche, als er sich alleine im Auto befand, an mehreren Tagen aufgezeichnet. Dabei fielen unter anderem die Worte „oho i kill her … oh yes, oh yes … and this is my problem …", ferner „nö I, wir haben sie tot gemacht …" S wurde wegen Mordes angeklagt. Im Rahmen der Beweisaufnahme wurden die Inhalte der akustischen Überwachung verlesen. Mit Recht?

Zu Unrecht. Der BGH maß der Flüchtigkeit des gesprochenen Wortes als Abgrenzungskriterium besonderes Gewicht bei. Worum es inhaltlich ging, erachtete er – anders als bei Tagebüchern – als irrelevant. Da S sich in einem persönlichen Rückzugsort befand,

210 BVerfG 34, 238, 248.

berührte er nicht die Sphäre anderer oder die Belange der Gemeinschaft, sodass ein Zugriff auf das Selbstgespräch wegen Kernbereichszugehörigkeit unzulässig war. Selbstgespräche unterliegen stets einem Beweisverwertungsverbot. [211]

Der Gesetzgeber hat dem Kernbereichsgedanken in § 100 d StPO Rechnung getragen, der in Abs. 1 ein Beweiserhebungsverbot formuliert, falls durch Überwachungsmaßnahmen allein Erkenntnisse aus dem Kernbereich erlangt werden. Diese dürfen gemäß Abs. 2 S. 1 nicht verwertet werden.

cc) Heimliche Aufnahmen

179 Auch bei Beweisen, die unter **Verstoß gegen § 201 StGB** gewonnen worden sind, kann ein Beweisverwertungsverbot wegen Verletzung des allgemeinen Persönlichkeitsrechts aus Art. 2 Abs. 1 i.V.m. Art. 1 Abs. 1 GG bestehen. Heimliche Tonbandaufnahmen sowie heimliche Beobachtung und Belauschen zählen zu dieser Fallgruppe. Auf derartige Beweismittel kann in Fällen schwerer Kriminalität unter Beachtung des Verhältnismäßigkeitsgrundsatzes zurückgegriffen werden, wobei auch die sonstige Beweislage in die Abwägung mit einzustellen ist.[212]

dd) § 252 StPO

180 Zu den Klassikern in der Prüfung zählt das selbstständige[213] **Beweisverwertungsverbot gemäß § 252 StPO.** Diese Vorschrift regelt die Frage der Verwertbarkeit von Aussagen von zeugnisverweigerungsberechtigten Zeugen i.S.d. §§ 52, 53, 53 a (nicht: § 55) StPO, die im Ermittlungsverfahren ausgesagt haben, sich aber in der Hauptverhandlung auf ihr Zeugnisverweigerungsrecht berufen. Im Interesse einer größtmöglichen Entscheidungsautonomie der weigerungsberechtigten Zeugen wird der Begriff der Vernehmung i.S.v. § 252 StPO weit verstanden. Umfasst sind **alle Bekundungen über wahrgenommene Tatsachen aufgrund einer amtlichen, von einem Staatsorgan durchgeführten Befragung, bei der der Beweiserhebungswille des Amtsträgers nach außen erkennbar** ist.[214] Deswegen stellt auch die Befragung durch Vertreter der Jugendgerichtshilfe (§ 38 Abs. 2 JGG) eine „Vernehmung" dar.[215] Gleiches gilt für Äußerungen gegenüber Sachverständigen.[216] Die Vorschrift gilt **auch für informatorische Anhörungen sowie sonstige vernehmungsähnliche Situationen**, bei denen das Schutzbedürfnis sogar noch größer ist als bei förmlichen Vernehmungen.[217] Auch

---

211 BGH NJW 2012, 945.
212 LR/Gössel Einl. Abschn. L Rn. 121 m.w.N.
213 LR/Sander/Cirener § 252 Rn. 1.
214 BGH NStZ 2005, 219, 220.
215 BGH NStZ 2005, 219, 220.
216 BGH StV 2007, 68.
217 BayObLG StV 2005, 543, 544.

Befragungen des Zeugen durch den Verteidiger des Angeklagten sind unverwertbar. Zwar handelt es sich hierbei nicht um eine förmliche Vernehmung, dennoch wird der Rechtsgedanke des § 252 StPO erst recht auch auf diese Erklärungen ausgeweitet.[218]

In diesen Fällen darf die Aussage nicht durch **Verlesung** in die Hauptverhandlung eingeführt werden. Über den Wortlaut hinaus sind auch die Vernehmung der Verhörsperson oder das prinzipiell in Betracht kommende **Abspielen** der Aufnahme einer früheren Vernehmung gesperrt.[219] Das gilt auch für **Beweismittel**, die der Zeuge anlässlich seiner Vernehmung im Ermittlungsverfahren übergeben hat.

Fall 27: Übergebene Beweismittel

C steht im Verdacht, den Vater der F erschossen zu haben. Ferner wird gegen F ermittelt, weil sie zusammen mit ihrer Mutter den C hierzu angestiftet haben soll, indem sie ihm 80.000 DM für den Mord in Aussicht stellte. Der B, Bruder der F, erschien freiwillig bei der Polizei und machte über eine Stunde lang Angaben. Er erklärte, er habe mit seiner Mutter und seiner Schwester ein Streitgespräch geführt, welches er auf Tonband aufgenommen habe und welches seiner Meinung nach verdächtige Äußerungen von Mutter und Tochter enthielte. Er übergibt freiwillig die Kassette. C und F werden angeklagt. In der Hauptverhandlung macht B von seinem Zeugnisverweigerungsrecht gemäß § 52 StPO Gebrauch und widerspricht der Verwertung seiner seinerzeitigen Vernehmung. Der Vorsitzende beabsichtigt, eine verschriftete Übersetzung der Tonbandaufnahme zu verlesen. Er ist der Auffassung, das Tonband sei nicht Bestandteil der Vernehmung des Zeugen gewesen. Auf dieses sei in der Vernehmung auch nicht Bezug genommen worden. Anders als bei einem Schriftstück sei die Tonbandaufnahme nicht unmittelbar wahrnehmbar gewesen. Das Beweismittel sei spontan und auf eigene Initiative entstanden. Auch die Heimlichkeit der Aufnahme führe nicht zur Unverwertbarkeit Die Verteidiger widersprechen der Verlesung. Kann das Schriftstück verlesen und verwertet werden?

Die Verlesung und Verwertung der Verschriftung der Aufnahme verstoßen gegen § 252 StPO, denn das Tonband ist Teil der Vernehmung. Das Verwertungsverbot erstreckt sich auch auf Schriftstücke, die der Zeuge bei seiner Vernehmung übergeben und auf die er sich bezogen hat. Auf das Speichermedium kommt es nicht an. Das freiwillige Erscheinen des Zeugen zur Vernehmung ändert nichts.[220]

Nur Äußerungen, die der Zeuge vor oder außerhalb von Vernehmungen aus freien Stücken tätigt (sog. Spontanäußerungen) werden nicht erfasst, also z.B. der Inhalt einer Strafanzeige ohne Vernehmung oder die Bitte um Hilfe im Rahmen eines Notrufs.[221]

218 BGHSt 46, 1.
219 Meyer-Goßner/Schmitt § 252 Rn. 12 ff. m.w.N.
220 BGH RÜ 2013, 104.
221 Meyer-Goßner/Schmitt § 252 Rn. 8.

Fall 28: Spontanäußerung

Der drogensüchtige A verlangt am Heiligen Abend von seiner Mutter M Geld. Er droht ihr damit, ihr Mobiliar kurz und klein zu schlagen. In ihrer Not ruft M die Polizei und schildert den Sachverhalt. A wird angeklagt wegen versuchter räuberischer Erpressung. M möchte nicht, dass ihr Sohn ins Gefängnis kommt, und verweigert gemäß § 52 Abs. 1 Nr. 3 StPO die Aussage. Wie kann eine Verurteilung des Sohnes erreicht werden?

Als Beweismittel steht der aufgezeichnete und ggf. verschriftete Anruf bei der Polizei zur Verfügung. Es handelt sich um eine spontane Äußerung und nicht um eine Vernehmung, sodass § 252 StPO keine Anwendung findet.

---

181 Nach der Rspr. soll allerdings eine Ausnahme von dem Verbot gelten, die Verhörsperson zu vernehmen, wenn der Zeuge von einem Straf- oder Zivilrichter vernommen worden ist, der ihn nach § 52 Abs. 3 S. 1 StPO über sein Zeugnisverweigerungsrecht belehrt hatte. Dies leitet die Rspr. aus der dem Zeugen erkennbaren Bedeutung der richterlichen gegenüber einer sonstigen Vernehmung ab. Verweigert der Zeuge später die Aussage, kann der vernehmende Richter als Zeuge vom Hörensagen vernommen werden. Dass der Zeuge bei der Vernehmung darüber hinaus qualifiziert darauf hinzuweisen ist, dass die Aussage verwertbar bleibt, wenn der Zeuge später sein Zeugnis verweigert, ist dagegen nicht nötig.[222]

Fall 29: Gestattung der Vernehmung bei Zeugnisverweigerung

A ist angeklagt, seine Ehefrau F misshandelt zu haben. Sie hat gegenüber der Polizei die Tat in einer videogestützten Vernehmung eingehend beschrieben. F hat Angst, im Falle einer persönlichen Aussage von dem Verteidiger ihres Ehemannes in erniedrigender Weise befragt zu werden. Wie kann Ihr geholfen werden?

F kann das Zeugnis gemäß § 52 Abs. 1 Nr. 2 StPO verweigern. Allerdings hat ein Zeuge nach der – umstrittenen – Rspr. auf das Verwertungsverbot verzichten, wenn er vom Bericht darüber informiert worden ist, dass seine Aussage in vollem Umfang zu Lasten oder zu Gunsten des Angeklagten verwertet werden darf. Ist dies geschehen, kann er die Verwertung der bei einer nicht-richterlichen Vernehmung gemachten Aussage gestatten[223] In diesem Fall können die Vernehmungsbeamten vernommen und die Aufzeichnung der Vernehmung gemäß § 255 a StPO abgespielt werden kann.

Von der Gegenansicht wird hiergegen eingewendet, dass dies gegen Konfrontationsrecht des Angeklagten aus Art. 6 IIId EMRK verstoße, weil ihm damit das Recht auf eine

---

222 BGH GSSt NJW 2017, 94.

223 BGHSt 57, 254, NStZ 07, 352; 15, 232.

kontradiktorische Befragung des Belastungszeugen genommen werde.[224] In jedem Fall kommt der Aussage geringerer Beweiswert zu.[225]

Aus § 252 StPO folgt auch, dass Angaben, die der Zeugnisverweigerungsberechtigte früher als Beschuldigter oder in anderer Funktion gemacht hat, nicht verwertet werden dürfen, wenn er jetzt schweigt.[226] 182

Fall 30: Gesperrte Aussage trotz richterlicher Vernehmung

A ist wegen vielfachen Betruges angeklagt. In der Hauptverhandlung belastet er seinen Onkel T als Anstifter schwer. A wird rechtskräftig verurteilt. Im Verfahren gegen T verweigert A die Aussage. Kann seine seinerzeitige Aussage verwertet werden?

A hat zwar kein Auskunftsverweigerungsrecht aus § 55 StPO, weil seine Verurteilung rechtskräftig ist, wohl aber gemäß § 52 Abs. 1 Nr. 3 StPO. Da § 252 StPO nur solche Äußerungen zulässt, die ein Zeuge vor oder außerhalb einer Vernehmung aus freien Stücken getätigt hat, sind seine Angaben gesperrt und können nicht im Prozess gegen T verwertet werden. Damit ist auch ausgeschlossen, das gegen ihn ergangene Urteil zu verlesen, den erkennenden Richter zu vernehmen (selbst bei einer überflüssigen Belehrung nach § 52 Abs. 3 S. 1 StPO).[227]

Besteht ein Verwertungsverbot i.S.d. § 252 StPO gilt es für alle Angeklagten, auch wenn das Angehörigenverhältnis nur zu einem von ihnen besteht, sofern gegen sie ein sachlich nicht trennbarer Vorwurf erhoben worden ist.[228]

Selbstständige Beweisverwertungsverbote

Situation	Vorschrift	Besonderheiten
Heimliche Tonband-/Bildaufnahmen, tagebuchartige Aufzeichnungen, nicht öffentlich geführte Selbstgespräche bei akustischer Überwachung, sonstige Erkenntnisse aus dem Kernbereich privater Lebensgestaltung	APR, Art. 2 Abs. 1 i.V.m. Art. 1 Abs. 1 GG/§ 201 StGB	Abwägung nach der 3-Sphären-Theorie des BVerfG; auch als „verfassungsunmittelbares Beweisverwertungsverbot“ bezeichnet
Zeuge beruft sich erst in der Hauptverhandlung auf sein Zeugnisverweigerungsrecht	§ 252 StPO	Gilt nicht bei Spontanäußerungen, richterlichen Vernehmungen mit Belehrung und Gestattung der Verwendung durch Zeugen

224 Meyer-Goßner/Schmitt § 252 Rn. 16 b.
225 BGHSt 45, 203, 208.
226 BGH RÜ 2018, 239.
227 Meyer-Goßner/Schmitt § 252 Rn. 11.
228 Meyer-Goßner/Schmitt § 252 Rn. 2

b) Gesetzlich geregelte Beweisverwertungsverbote

183 Die gesetzlich geregelten Beweisverwertungsverbote können in uneingeschränkte und eingeschränkte Beweisverwertungsverbote unterteilt werden. Uneingeschränkte Beweisverwertungsverbote verbieten die Nutzung zur Beweiswürdigung ohne Ausnahme, die eingeschränkten lassen solche dagegen unter bestimmten Bedingungen zu.

aa) Uneingeschränkte Beweisverwertungsverbote

184 Beispiele für **uneingeschränkte Beweisverwertungsverbote** sind §§ 100 d Abs. 2, 160 a Abs. 1 S. 2 und § 257 c Abs. 4 S. 3 StPO. In der Klausur nimmt die besonders wichtige Vorschrift des § 136 a Abs. 3 S. 2 StPO eine hervorgehobene Stellung ein. Nach dieser Vorschrift darf die Freiheit der Willensentschließung und -betätigung des Beschuldigten nicht durch **verbotene Vernehmungsmethoden** beeinträchtigt werden. Die Vorschrift richtet sich an die Strafverfolgungsbehörden, nicht an Private. Verboten sind die Misshandlung, Ermüdung, körperliche Eingriffe, Verabreichung von Mitteln, Quälerei, Täuschung, Hypnose, Zwang, das Versprechen von gesetzlich nicht vorgesehenen Vorteilen. Ob der Einsatz eines Polygraphen generell ausgeschlossen ist oder ob Ausnahmen zuzulassen sind, wird diskutiert.[229] Das Erinnerungsvermögen und die Einsichtsfähigkeit des Beschuldigten dürfen nicht beeinträchtigt werden. Eine **Einwilligung** des Beschuldigten ist gemäß Abs. 3 S. 1 **bedeutungslos**. Die so erlangten Beweismittel unterliegen gemäß Abs. 3 S. 2 einem Verwertungsverbot. Gemäß § 69 Abs. 3 StPO gilt die Vorschrift auch für Zeugen und gemäß § 72 StPO für Sachverständige. § 136 a StPO gilt für die Vernehmung durch einen Richter, aber gemäß §§ 161 a Abs. 1 S. 2, 163 a Abs. 3 S. 2 StPO für die Staatsanwaltschaft und nach § 163 a Abs. 4 S. 2 StPO ebenso für die Polizei.

Da § 136 a StPO nur Vernehmungen betrifft, stellt sich die Frage nach der Reichweite des Anwendungsbereichs, denn Strafverfolgungsbehörden könnten versucht sein, insbesondere Täuschungen außerhalb förmlicher Vernehmungssituationen auszunutzen, um dem Täter belastende Äußerungen zu entlocken. Auch ist die Grenze zwischen erlaubter kriminalistischer List und unerlaubter Täuschung immer wieder problematisch. Einige Beispiele:

(1) Hörfalle

185 Ein von einer Privatperson auf Veranlassung der Ermittlungsbehörden mit dem Verdächtigen zwecks Erlangung von Angaben ohne Aufdeckung der Ermittlungsabsicht geführtes und mit deren Einverständnis abgehörtes Gespräch, wird als Hörfalle bezeichnet. Die Frage nach der Verwertbarkeit ist umstritten. Der BGH[230] lässt die Verwertung zu, wenn es um die Aufklärung einer Straftat von erheblicher Bedeutung geht und die Erforschung des Sachverhaltes auf andere Weise weniger erfolgversprechend oder wesentlich erschwert wäre.

229 Meyer-Goßner/Schmitt § 136 a Rn. 24.

230 BGHSt 42, 139; NStZ 2011, 596; vgl. Meyer-Goßner/Schmitt § 136 a Rn. 4a zum Meinungsstand.

(2) Ausnutzen von Haftsituationen

Das Erwecken des irrigen Eindrucks der Ungestörtheit durch demonstratives Verlassen des Vernehmungsraumes oder auf andere Weise ist unzulässig. Gleiches gilt hinsichtlich der Einschleusung eines instruierten Informanten in die Haftzelle des schweigenden Beschuldigten nebst Aufbau einer Vertrauensbeziehung und Abringen eines Geständnisses.[231] Dagegen verbietet die StPO nicht die Verwertung von Erkenntnissen, die Mithäftlinge von sich aus durch Täuschung erlangt haben, weil die Ermittlungsbehörden sich das Verhalten Dritter nicht zurechnen lassen müssen, soweit es nicht um Kernbereichsrelevantes geht.[232] 186

(3) Spontanäußerungen und informatorische Befragung

Spontanäußerungen und Antworten bei einer sog. **informatorischen Befragung** sind ebenfalls dem Regelungsgehalt des § 136 a StPO entzogen.[233] 187

(4) Vertrauenspersonen und verdeckte Ermittler

Einsätze von **V-Leuten** oder eines sog. **agent provocateurs**, der Scheingeschäfte tätigt, sind nicht von § 136 a StPO umfasst, verdeckte Ermittler schon.[234] Eine drängende Befragung durch einen verdeckten Ermittler, nachdem der Beschuldigte von seinem Schweigerecht Gebrauch gemacht hat, ist unzulässig.[235] 188

Nach der Rspr. des EGMR liegt eine gegen Art. 6 Abs. 1 EMRK verstoßende Tatprovokation vor, wenn sich die Ermittlungspersonen nicht auf eine passive Strafermittlung beschränken, sondern die betroffene Person derart beeinflussen, dass sie zur Begehung einer Straftat verleitet wird, die sie ohne die Einwirkung nicht begangen hätte, und zwar mit dem Zweck, diese Straftat nachzuweisen. Dies ist unzulässig, da es Aufgabe der Ermittlungsbehörden ist, Straftaten zu verhüten und zu untersuchen, und nicht, solche zu provozieren.[236] Daher hält der BGH im Falle einer rechtsstaatswidrigen Tatprovokation nicht nur ein Beweisverwertungsverbot für gegeben an, sondern sogar ein **Strafverfahrenshindernis**, das zur **Einstellung des Verfahrens** führen soll.[237]

Fall 31: Selbstbelastungsfreiheit gegenüber verdeckten Ermittlern

M ist verdächtig, im Jahr 1996 ein 10-jähriges Mädchen angesprochen und umgebracht zu haben. Er stritt die Tat ab, wurde aber in der Folgezeit wegen anderer Sexualstrafsachen verurteilt. Er hatte die Gesamtfreiheitsstrafe von 15 Jahren vollständig verbüßt; die Unterbringung in der Sicherungsverwahrung war zur Bewährung ausgesetzt worden. Die Tat aus dem Jahr 1996 wurde von einer SoKo „Altfälle" aufgegriffen; man fokussierte die Ermittlungen auf M. Auf ihn wurden mit richterlicher Ge-

231 EGMR StV 2003, 257.
232 BGH RÜ 2017, 440, RÜ2 2017, 157.
233 KK-StPO/Diemer § 136 a Rn. 6.
234 Meyer-Goßner/Schmitt § 136 a Rn. 4b, KK-StPO/Diemer a.a.O.
235 Meyer-Goßner/Schmitt § 136a Rn. 4a.
236 EGMR NStZ 2015, 412.
237 BGH NStZ 2016, 52, RÜ 2016, 24.

nehmigung fünf verdeckte Ermittler angesetzt. Diese traten an M heran und bautenein Vertrauensverhältnis auf. Sie erklärten, einem international agierenden Mädchenhändlerring anzugehören und M als Fahrer für den Transport junger Mädchen und Frauen gewinnen zu wollen, die sie in die Prostitution verkaufen wollten. Sie drängten M intensiv zur Offenbarung seiner früheren Straftaten zum Nachteil junger Mädchen, weil ihn dies für die Arbeit besonders qualifiziere. M bestritt hartnäckig. Die StA erwirkte mit der Behauptung der Beamten, M habe die Tat ihnen gegenüber „grundsätzlich" eingeräumt, einen Untersuchungshaftbefehl. Über diesen wurde M telefonisch unterrichtet, als er mit den verdeckten Ermittlern unterwegs war. Diese unterbreiteten ihm daraufhin das Angebot, dass man jemanden besorgen könne, der gegen ein Entgelt für M ins Gefängnis gehe. Diese Person habe Krebs und wolle mit dem hierdurch verdienten Geld seine Familie versorgen. Damit das Scheingeständnis glaubhaft sei, müsse M ihn nun mit konkreten Fakten über die Tat versorgen. Die Ermittler brachten den sich sträubenden M dazu, mit ihnen an den seinerzeitigen Tatort zu fahren, um dort ein „Brainstorming" zu veranstalten, wie die Tat geschehen sein könnte. Sie fuhren einen Rastplatz an, von dem ein Weg zur Leichenfundort führte. Hier blieb M nach einem Fußmarsch auf Höhe der Fundstelle der Leiche stehen und starrte in deren Richtung. Verteidiger V hat Beschwerde gegen den Haftbefehl erhoben. Mit Erfolg?

Die Beschwerde hat Aussicht auf Erfolg, wenn der Haftbefehl unrechtmäßig ist. Hier ist bereits der dringende Tatverdacht zweifelhaft. Dieser setzt die große Wahrscheinlichkeit voraus, dass der Beschuldigte Täter oder Teilnehmer einer verfolgbaren Straftat ist. Dass M die Tat „grundsätzlich" eingeräumt habe, ist bereits unzutreffend. Der damit erwirkte Haftbefehl ist vielmehr ein Mittel, um dem Beschuldigten mit rechtsstaatlichen Maßstäben nicht mehr zu vereinbarende und insbesondere die Befugnisse eines verdeckten Ermittlers überschreitende „Falle" zu stellen und ihn durch Täuschung unter Überwindung seiner mehrfach bekundeten Haltung, zu dieser Tat nichts sagen zu können oder wollen, zur selbstbelastenden Preisgabe von Täterwissen bzw. gar einem Geständnis zu bewegen. Dies geht in unzulässiger Weise über § 136 a StPO und den Grundsatz der Selbstbelastungsfreiheit hinaus. Damit unterliegen die Erkenntnisse, die im Rahmen des Versuchs, den Beschuldigten zu einer Tatrekonstruktion zu bewegen, sowie die aus daran anschließenden Äußerungen einem Beweisverwertungsverbot. Mangels dringenden Tatverdachts ist die Beschwerde erfolgreich und der Haftbefehl ist aufzuheben. [238]

---

238 OLG Jena RÜ 2020, 32.

(5) Täuschung vs. kriminalistische List

Bewusstes Vorspiegeln oder die Entstellung von Tatsachen und auch eine Täuschung über Rechtsfragen oder die Beweislage sind unzulässig. Fahrlässige Täuschungen sind dagegen nicht erfasst, auch Fangfragen sind nicht untersagt.[239] Siehe in diesem Zusammenhang noch einmal Rn. 117 (legendierte Kontrollen). 189

Uneingeschränkte Beweisverwertungsverbote

Situation	Vorschrift	Besonderheiten
Erkenntnisse aus dem Kernbereich privater Lebensgestaltung durch Telekommunikationsüberwachung, Online-Durchsuchung, akustische Wohnraumüberwachung	§ 100 d Abs. 2 S. 1 StPO	Abhören/Aufzeichnen unverzüglich unterbrechen, Aufzeichnungen unverzüglich löschen
Aussagen nach unzulässigen Vernehmungsmethoden	§ 136 a Abs. 3 S. 2 StPO	Zustimmung des Vernommenen unbeachtlich
Erkenntnisse aus Ermittlungsmaßnahmen gegen zeugnisverweigerungsberechtigte Personen i.S.d. § 53 Abs. 1 S. 1 Nr. 1, 2, 4 StPO, einen Rechtsanwalt usw.	§ 160 a Abs. 1 S. 2 StPO	Aufzeichnungen sind unverzüglich zu löschen
Geständnis aus einer Verständigung bei Änderung von tatsächlichen/rechtlichen Umständen, die zu anderem Strafrahmen oder abweichendem Prozessverhalten des Angeklagten führen	§ 257 c Abs. 4 S. 3 StPO	Mitteilungspflicht des Gerichts bzgl. der Abweichung, § 257 c Abs. 4 S. 4 StPO

bb) Eingeschränkte Beweisverwertungsverbote

Eingeschränkte Beweisverwertungsverbote gestatten teilweise eine Verwertung der Erkenntnisse. Wichtiges Beispiel ist § 479 Abs. 2 S. 1–3 StPO: Ist eine Maßnahme nach der StPO nur bei dem Verdacht bestimmter Straftaten zulässig, gilt für die Verwendung der aufgrund einer solchen Maßnahme erlangten Daten in anderen Verfahren § 161 Abs. 3 StPO entsprechend. Hiernach dürfen die auf Grund einer entsprechenden Maßnahme nach anderen Gesetzen erlangten personenbezogenen Daten ohne Einwilligung der betroffenen Person zu Beweiszwecken im Strafverfahren nur zur Aufklärung solcher Straftaten verwendet werden, zu deren Aufklärung eine solche Maßnahme nach dem Gesetz hätte angeordnet werden dürften. Es handelt sich um einen Fall des gesetzlich geregelten hypothetischen Ersatzeingriffs: 190

Beispiel: Gegen A wird wegen Raubes ermittelt. Sein Telefon wird gemäß § 100 a Abs. 1, 2 Nr. 1 k StPO abgehört. Es wird ein Telefonat mit B aufgezeichnet. In diesem Telefonat spricht B davon, dass er ein teures Mobiltelefon ertrogen hat. A erklärt dem B in Bezug auf die Anlasstat des Abhörens, dass er ein Handy „abgezogen" und an einen gutgläubigen Dritten weiterverkauft habe. Die Äußerungen des A betreffen nicht den Raub selbst, sondern das Schicksal des Telefons. Der Betrug hätte allerdings kein Abhören gerechtfertigt, da § 263 StGB nicht im Katalog des § 100 a Abs. 2 StPO enthalten ist. Weil der anschließende Verkauf mit dem Raub allerdings so eng zusammenhängt, dass eine getrennte Behand-

239 Meyer-Goßner/Schmitt § 136 a Rn. 12 ff.; KK-StPO/Diemer § 136 a Rn. 19 ff.

lung unnatürlich wäre, liegt eine Tat i.S.d. § 264 StPO vor. § 479 Abs. 2 S. 1 i.V.m. § 161 Abs. 2 StPO sperren die Verwertung rechtmäßiger Erkenntnisse im Ausgangsverfahren weder hinsichtlich anderer Begehungsformen der zunächst angenommenen Katalogtat, noch hinsichtlich sonstiger Straftatbestände, die zur selben prozessualen Tat des Täters gehören, wohl aber bezüglich etwaiger Anschlussdelikte wie Begünstigung, Hehlerei oder Strafvereitelung.[240] Die Äußerungen können damit zum Beweis des Betruges des A durch den Weiterverkauf verwendet und bei der Urteilsfindung verwertet werden. Bezüglich B liegt es anders. Hier geht es um eine Zufallserkenntnis, aufgrund derer nicht hätte abgehört werden dürfen. Die Aufnahme ist damit als Strengbeweismittel unverwertbar. Allerdings verbietet das Gesetz lediglich die Verwendung als Beweismittel. Aus diesem Grund lässt die h.M. es zu, Zufallserkenntnisse als Spurenansatz oder zur Aufenthaltsermittlung zu nutzen.[241] Es ist also möglich, diese zur Grundlage weiterer Ermittlungen gegen Dritte zu machen und aufgrund dessen weitere Beweismittel zu gewinnen. Die Aufnahme kann daher zur Begründung eines Anfangsverdachts und z.B. zur Erlangung eines Durchsuchungsbeschlusses verwendet werden.

Eingeschränkte Beweisverwertungsverbote

Situation	Vorschrift	Besonderheiten
Blutproben/sonstigen Körperzellen in einem anderen als der Entnahme zugrunde liegenden Verfahren	§ 81 a Abs. 3 Hs. 1 StPO	Blutproben/sonstige Körperzellen sind unverzüglich zu vernichten, wenn sie für das Strafverfahren nicht mehr erforderlich sind
Untersuchungsergebnissen bei Minderjährigen ohne Einwilligung des gesetzlichen Vertreters	§ 81 c Abs. 3 S. 5 StPO	Gilt nur für ohne Einwilligung des gesetzlichen Vertreters im Eilfall durchgeführte Untersuchungen nach § 81 c Abs. 3 S. 3 StPO
Zufallsfunde in einer Arztpraxis im Verfahren wegen Schwangerschaftsabbruchs gegen eine Patientin	§ 108 Abs. 2 StPO	
Zufallsfunde bei Medienmitarbeitern in Ermittlungsverfahren, die Delikte nicht mit einem Höchstmaß mindestens 5 Jahren Freiheitsstrafe oder § 353 b StGB betreffen	§ 108 Abs. 3 StPO	
Erkenntnisse aus einem Verfahren gegen eine in § 53 I Nr. 3–3 b, 5 StPO genannte Person, über die der Betroffene das Zeugnis verweigern durfte	§§ 100 d Abs. 5, 160 a Abs. 2 S. 3 StPO	
Zufallsfunde bei besonderen Zwangsmaßnahmen (z.B. TK-Überwachung) in einem anderen als dem der Maßnahme zugrunde liegenden Verfahren	§ 479 Abs. 2 S. 1 StPO	Erkenntnisse nur mit Zustimmung des Betroffenen für andere Verfahren verwertbar; personenbezogene Daten nach S. 3 nutzbar

240 Meyer-Goßner/Schmitt § 479 Rn. 5 m.w.N.

241 Meyer-Goßner/Schmitt § 479 Rn. 4.

cc) Beweisverwendungsverbote

Die Beweisverwertungsverbote sind von den **Beweisverwendungsverboten** zu unterscheiden. Während die Beweisverwertungsverbote untersagen, das Beweismittel zum Gegenstand der Urteilsfindung zu machen, ist die Funktion der Beweisverwendungsverbote schwerer zu fassen. 191

Der Begriff „verwenden" ist z.B. in §§ 81 g Abs. 2, 100 e Abs. 6, 100 g Abs. 4 S. 2, 100 i Abs. 2 S. 2, 101 Abs. 8 S. 3, 101 a Abs. 4 S. 1, 5, Abs. 5, 160 a Abs. 1 S. 2, 161 Abs. 3, 479 Abs. 2 S. 1 StPO, § 393 Abs. 2 S. 1 AO, § 97 Abs. 1 S. 3 InsO zu finden. Es wird davon ausgegangen, dass der Begriff datenschutzrechtlich zu verstehen ist und die Nutzung solcher Daten zur Informationserhebung und -verarbeitung verbietet.[242] Ob allerdings ein Verwendungsverbot auch zu einem Beweisverwertungsverbot führt, wird nach den für unselbstständige Beweisverwertungsverbote entwickelten Grundsätzen entschieden, sodass dem Begriff des Verwendungsverbots keine gesteigerte Bedeutung beikommt.[243]

c) Unselbstständige Beweisverwertungsverbote

Einigkeit besteht darüber, dass es weitere Beweisverwertungsverbote als die bisher genannten gibt. Allen gemeinsam ist, dass die Strafverfolgungsbehörden bei den Ermittlungen gegen ein Beweiserhebungsverbot, das kein ausdrückliches Verwertungsverbot nach sich zieht, verstoßen haben. Unter welchen Voraussetzungen aus einem Beweiserhebungsverbot ein Beweisverwertungsverbot erwächst, ist ungeklärt und in Rspr. und Lit. umstritten.[244] 192

242 Denkner, FS Meyer-Goßner 237 ff., Meyer-Goßner/Schmitt Einl. Rn. 57 d.
243 Meyer-Goßner/Schmitt Einl. Rn. 57 d; LR/Gössel Einl. Absch. L Rn. 194.
244 Meyer-Goßner/Schmitt Einl. Rn. 55 a m.w.N.

Unselbstständige Beweisverwertungsverbote

Situation	Vorschrift	Besonderheiten
Körperliche Untersuchung unter Zwang/Androhung von Zwang, obwohl veranlassender Beamter weiß, dass Entnahme von einem Nichtarzt durchgeführt wird	§ 81 a Abs. 1 StPO	Gilt nicht, wenn körperliche Untersuchung ohne Zwangsandrohung von einem Nichtarzt durchgeführt wird!
Telefonat einer Privatperson mit einem Verdächtigen unter Verschleierung der Ermittlungsabsicht (sog. Hörfalle)	Art. 8 Abs. 1 EMRK	BVV nach EGMR (+), nach nationaler Rspr. (–)
Vernehmung des Beschuldigten ohne Hinweis auf Schweigerecht und Recht auf Verteidigerkonsultation	§§ 136 Abs. 1 S. 2, 243 Abs. 5 S. 1 StPO	s.u. Rn. 203
Vernehmung von Zeugen ohne Belehrung über das Zeugnisverweigerungsrecht	§ 52 Abs. 3 StPO	s.u. Rn. 207
Vernehmung eines schweigepflichtigen Zeugen nach Widerruf der Entbindung von der Schweigepflicht	§§ 53, 53 a, 54 StPO	Aussage unter Verletzung von Berufsgeheimnissen/Strafbarkeit nach § 203 StGB hindert Verwertbarkeit nicht!
Vernehmung eines Zeugen ohne Belehrung über das Auskunftsverweigerungsrecht	§ 55 Abs. 2 StPO	s.u. Rn. 208
Willkürliche Umgehung des Richtervorbehalts bei Blutprobenentnahme/körperlicher Untersuchung	§ 81 a Abs. 2 StPO	
Beschlagnahme von beschlagnahmefreien Gegenständen	§ 97 StPO	
TK-Überwachung ohne auf Tatsachen gestützten Verdacht einer Katalogtat	§ 100 a StPO	Gilt auch für Erkenntnisse, die unter sonstiger Umgehung der Voraussetzungen des § 100 a StPO getroffen worden sind
Bewusstes Ignorieren / willkürliches Umgehen des Richtervorbehalts oder sonstige schwerwiegende Verfahrensfehlern bei Durchsuchungen	§ 105 StPO	Herleitung des BVV über Art. 19 Abs. 4 i.V.m. Art. 13 GG; noch unklar, ob Geltung nur für Durchsuchung von Räumen des Beschuldigten
Gezielte Suche nach „Zufallsfunden"	§ 108 StPO	Nach h.M. Unverwertbarkeit durch Abwägung zwischen prozessualem Verstoß und staatlichem Strafverfolgungsinteresse
Richterliche Beschuldigtenvernehmung ohne Benachrichtigung oder Anwesenheit des Verteidigers	§ 168 c StPO	Nur Verlesung der Niederschrift nach § 251 Abs. 2 StPO ausgeschlossen; Verlesung nach § 251 Abs. 1 StPO bleibt nach Rspr. möglich

aa) Rechtskreistheorie

Ein Verwertungsverbot setzt zunächst voraus, dass der **Rechtskreis** des Beschuldigten berührt ist.[245] Die verletzte Norm muss ausschließlich dem Schutz des Staates oder dritter Personen dienen. 193

Beispiel: A ist Beschuldigter in einem Strafverfahren und wird dort als solcher vernommen, ohne dass er gemäß § 136 Abs. 1 S. 2 StPO über sein Schweigerecht und sein Recht auf anwaltlichen Beistand belehrt worden ist. Er lässt sich ein und belastet B wegen einer anderen Tat. Das Verfahren gegen B wird abgetrennt und separat zur Anklage gebracht. Trotz des Belehrungsfehlers sind die Angaben des A (falls dieser sie nicht wiederholt durch Vernehmung der Verhörsperson) in dem Verfahren gegen B verwertbar. Belehrungsfehler i.S.d. § 136 Abs. 1 S. 2 StPO berühren nur den Rechtskreis des vernommenen Beschuldigten, nicht aber den des Mitbeschuldigten oder eines Dritten, in dem der Beschuldigte Zeuge ist.[246] Gleiches gilt für unterlassene Belehrungen gemäß § 55 StPO. Diese Norm dient nicht dem Schutz des Beschuldigten, sondern dem des Zeugen. Belehrungsfehler kommen ihm also nicht zugute.[247] Dagegen dient das Zeugnisverweigerungsrecht gemäß § 52 StPO auch dem Schutz des Beschuldigten. Fehler bei der Belehrung gemäß § 52 Abs. 3 S. 1 StPO führen zu einem Beweisverwertungsverbot (nach der Rspr. sogar gegenüber Mitbeschuldigten).[248]

bb) Schutzzweckgedanke

Teilweise wird in der Lit. nach dem **Schutzzweck** der verletzten Norm gefragt,[249] wonach danach differenziert wird, ob der Schutzzweck der Verbotsnorm bereits endgültig vereitelt ist oder ob eine Verwertung eine Vertiefung oder Vollendung des Eingriffs in das geschützte Interesse darstellt. Dies soll ferner durch den Gedanken des hypothetisch richtigen Ermittlungsverlaufs ergänzt werden. 194

Beispiel: Die Blutprobe wird entgegen § 81 a Abs. 1 S. 2 StPO nicht von einem approbierten Arzt, sondern der Krankenschwester abgenommen. Der Schutzzweck – Verhinderung von Infektionen infolge der Blutentnahme – ist bereits final vereitelt. Der Beweiswert der Blutprobe ist kein Schutzzweck der Regelung. Infolgedessen besteht kein Beweisverwertungsverbot.

cc) Abwägungslehre

Die Rspr. beantwortet die Frage, ob aus einem Beweiserhebungs- ein Beweisverwertungsverbot erwächst, unter Zuhilfenahme der von ihr entwickelten **Abwägungslehre:**[250] Die Entscheidung für oder gegen ein Verwertungsverbot ist hiernach aufgrund einer umfassenden Abwägung zu treffen, bei der das Gewicht des Verfahrensverstoßes sowie seine Bedeutung für die rechtlich geschützte Sphäre des Betroffenen ebenso ins Gewicht fällt wie die Erwägung, dass die Wahrheit nicht um jeden Preis erforscht werden muss. Ein Verwertungsverbot liegt dann nahe, wenn die verletzte Verfahrensvorschrift dazu bestimmt ist, die Grundlagen der verfahrensrechtlichen Stellung des Beschuldigten im Strafverfahren zu sichern. Dagegen liegt es fern, wenn die Verfahrensvorschrift nicht oder nicht in erster Linie dem Schutz des Beschuldigten dient. In die Ab- 195

245 BGHSt 11, 213; 53, 91, RÜ 2009, 309, 310.
246 Meyer-Goßner/Schmitt § 136 Rn. 20.
247 BGHSt 1, 39; 11, 213; Meyer-Goßner/Schmitt § 55 Rn. 17.
248 Meyer-Goßner/Schmitt § 52 Rn. 32, 34 m.w.N.
249 Gründwald JZ 1966, 489 ff.
250 St.Rspr.; BGH NJW 1999, 959 m.w.N.; OLG Karlsruhe NStZ 2005, 399.

wägung einzustellen sind auch das verfassungsrechtliche Persönlichkeitsrecht. Die Interessen einer funktionstüchtigen Rechtspflege sind gegen das Gewicht des Verfahrensverstoßes und dessen Bedeutung für die Individualinteressen des Beschuldigten umfassend abzuwägen.[251]

Nur bei besonders schwerwiegenden Fehlern besteht ein absolutes Beweisverwertungsverbot, bei dem es keiner Abwägung bedarf, z.B. bei Verstößen gegen § 136 Abs. 1 S. 2 StPO (vgl. Rn. 203).[252]

196 Ein von der Rspr. gelegentlich verwendetes Argumentationsmittel ist der bereits angesprochene **hypothetische Ersatzeingriff**.[253]

Fall 32: Hypothetischer Ersatzeingriff

Der jüngst aus der Strafhaft entlassene A, der wegen BtM-Handels eine Freiheitsstrafe verbüßt hatte, verschaffte sich 100 g Methamphetamin, um dieses portionsweise zu verkaufen. Er legte die Drogen in eine Geldkassette zusammen mit einem Zettel, auf dem Geldbeträge notiert waren. Die verschlossene Geldkassette steckte er in einen Rucksack, in dem sich auch sein Entlassungsschein der JVA befand. Dann fuhr er mit einem Pkw der J in Richtung der Straße „Am B …", einem bekannten Drogenumschlagplatz. In der Straße kam ihm eine Polizeistreife entgegen. Die Beamten beschlossen, eine Fahrzeugkontrolle durchzuführen, weil ihnen der Pkw an diesem Ort zur Nachtzeit verdächtig vorkam. Da A mit dem Pkw nicht an der Streife vorbeikam, stieg er aus und rannte fort, wobei er im Lauf den Wagen per Funkfernbedienung verriegelte. Das Fahrzeug wurde zunächst überwacht, dann aber zur Verwahrstelle gebracht. Die Halterin des Pkw J wurde telefonisch befragt und erklärte, dass sie die Wegnahme des Fahrzeugschlüssels und die Benutzung des Fahrzeugs noch nicht bemerkt hatte. Daraufhin wurde auf Anordnung von PHM S die Seitenscheibe eingeschlagen und der Rucksack entnommen. Im Rucksack wurde der Entlassungsschein mit den Personaldaten des A aufgefunden. Nach Rücksprache mit dem Bereitschaftsstaatsanwalt wurde auch die Geldkassette aufgebrochen und der Inhalt sichergestellt. Können die aufgefundenen Beweismittel verwertet werden?

Der BGH hat die Durchsuchung des Wagens für zulässig gemäß § 163 b Abs. 1 S. 3 StPO erachtet. Hiernach ist die Durchsuchung der Person des Beschuldigten und der mitgeführten Sachen gestattet, wenn ein Verdacht für eine Straftat vorliegt und die Identität des Verdächtigen festgestellt werden muss. Die Vorschrift gestattet allerdings nicht die Öffnung der Geldkassette. Hierfür wäre gemäß §§ 102, 105 StPO ein Durchsuchungsbeschluss erforderlich gewesen. Dieser ist nicht eingeholt worden, obwohl keine Gefahr im Verzug bestand. Damit ist ein Beweiserhebungsverbot gegeben. Die Abwägung des BGH hat ergeben, dass der Verfahrensfehler die Rechte des A bei der Beweisgewinnung nicht erheblich beeinträchtigt hat und das Interesse an der Verwertung der in der Geldkassette gefundenen Sachbeweise überwiegt. Dabei fällt ins Gewicht, dass es um den

---

251 BGHSt 38, 214, 219 f. 42, 139, 157; LR/Gössel Einl. Abschn. L Rn. 18 f. m.w.N.

252 Vgl. BGH, Beschl. v. 06.02.2018 – 2 StR 163/17, BeckRS 2018, 7658.

253 BGH NJW 2003, 2034; NStZ 2016, 551, RÜ 2016, 441.

schwerwiegenden Vorwurf des unerlaubten Handeltreibens mit Betäubungsmitteln in nicht geringer Menge geht und der Angeklagte einschlägig vorbestraft ist. Es ist auch anzunehmen, dass ein Ermittlungsrichter höchstwahrscheinlich einen Durchsuchungsbeschluss erlassen hätte. Die Möglichkeit der **hypothetisch rechtmäßigen Beweiserlangung** ist im Rahmen der Abwägung zu berücksichtigen. Da kein Anhaltspunkt dafür erkennbar ist, dass der Richtervorbehalt bewusst missachtet worden ist, ist ein Beweisverwertungsverbot abzulehnen.[254]

Den Rückgriff auf den hypothetischen Ersatzeingriff lässt die Rspr. allerdings nicht zu, wenn es um **schwerwiegende, bewusste** oder **willkürliche Verfahrensverstöße** geht, bei denen die grundrechtlichen Sicherungen **planmäßig** oder **systematisch** außer Acht gelassen worden sind. 197

Fall 33: Verstoß gegen den Richtervorbehalt des § 105 Abs. 1 StPO

Gegen L wird wegen gefährlicher Körperverletzung, Vergehens gegen das Betäubungsmittelgesetz und weiterer Straftaten ermittelt. Er wird am 4. Oktober in Untersuchungshaft genommen. Im Rahmen der Ermittlungen stoßen die Ermittlungsbeamten am 14. Oktober zufällig auf einen auf den L zugelassenen und in dessen Wohnortnähe abgestellten Pkw, zu dem die passenden Fahrzeugschlüssel zuvor bei L sichergestellt worden waren. Die Ermittlungsbeamten vermuten, dass sich in dem Fahrzeug Tatwaffen befinden. Sie informierten Oberstaatsanwalt O. O ist nicht bewusst, dass die den Ermittlungen zugrunde liegende Straftat bereits zehn Tage zurücklag. Er ordnet wegen Gefahr im Verzug die sofortige Durchsuchung des Pkw an, ohne zuvor zu versuchen, eine richterliche Anordnung zu erlangen; seine Anordnung wird weder dokumentiert noch die die Dringlichkeit rechtfertigenden Tatsachen (schriftlich) begründet. Die Ermittlungsbeamten durchsuchen den Pkw und finden dabei verstecktes Kokain. Waffen finden sie nicht. Ist das Kokain als Beweismittel verwertbar?

Der BGH hat hier ein Beweisverwertungsverbot angenommen, weil ein schwerwiegender Verfahrensverstoß vorliegt. Dass der Oberstaatsanwalt nichts davon wusste, dass die Straftat bereits zehn Tage zurücklag, ist ein Fehler, der den Ermittlungsbehörden zuzurechnen ist. Zudem ist nicht einmal der Versuch unternommen worden, an einem Werktag zu dienstüblichen Zeiten eine richterliche Entscheidung zu erlangen, zumal sich der Beschuldigte in Untersuchungshaft befunden hatte. Eine Rechtfertigung durch einen hypothetischen Ersatzeingriff kommt nach Auffassung des BGH hier nicht in Betracht, weil dadurch der Richtervorbehalt stets unterlaufen werden und letztlich sinnlos werden könne. Bei Duldung grober Missachtungen entstünde sogar **ein Ansporn, die Ermittlungen ohne Einschaltung des Ermittlungsrichters einfach und möglicherweise erfolgversprechender zu gestalten.**[255] (Dieser Argumentation kann entgegen-

254 BGH NStZ 2016, 551, RÜ 2016, 441.
255 BGH StV 2016, 539, RÜ 2016, 516.

gehalten werden, dass trotz der Schwere des Verstoßes kein planmäßiges oder systematisches außer Acht lassen durch den Oberstaatsanwalt gegeben sein dürfte. Zudem ist das verwendete Argument so offen, dass damit der hypothetische Ersatzeingriff praktisch immer abzulehnen wäre.)

---

198 Es ist in der höchstrichterlichen Rspr. die Tendenz auszumachen, bei **Verstößen gegen den Richtervorbehalt** strenge Maßstäbe anzulegen. Fehler dieser Art gewichtet der BGH häufig als so schwerwiegend, dass sie der Willkür gleichkommen, sodass sich die Frage nach einem hypothetischen Ersatzeingriff nicht mehr stellt. Insbesondere wenn der Richter erreicht wird, sich aber aus welchem Grund auch immer nicht in der Lage sieht, über den Antrag zu entscheiden, ist die Staatsanwaltschaft gehindert, eine Eilanordnung zu treffen, da eine solche bereits in der Nichtanordnung durch den Richter gegeben ist. Übergeht die Staatsanwaltschaft dies, weil sie irrig glaubt, wegen des Unterlassens der Entscheidung dazu berechtigt zu sein (was früher gängige Praxis gewesen ist), ist dies eine so grobe Verkennung des Richtervorbehalts, dass sich ein Rückgriff auf den hypothetischen Ersatzeingriff verbietet.[256]

dd) Widerspruchslösung

199 Kommt eine Abwägung zu einem Überhang der Interessen des Beschuldigten, bedeutet dies noch nicht, dass das Beweismittel nicht verwertet werden kann. Die Rspr. geht davon aus, dass der Angeklagte das Recht verlieren kann, sich auf ein Verwertungsverbot zu berufen, wenn der verteidigte Angeklagte in der tatrichterlichen Verhandlung der Verwertung und der vorangehenden Beweiserhebung nicht widersprochen hat oder der unverteidigte Angeklagte von seinem Widerspruchsrecht nach Belehrung hierüber durch den Vorsitzenden keinen Gebrauch macht, sog. **Widerspruchslösung**.[257] Für diesen Widerspruch gibt es zudem ein Zeitfenster: Er muss in der Hauptverhandlung erklärt werden; ein im Ermittlungsverfahren erklärter Widerspruch ist unwirksam. Der Widerspruch muss zudem bis zum „Zeitpunkt gemäß § 257 StPO“ erklärt werden. Gemäß § 257 StPO soll der Angeklagte nach jeder Vernehmung eines Mitangeklagten und nach jeder Beweiserhebung befragt werden, ob er dazu etwas zu erklären habe. Auf Verlangen ist auch dem Staatsanwalt und dem Verteidiger Gelegenheit zur Stellungnahme zu geben, wobei der Schlussvortrag nicht vorweggenommen werden darf. Dieser Zeitpunkt kommt im Instanzenzug nur ein einziges Mal. Wird er also in einer amtsgerichtlichen Verhandlung verpasst, kann er in einer ggf. durchzuführenden Berufungshauptverhandlung nicht nachgeholt werden. Auch ein Antrag auf Wiedereinsetzung in den vorigen Stand gemäß §§ 44 ff. StPO scheidet aus. Der Widerspruch muss eindeutig erklärt werden, insbesondere wenn es ggf. um mehrere Vernehmungsbeamte oder Verfahrensmängel gehen könnte. Der rechtzeitige Widerspruch ist nach Auffassung des BGH Entstehungsvoraussetzung des Verwertungsverbots.

---

256 BGH RÜ 2017, 311.

257 BGHSt 38, 214; 42, 15, 22; Meyer-Goßner/Schmitt § 136 Rn. 25.

Zunächst war die Widerspruchslösung auf Fälle der Verletzung von Benachrichtigungspflichten gemäß §§ 224, 168 c Abs. 5 StPO angewendet worden, später aber stark ausgedehnt.

Beispiele:

Belehrungsfehler i.S.d. § 136 Abs. 1 S. 2 StPO, Verwertung einer Aussage, die der spätere Angeklagte als Zeuge unter Verstoß gegen die Belehrungspflicht nach § 55 Abs. 1 StPO gemacht hat, Erkenntnisse aus einer Telefonüberwachung, aus einer Hörfalle, Aussage eines verdeckten Ermittlers, der ohne Anfangsverdacht eingesetzt wurde, Einsatz eines verdeckten Ermittlers ohne richterliche Entscheidung gemäß § 110 b Abs. 2 S. 1 StPO,[258] rechtswidrige Überwachung der Telekommunikation gemäß § 100 a StPO und Entnahme einer Blutprobe gemäß § 81 a StPO ohne den dafür erforderlichen Beschluss und ohne Gefahr im Verzug.[259]

Wegen der Ähnlichkeit der Rechtsfehler bei einer unterlassenen Beschuldigtenbelehrung, einer rechtswidrig angeordneten Blutprobe und einer **rechtswidrig angeordneten Durchsuchung** ist man lange davon ausgegangen, dass das Widerspruchserfordernis auch für letzteren Verfahrensfehler gelten müsste. Ausdrücklich verhalten hatte sich der BGH bislang zu dieser Rechtsfrage nicht. Dies hat sich mit dem Urteil vom 06.10. 2016[260] geändert. Hierin hat der Senat die Auffassung vertreten, dass gegen einen Widerspruch spreche, dass anders als bezüglich Äußerungen, die durch verfahrensfehlerhafte Vernehmungen (§§ 136 Abs. 1 S. 2, 163 a Abs. 4 S. 2 StPO) oder durch Gesprächsüberwachungen (z.B. § 100 a StPO) im Ermittlungsverfahren erlangt wurden, eine Dispositionsmacht der Verteidigung über den auf diese Weise erfassten Sachbeweis nicht bestehe. Seine früheren Angaben könne der Beschuldigte aus seiner Erinnerung erläutern und erklären, er könne sie durch eine Sacheinlassung ersetzen oder dementieren. Daher könne ihm die Disposition über die Verwertbarkeit seiner früheren Angaben überlassen werden. Bei der staatlichen Erfassung von Sachbeweisen (Urkunden oder Augenscheinsobjekten) bestünden keine vergleichbaren Dispositionsmöglichkeiten. Da die Verteidigung dem staatlichen Strafverfahren Sachbeweismittel grundsätzlich nicht entziehen kann, wenn sie verwertbar sind, sei die Art und Weise deren Erlangung von Amts wegen aufzuklären, soweit Verfahrensfehler in Betracht kämen. **Auf einen Widerspruch käme es hiernach nicht an. Die anderen Strafsenate haben sich dieser Auffassung indes nicht angeschlossen.**[261] 200

In derselben Entscheidung äußert sich der Senat – ohne dass es darauf in der Entscheidung ankäme – auch zum **Zeitfenster**. Er ist der Auffassung, eine (zwingende) Begründung dafür, warum der Widerspruch unbedingt bis zu dem in § 257 Abs. 1 StPO genannten Zeitpunkt erklärt sein müsse, finde sich nicht. Diese Vorschrift sei vielmehr eine Schutzbestimmung zugunsten der Verfahrensbeteiligten, wonach ihnen zu den Beweiserhebungen in der Hauptverhandlung das rechtliche Gehör zu gewähren sei.[262] Die Änderung des Normgehalts in eine Befristung für eine Prozesserklärung zur Herbeiführung eines Beweisverwertungsverbots, das mangels Widerspruchs im gesamten weiteren Instanzenzug präkludiert sei, ergebe sich dadurch nicht. Daraus folgt, dass der Widerspruch so lange erklärt werden kann, **so lange das Gericht ihn berücksichtigen** 201

258 Beispiele bei LR/Gössel Einl. Abschn. L Rn. 28 ff.

259 OLG Frankfurt a. M., Beschl. v. 29.05.2015 – 1 Ss 137/15, BeckRS 2015, 12624.

260 RÜ 2017, 311.

261 BGH RÜ 2018, 648.

262 So auch Fezer StV 1997, 57; Ventzke StV 1997, 543.

kann, also konsequenterweise auch noch im **letzten Wort**. Auch dies hatte bislang keine Auswirkungen auf die Rechtsprechung der anderen Strafsenate. Es darf davon ausgegangen werden, dass diese an ihrer bisherigen Rechtsprechung festhalten.

202 Eine weitere Besonderheit besteht bei der Frage, wie mit dem Widerspruchsvorbehalt unterliegenden Beweisverwertungsverboten im Rahmen des Ermittlungsverfahrens umzugehen ist, z.B. bei der Entscheidung über einen Untersuchungshaftbefehl. Der BGH ist in zwei Entscheidungen davon ausgegangen, dass in diesem Verfahrensstadium Beweisverwertungsverbote unabhängig von einem Widerspruch des Beschuldigten von Amts wegen zu beachten sind, auch wenn der zugrundeliegende Verfahrensmangel eine für ihn disponible Vorschrift darstellt.[263] Der 3. Strafsenat hatte sich mit der gleichen Frage im Rahme eines Wiederaufnahmeverfahrens beschäftigt und auch dort einen Widerspruch nicht für erforderlich gehalten.[264] Dies führt zu der merkwürdigen Konsequenz, dass Beweisverwertungsverbote bei Untersuchungshaft und Wiederaufnahme von Amts wegen zu berücksichtigen sind, bei der Eröffnungsentscheidung gemäß § 203 StPO und beim Urteil selbst dagegen nicht.

Hieraus ist von Teilen der Literatur abgeleitet worden, dass nunmehr geklärt sei, dass es bei der Prüfung des hinreichenden Tatverdachts nicht mehr auf den Widerspruch ankomme. Beweisverwertungsverbote seien von Amts wegen zu beachten.[265] Demgegenüber hält der BGH auch in jüngeren Entscheidungen bezüglich der Berücksichtigung von unselbstständigen Beweisverwertungsverboten in der Hauptverhandlung an seiner bisherigen Rechtsprechung fest. Gleiches gilt für die Parallelfrage in OWi-Verfahren.[266]

ee) Typische Fehlerquellen: Belehrungsfehler

203 Fehler bei der Belehrung können sich in Bezug auf den Beschuldigten, auf angehörige Zeugen und auf auskunftsverweigerungsberechtigte Zeugen ergeben.

(1) Fehler bei der Beschuldigtenbelehrung

Die Abwägungslehre wird von der Rspr. insbesondere auf **Fehler bei der Beschuldigtenbelehrung** angewendet. Gemäß § 136 Abs. 1 S. 2 StPO ist der Beschuldigte im Rahmen der Vernehmung darauf hinzuweisen, dass es ihm nach dem Gesetz freistehe, sich zu der Beschuldigung zu äußern oder nicht zur Sache auszusagen und jederzeit einen von ihm zu wählenden Verteidiger zu befragen. Diese Vorschrift bindet gemäß § 163 a Abs. 3 S. 2 StPO auch die Ermittlungsbehörden. Macht der Beschuldigte ohne diese Belehrung Angaben oder werden ihm die Rechte aktiv verweigert, kann sich hieraus ein Beweisverwertungsverbot ergeben. Dabei sind im Wesentlichen drei Konstellationen zu unterscheiden:

263 BGH RÜ 2019, 582.

264 BGH RÜ 2017, 440; RÜ2 2017, 157.

265 Moldenhauer/Wenske JS 2019, 941, 945.

266 OLG Düsseldorf, Beschl. v. 21.10.2019 – 2 RBs 141/19, BeckRS 2019, 25099.

- Die **vollständig unterlassene** Belehrung.
- Die zunächst unterlassene Belehrung wird nachgeholt mit dem Hinweis, dass die bis dahin erfolgten Einlassungen nicht verwertet werden können (sog. **qualifizierte Belehrung**).
- Die zunächst unterlassene Belehrung wird **ohne qualifizierten Teil** nachgeholt.

Wird die Belehrung gemäß § 136 Abs. 1 S. 2 StPO (oder in der Hauptverhandlung gemäß § 243 Abs. 5 S. 1 StPO) **unterlassen**, begründet dies ein Verwertungsverbot, wenn nicht feststeht, dass der Beschuldigte sein Recht zu schweigen ohne Belehrung gekannt hat. Der BGH spricht hier von einem sog. absoluten Beweisverwertungsverbot.[267]

Das Verwertungsverbot gilt nicht in einem Verfahren gegen Dritte, da deren Rechtskreis nicht geschützt ist. Daher kann eine ohne Belehrung gewonnene Aussage gegen einen Dritten (z.B. Vortäter) verwertet werden.[268]

Wird die Belehrung unterlassen und hätte der Beschuldigte aber auch in Kenntnis seines Schweigerechts ausgesagt, besteht kein Beweisverwertungsverbot.[269] Dies kann durch die sog. **qualifizierte Belehrung** bewiesen werden. Wird der Beschuldigte später darauf hingewiesen, dass er ein Schweigerecht hat und dass, wenn er dieses ausübt, seine frühere Einlassung nicht verwertet werden kann, ist eine Verwertung trotz des Belehrungsfehlers zulässig, wenn er sich nach der qualifizierten Belehrung in Kenntnis seiner Rechte erneut einlässt oder seine frühere Aussage bestätigt. **204**

Aber auch ohne qualifizierte Belehrung kann eine Verwertung u.U. möglich sein.

Fall 34: Abwägung bei Belehrungsverstoß

T und C fassten den Entschluss, den Kiosk der Eheleute S zu überfallen, um sich mit dem Geld Drogen beschaffen zu können. Sie vereinbarten, dass ein Messer als Drohungsmittel eingesetzt werden sollte. C betrat den Kiosk, während T die Tat vor der Tür absicherte. C war von den ihn plagenden Entzugserscheinungen und der Situation insgesamt überfordert und begann, ungezielt auf S einzustechen. Dieser verlor infolge der Schnittverletzungen zwei Liter Blut. Als die Frau des S den Verkaufsraum betrat, flüchteten beide. T war von einer Passantin erkannt worden. Aufgrund eines Durchsuchungsbeschlusses wurde seine Wohnung durchsucht. Das Handy des T wurde beschlagnahmt und auf SMS-Verkehr überprüft. Da T vor der Tat mit C über die Tatbegehung kommuniziert hatte, haben die Kriminalbeamten X und Y den C aufgesucht und zeugenschaftlich vernommen. C leugnete die Tat. Die Beamten konfrontierten ihn mit den SMS. Daraufhin räumt C die Tat ein. Nun wurde er als Beschuldigter belehrt. Daraufhin belastete C nicht nur sich, sondern auch T und erklärte ferner, dass verabredet gewesen sei, das Opfer auf jeden Fall niederzustechen. Sind die Angaben des C verwertbar? (Widerspruch ist zu unterstellen.)

---

267 BGH, Beschl. v. 06.02.2018 – 2 StR 163/17, BeckRS 2018, 7658; NJW 1992, 1463; NJW 1996, 1547; 2242; NJW 2002, 975, 976; Paulus NStZ 1990, 294 m.w.N.

268 BayOLG NStZ 1994, 250.

269 Vgl. BGH NStZ 1983, 210; BGH NStZ 1984, 464; BGH NJW 2002, 975, 976; BGH NJW 2009, 1619; RÜ 2009, 309, 312.

Die Angaben des C bis zur Belehrung sind nach den allgemeinen Regeln unverwertbar.

Bereits aufgrund der Beweislage hätte C nicht als Zeuge, sondern als Beschuldigter belehrt und vernommen werden müssen. Auch ist keine qualifizierte Belehrung erfolgt. Aber nach Ansicht des BGH hat der Verstoß gegen die Pflicht zur qualifizierten Belehrung nicht dasselbe Gewicht wie der Verstoß gegen die Belehrung nach § 136 Abs. 1 S. 2 StPO. Daher ist in einem solchen Fall die Verwertbarkeit der weiteren Aussagen nach erfolgter Belehrung durch Abwägung im Einzelfall zu ermitteln.[270] Dabei war auf das Gewicht des Verfahrensverstoßes abzustellen und insbesondere darauf, ob die Belehrungspflicht bewusst umgangen worden ist. Auch das Interesse an der Sachaufklärung muss beachtet werden. **Maßgeblich ist darüber hinaus darauf abzustellen, ob sich aus den Umständen des Falles ergibt, dass der Vernommene davon ausgegangen ist, von seinen vor der Belehrung gemachten Angaben als Zeuge bei seiner weiteren Vernehmung als Beschuldigter nicht mehr abrücken zu können. Das ist insbesondere dann anzunehmen, wenn sich die Beschuldigtenvernehmung inhaltlich als bloße Wiederholung oder Fortsetzung der in der Zeugenvernehmung gemachten Angaben darstellt.** So liegt es hier jedoch gerade nicht, denn C belastete anschließend nicht nur sich, sondern auch T weiter. Daher kann ausgeschlossen werden, dass C sich seiner Entscheidungsfreiheit nicht bewusst war und daher der ursprüngliche Belehrungsverstoß fortwirkte.[271]

---

205 § 136 Abs. 1 StPO enthält noch weitere Belehrungspflichten. Der Beschuldigte ist gemäß S. 5 darüber zu belehren, dass er zu seiner Entlastung einzelne Beweiserhebungen beantragen und unter den Voraussetzungen des § 140 StPO die Bestellung eines Pflichtverteidigers nach Maßgabe des § 141 Abs. 1 StPO und des § 142 Abs. 1 StPO beantragen kann; zu Letzterem ist der dabei auf die Kostenfolge des § 465 StPO hinzuweisen. Anders als bei der fehlerhaften Belehrung über das Schweigerecht und das Recht auf Verteidigerkonsultation entfalten diese Belehrungsverstöße nicht die Wirkung eines absoluten Verwertungsverbotes. Vielmehr ist auf sie nach h.M. die Abwägungslehre anzuwenden.[272]

206 Die Behandlung von Verstößen gegen die Benachrichtigungspflicht des Konsulats bei freiheitsentziehenden Maßnahmen gegen Ausländer nach Art. 36 Abs. 1 b S. 3 WÜK war lange Zeit unklar. Der Hinweis auf die Möglichkeit zur Kontaktaufnahme mit der zuständigen Konsularischen Vertretung dient in erster Linie dazu, dem ausländischen Beschuldigten anwaltlichen Beistand zu sichern. Mittlerweile hat sich die Rspr. dazu durchgerungen, ein Verwertungsverbot nach den Umständen des Einzelfalls anzunehmen, wobei eine Interessenabwägung stattzufinden hat. Sind dem Beschuldigten Nachteile entstanden – was meist nicht der Fall sein wird –, sind seine Interessen mit dem Strafverfolgungsinteresse des Staates abzuwägen.[273] Zu einem Verwertungsverbot kann es daher nur ausnahmsweise kommen.

270 BGH StV 2007, 450, 452; RÜ 2009, 236.

271 BGH NJW 2009, 1427, RÜ 2009, 236.

272 BGH, Beschl. v. 09.01.2020 – 5 StR 628/19, BeckRs 2020, 1419; Meyer-Goßner/Schmitt § 136 Rn. 21a m.w.N.

273 Meyer-Goßner/Schmitt § 136 Rn. 21 d m.w.N.

Fehler bei der Beschuldigtenbelehrung/-vernehmung

<table>
<tr><th>Fehler</th><th>Norm</th><th>Verwertungsverbot</th><th>Korrekturmöglichkeit</th></tr>
<tr><td>Kein Hinweis auf Schweigerecht</td><td>§ 136 Abs. 1 S. 2/§ 243 Abs. 5 S. 1 StPO</td><td>Ja, es sei denn
▪ Spontanäußerung
▪ Kenntnis
▪ Zustimmung
▪ kein Widerspruch in HV</td><td rowspan="2">Keine nachträgliche Heilung
Aber erneute Vernehmung nach „qualifizierter Belehrung" hinsichtlich Unverwertbarkeit der ersten;
bei „normaler" Belehrung in 2. Vernehmung: Abwägung im Einzelfall (Versehen oder Absicht?)</td></tr>
<tr><td>Kein Hinweis auf Recht zur Verteidigerkonsultation (oder Verwehrung des Kontaktes)</td><td>§ 136 Abs. 1 S. 2 StPO</td><td>Ja, es sei denn
▪ Spontanäußerung
▪ Kenntnis
▪ Zustimmung
▪ kein Widerspruch in HV
Fernwirkung dagegen zweifelhaft</td></tr>
<tr><td>Kein Hinweis auf Beweisantragsrecht</td><td>§ 136 Abs. 1 S. 3 StPO</td><td>Nein</td><td>– – –</td></tr>
<tr><td>Kein Hinweis auf Recht zur Kontaktaufnahme mit konsularischer Vertretung bei ausländischen Beschuldigten</td><td>Art. 36 Abs. 1 lit. b S. 3 WÜK</td><td>BGH RÜ 2011, 512: BVV nach Abwägung.
Widerspruch mit Begründung erforderlich, es sei denn, Belehrung wurde auch in der Hauptverhandlung nicht erteilt</td><td>Ja, durch Nachholung, BGH NJW 2008, 307</td></tr>
<tr><td>Bei Täuschung, Folter etc.</td><td>§ 136 a StPO</td><td>Ja, kein Widerspruch erforderlich; allerdings nach umstr. Rspr. keine Fernwirkung für weitere durch verbotene Vernehmung bekanntgewordenen Beweise</td><td>Keine Heilung, auch nicht nachträgliche Genehmigung (§ 136 a Abs. 3 StPO);
Aber erneute Vernehmung (nach Lit.: nach „qualifizierter") Belehrung" hinsichtlich Unverwertbarkeit der ersten Vernehmung möglich (Meyer-Goßner/Schmitt § 136 a Rn. 30 m.w.N.)</td></tr>
</table>

(2) Fehler bei der Belehrung von angehörigen Zeugen

207 § 52 StPO ist für die Zwangslage von Zeugen geschaffen worden, die einerseits der Wahrheit verpflichtet sind, andererseits ggf. einem Angehörigen schaden müssen. Ihnen wird ein vollumfängliches Schweigerecht zugebilligt, über das sie nach Abs. 3 der Vorschrift zu belehren sind. Wird der angehörige Zeuge entgegen § 52 Abs. 3 S. 1 StPO nicht belehrt oder ist die Zustimmung nach Abs. 2 unterblieben, darf die Aussage nicht verwertet werden, sofern nicht feststeht, dass der Zeuge seine Rechte gekannt hat und auch nach Belehrung ausgesagt hätte.[274] Dieses Beweisverwertungsverbot kommt nicht nur dem Angeklagten, sondern auch den (nicht verwandtschaftlich mit dem Zeugen verbundenen) Mitangeklagten zugute. Wird der Zeuge qualifiziert belehrt, dass er ein Schweigerecht hat und seine bisherigen Aussagen nicht verwertbar sind und sagt er dennoch aus, ist der Fehler geheilt.[275] Handelt es sich darüber hinaus um eine Spontanäußerung außerhalb einer Vernehmungssituation, kann diese vollständig verwertet werden. Besteht das Angehörigenverhältnis erst in der Hauptverhandlung (z.B. durch Verlöbnis oder Heirat), ist nach der Ratio des § 252 StPO im Falle der Zeugnisverweigerung die frühere Aussage nicht verwertbar.[276]

Fehler bei der Belehrung von angehörigen Zeugen

Art der unterbliebenen Belehrung	Norm	Verwertungsverbot	Korrekturmöglichkeit
Hinweis auf Schweigerecht	§ 52 StPO	Ja, es sei denn ▪ Kenntnis pp. ▪ Spontanäußerung	Erneute Vernehmung nach qualifizierter Belehrung hinsichtlich Unverwertbarkeit früherer Angaben

274 BGHSt 40, 336, 339; Meyer-Goßner/Schmitt § 52 Rn. 32.
275 BGHSt 12, 235; 242; Meyer-Goßner/Schmitt § 52 Rn. 31.
276 Meyer-Goßner/Schmitt § 252 Rn. 2.

(3) Fehler bei der Belehrung von auskunftsverweigerungsberechtigten Zeugen

Wird der Zeuge nicht gemäß § 55 StPO darüber belehrt, dass er sich oder Angehörige nicht belasten muss, kommt dies dem Beschuldigten nicht zugute, da die Norm ihn nicht schützt. Ob die Aussage in einem späteren Prozess gegen den Zeugen verwendet werden kann oder ob es nur zu einer Strafmilderung kommt, ist umstritten.[277] 208

Fehler bei der Belehrung von auskunftsverweigerungsberechtigten Zeugen

Art der unterbliebenen Belehrung	Norm	Verwertungsverbot	Korrekturmöglichkeit
Hinweis auf Schweigerecht bezüglich belastender Fragen	§ 55 StPO	Nicht bezüglich Beschuldigtem, nur bezüglich Zeugen in Folgeverfahren (str.)	---

d) Fernwirkung von Beweisverwertungsverboten

Es wird diskutiert, ob Beweisverwertungsverbote eine **Fernwirkung** dergestalt haben können, dass sie nicht nur das unmittelbar erlangte Beweismittel betreffen, sondern auch andere Beweismittel, deren Vorhandensein erst bei der unverwertbaren Beweiserhebung bekannt geworden sind. Grundsätzlich besteht keine Fernwirkung nach dem Vorbild der amerikanischen **„fruit of the poisonous tree-doctrine"**. Diese hat den Zweck, disziplinierend auf das Vorgehen der Strafverfolgungsbehörden einzuwirken.[278] Ein solcher Gedanke ist dem deutschen Recht fremd, vielmehr geht es um die Rechtsstaatlichkeit des Verfahrens. Die Rspr. hat daher nur vereinzelt eine Fernwirkung angenommen. Zum einen soll sie bei verbotenen Vernehmungsmethoden (z.B. Täuschung) i.S.d. § 136 a StPO eintreten, wenn ein früherer Verstoß auf die Aussagefreiheit des Beschuldigten fortwirkt,[279] zum anderen bei rechtswidrig angeordneter Telefonüberwachung.[280] Insbesondere dürfen die hierdurch erlangten Erkenntnisse nicht als Vorhalt bei einer Beschuldigtenvernehmung benutzt werden, um eine belastende Äußerung zu provozieren. Diese darf nicht verwertet werden. 209

277 Für Unverwertbarkeit OLG Celle NStZ 2002, 386; Meyer-Goßner/Schmitt § 55 Rn. 17; für Strafmilderung BGH NStZ 2005, 33; OLG Jena NStZ-RR 2011, 279; KK-StPO/Senge § 55 Rn. 19.

278 Ausführlich Harris StV 1991, 313; Weigend StV 2003, 426, 440.

279 BGHSt 17, 364.

280 BGH NStZ 2006, 402, 404.

Fall 35: Fernwirkung bei rechtswidriger Durchsuchung

Mehrere Polizeibeamte versuchten, einen Durchsuchungsbeschluss in einem Mehrfamilienhaus gegen einen Dritten zu vollstrecken. Ihnen fiel ein leichter Marihuanageruch auf, der aus der Wohnung des A kam. Es kam der Verdacht auf, dass in der Wohnung Drogen angebaut werden. Während der Einsatzgruppenleiter versuchte, den Bereitschaftsstaatsanwalt zu erreichen, wurden andere Hausbewohner auf die Beamten im Haus aufmerksam. Daher beschlossen die Polizisten, zunächst an der Wohnung zu klopfen. Hinter der Tür waren Geräusche zu hören und die Tür wurde von innen abgeschlossen. Da die Befürchtung bestand, es würden Beweismittel vernichtet, traten die Beamten mehrfach gegen die Tür. Diese wurde geöffnet. Bei der folgenden Durchsuchung fanden die Beamten 1,2 kg Marihuana. Nach der Beschuldigtenbelehrung gab A an, dass er an ADHS erkrankt sei, ohne „Gras" nicht klar komme und deshalb „ohne Ende kiffe". Er würde täglich 5 g konsumieren und auch „Kollegen" mitrauchen lassen. In der Hauptverhandlung widerspricht Verteidiger V der Verwertung der Pflanzen als Augenscheinsobjekte sowie der Vernehmung der Verhörspersonen über die Vernehmung des schweigenden A. Zu Recht?
(Fall nach BGH RÜ 2019, 31; OLG Düsseldorf RÜ 2016, 647)

Da keine Umstände dafür vorlagen, dass auch A auf die Polizisten aufmerksam geworden war, hat keine Gefahr im Verzug vorgelegen, die eine Eilanordnung durch die Polizei gemäß § 105 StPO gerechtfertigt hätte. Das OLG Düsseldorf nahm zudem einen schwerwiegenden Verstoß gegen den Richtervorbehalt an, der einer willkürlichen und zielgerichteten Umgehung gleich komme. Eine heilende Wirkung eines hypothetisch rechtmäßigen Alternativverhaltens komme deshalb ebenfalls nicht in Betracht, womit die Drogen einem Verwertungsverbot unterliegen. Der sich offensichtlich als überführt betrachtende A hätte keinen Anlass gehabt, von seinem Schweigerecht Gebrauch zu machen, zumal er nicht wusste, dass die vorgefundenen Beweismittel unverwertbar waren. Leugnen sei aus seiner Sicht sinnlos gewesen, sodass auch die Äußerungen einem Verwertungsverbot unterliegen würden. Der BGH hat in einem vergleichbaren Fall allerdings klargestellt, dass im Hinblick auf die Äußerung des Beschuldigten im Falle einer qualifizierten Belehrung verwertbar gewesen wäre und deren Fehlen nicht ohne Weiteres zur Unverwerbarkeit führt. Wird der Beschuldigte normal über seine Rechte gemäß § 136 Abs. 1 S. 2 belehrt, führt dies dazu, dass die Abwägungslehre heranzuziehen ist, sodass es durchaus möglich sein kann, die Einlassungen des Beschuldigten aus späteren Vernehmungen zu verwerten.

Wird ein Zeuge entgegen § 52 Abs. 3 S. 1 StPO nicht über sein Zeugnisverweigerungsrecht belehrt, besteht keine Fernwirkung für die aufgrund der Aussage ermittelten Tatsachen und Beweise.[281]

281 BGH NStZ-RR 16, 216; Meyer-Goßner/Schmitt § 52 Rn. 32.

e) Früh- bzw. Vorauswirkung

Wesensverwandt ist die Frage, ob ein Beweisverwertungsverbot eine **Früh- bzw. Vorauswirkung** haben kann. Damit ist gemeint, ob eine rechtswidrige Beweiserhebung dazu führen kann, dass das Ergebnis nicht nur nicht als Strengbeweismittel zum Tatnachweis verwendet werden kann, sondern auch nicht als sog. **Spurenansatz zur Begründung eines Anfangsverdachts** für ein neues Verfahren oder als Mittel zur Erwirkung von ermittlungsrichterlichen Beschlüssen. Es ist anerkannt, dass Verfahrensfehlern, die ein Verwertungsverbot für ein Beweismittel zur Folge haben, nicht ohne Weiteres Fernwirkung für das gesamte Strafverfahren zukommt.[282] Beim Abhören dürfen gemäß § 100 d Abs. 1 StPO Äußerungen, die dem Kernbereich privater Lebensgestaltung zuzurechnen sind, schon nicht erfasst werden. Das Abhören ist nach Abs. 4 S. 2 unverzüglich zu unterbrechen und die Aufzeichnungen nach Abs. 2 S. 3 zu löschen. Die Rspr. geht daher davon aus, dass sonstige bei einer Telefonüberwachung nach § 100 a StPO gewonnenen Hinweise auf das Vorliegen einer anderen, nicht unter den Katalog des § 100 a Abs. 2 StPO fallenden Tat zwar nicht zu Beweiszwecken verwendet werden, aber als Spurenansatz zur Grundlage von Ermittlungen gemacht werden können, was dazu führt, dass sie als Begründung für einen Anfangsverdacht verwendet werden dürfen.[283] Dies wird von der Lit. mit unterschiedlichen Ansätzen und Begründungen bestritten.[284] 210

282 BVerfG NStZ 2011, 103 (Liechtensteiner Steuer-CD) Rn. 42.
283 BVerfG NJW 2005, 2766; BGHSt 27, 355; Meyer-Goßner/Schmitt § 479 Rn. 4.
284 LR/Mavany § 152 Rn. 34 m.w.N. und Meyer-Goßner/Schmitt Einl. Rn. 57 e zum Streitstand.

Beweisverbote

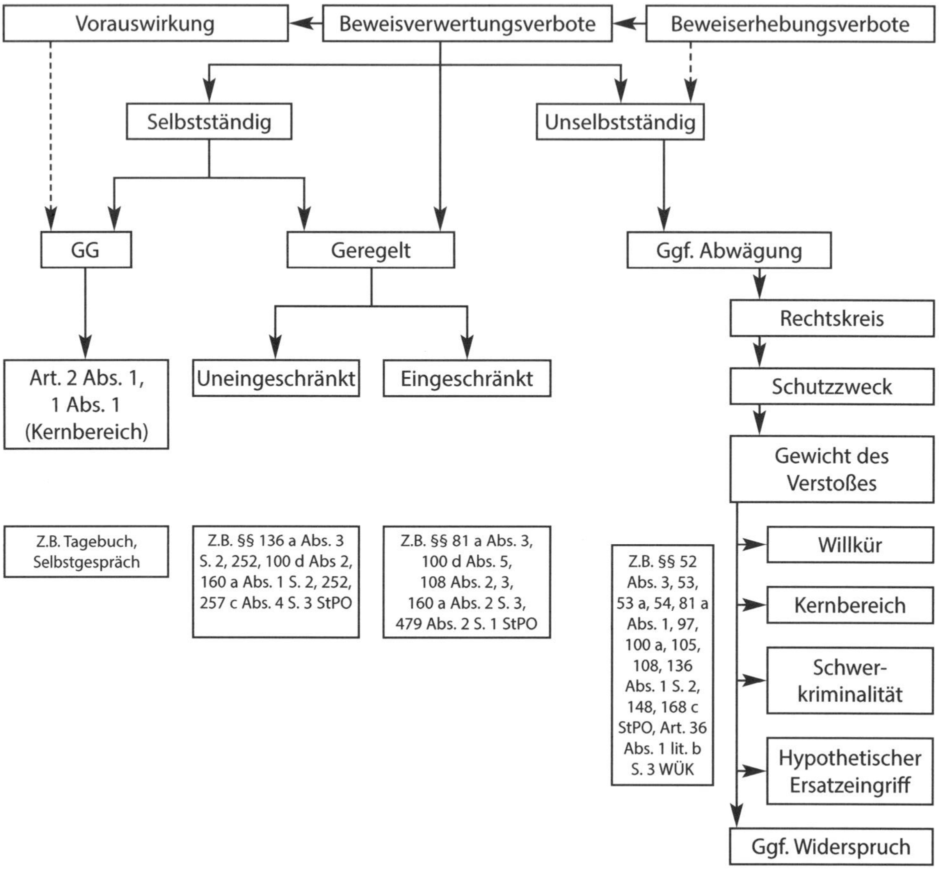

V. Absprachen im Strafprozess

211 **1. § 257 c StPO** ist die zentrale Vorschrift für die Absprache. Voraussetzung ist eine Verständigung zwischen Gericht, Staatsanwaltschaft und dem Angeklagten, Abs. 3 S. 4, nicht dagegen mit einem Nebenkläger. Gegenstand der Absprache dürfen nach Abs. 2 S. 1 **nur die Rechtsfolgen** sein, die Inhalt des Urteils und der dazugehörenden Beschlüsse sein können, sowie **verfahrensbezogene Maßnahmen und das Prozessverhalten der Beteiligten**, also z.B. Teileinstellungen, Beweisanträge u. ä. Der Schuldspruch selbst sowie Maßregeln der Besserung und Sicherung (§ 61 StGB) sind der Verständigung dagegen nach Abs. 2 S. 3 entzogen. Das Gericht gibt bekannt, welchen Inhalt die Verständigung haben könne, wobei auch eine Strafober- und -untergrenze angegeben werden kann, Abs. 3 S. 1, 2. Eine bestimmte Strafe (sog. Punktstrafe) kann nicht in Aussicht gestellt werden.

2. Gemäß §§ 243 Abs. 4 S. 1, 273 Abs. 1 a StPO muss in der Hauptverhandlung mitgeteilt und in das **Hauptverhandlungsprotokoll** aufgenommen werden, ob Verständigungsgespräche geführt wurden (auch wenn dies nicht der Fall gewesen ist) und wenn ja, welchen Inhalt diese hatten.[285] Dies gilt auch dann, wenn keine Einigung erzielt worden ist (sog. Positiv- und Negativattest).[286] **212**

3. Bestandteil jeder Verständigung soll nach Abs. 2 S. 2 ein Geständnis sein. Wird ein solches abgelegt, gilt nach Abs. 1 S. 2 nach wie vor der Amtsaufklärungsgrundsatz nach § 244 Abs. 2 StPO. Das Geständnis muss also auf seine Glaubhaftigkeit hin überprüft werden. Die Bindung des Gerichts an eine Verständigung entfällt nach Abs. 4, wenn rechtlich oder tatsächlich bedeutsame Umstände übersehen wurden oder sich neu ergeben und der vereinbarte Strafrahmen nicht tat- und schuldangemessen ist. Gleiches gilt bei absprachewidrigem Verhalten. Allerdings besteht in diesem Fall ein Beweisverwertungsverbot hinsichtlich des Geständnisses. Hierüber ist er nach Abs. 5 zu belehren. **213**

4. Gemäß **§ 302 Abs. 1 S. 2 StPO** ist nach einer Verständigung i.S.v. § 257 c StPO ein **Rechtsmittelverzicht generell unwirksam**, um eine Überprüfung der Verständigung durch das Rechtsmittelgericht nicht von vornherein auszuschließen. Daher kann das Urteil an sich nur durch ungenutzten Ablauf der Rechtsmittelfrist (§§ 314, 341 StPO) rechtskräftig werden. Der BGH lässt es aber zu, dass am Tag der Urteilsverkündung trotz Verständigung dadurch Rechtskraft erreicht wird, dass noch im Termin ein Rechtsmittel eingelegt wird, das später am Tag per Fax zurückgenommen werden kann.[287] **214**

5. Das BVerfG hat die gesetzlichen Regelungen zur Verständigung als verfassungsgemäß erachtet und klar gestellt, dass „informelle Absprachen“ oder „Gentlemen´s Agreements“ jenseits der gesetzlichen Regelungen untersagt sind.[288] **215**

VI. Urteil

Die Hauptverhandlung schließt mit der auf die Beratung folgenden **Verkündung des Urteils, § 260 Abs. 1 StPO**. Die geheime Beratung und Abstimmung (vgl. §§ 194 ff. GVG) ist kein Bestandteil der Hauptverhandlung. Die Urteilsverkündung, die durch Verlesung des vorher schriftlich fixierten Urteilstenors durch den Vorsitzenden geschieht (§ 268 StPO), ist Bestandteil der Hauptverhandlung. Die anschließende Eröffnung der Urteilsgründe erfolgt in der Regel mündlich. Die Urteilsverkündung ist erst abgeschlossen, sobald die **Urteilsverlesung und die Eröffnung der Urteilsgründe** erfolgt sind. **216**

Erst ab diesem Zeitpunkt ist das Gericht an seine Entscheidung gebunden. Vorher – wenn z.B. erst die Urteilsformel verlesen ist – könnte es durchaus noch einmal in die Verhandlung eintreten und seine Entscheidung abändern.[289] Eine Abänderung ist erst mit Beendigung der Instanz ausgeschlossen, also wenn die Urteilsverkündung beendet ist.[290] Die Urteilsformel (Tenor) ist die Grundlage für die Rechtskraft und Strafvollstre-

---

285 BGH RÜ2 2015, 183.

286 BGH NStZ 2015, 537.

287 BGH NJW 2010, 2294.

288 RÜ 2013, 319.

289 BGHSt 25, 333, 335/336.

290 Meyer-Goßner/Schmitt § 268 Rn. 8

ckung. Sie ist in das Sitzungsprotokoll aufzunehmen, § 273 Abs. 1 StPO. Das (schriftliche) Urteil mit Gründen selbst wird erst nach der Verkündung abgesetzt und muss gemäß § 275 Abs. 1 S. 2 spätestens nach fünf Wochen zu den Akten gebracht werden.

1. Reichweite und Grenzen der richterlichen Kognitionspflicht

217 Gegenstand der Urteilsfindung ist nach § 264 Abs. 1 StPO die prozessuale Tat.

Tat im Sinne dieser Vorschrift ist der historische Vorgang, der mit der Anklage dem Gericht zur Aburteilung unterbreitet ist.[291] Das Gericht kann nur die angeklagte Tat i.S.d. § 264 StPO aburteilen, wobei es an die rechtliche Würdigung in der Anklageschrift nicht gebunden ist.

Der **prozessuale Tatbegriff** ist nicht identisch mit dem materiell-rechtlichen Tatbegriff, der §§ 52, 53 StGB zugrunde liegt. Die Rspr. geht prinzipiell davon aus, dass bei Tateinheit mehrerer Delikte auch eine einheitliche Tat im prozessualen Sinne vorliegt, Tatmehrheit bedeutet allerdings nicht zwangsläufig, dass auch mehrere prozessuale Taten vorliegen.[292] Zur Tat gehört das gesamte Verhalten des Täters, soweit es nach natürlicher Lebensauffassung einen einheitlichen Lebensvorgang darstellt. Die innere Verknüpfung bei mehreren Vorgängen muss so sein, dass ihre getrennte Aburteilung in verschiedenen Verfahren einen einheitlichen Lebensvorgang unnatürlich aufspalten würde.[293]

Das Gericht hat den angeklagten Sachverhalt zur Gänze zu würdigen, um seiner Kognitionspflicht zu genügen. **Abweichungen hinsichtlich Tatzeit, Tatort und der Art und Weise der Tatbegehung sind unschädlich, wenn auf den veränderten Gesichtspunkt nach § 265 StPO hingewiesen wird**. Ergibt die Hauptverhandlung dagegen, dass der Angeklagte eine Straftat begangen hat, die nicht mehr mit dem Gegenstand der Anklageschrift identisch ist, kann diese Tat nur durch eine **Nachtragsanklage gemäß § 266 StPO** zum Gegenstand der gegenwärtigen Hauptverhandlung gemacht werden, was ohne Zustimmung des Angeklagten nicht möglich ist.

218 Was zur angeklagten Tat gehört, ist nicht immer einfach zu bestimmen.

Fall 36: Prozessualer Tatbegriff bei Erfolgsdelikten

Der drogenabhängige A hat mit seiner Partnerin Zwillinge bekommen. Einen der Säuglinge ließ er zwei Mal in mehrwöchigem Abstand fallen. Nach dem zweiten Mal verstarb der Säugling, ohne dass A Hilfe geholt hätte. Die Obduktion ergab eine Vielzahl von Knochenbrüchen, einige davon nicht frisch, und ein Schädel-Hirn-Trauma sowie mehrere Schädelbrüche. Dass der zweite Sturz kausal für den Tod war, konnte nicht festgestellt werden. Die Staatsanwaltschaft klagte A wegen fahrlässiger Körperverletzung und versuchten Totschlags durch Unterlassen an, weil er keine Hilfe holte. Das Schwurgericht verurteilte A wegen fahrlässiger Körperverletzung in zwei Fällen. Zu Recht? (Fall nach BGH RÜ 2017, 790)

---

291 BGHSt 22, 275 u. 385; Meyer-Goßner/Schmitt § 264 Rn. 2; Steinberg/Stam Jura 2010, 907.

292 Meyer-Goßner/Schmitt § 264 Rn. 6 ff.

293 Meyer-Goßner/Schmitt § 264 Rn. 2, 3 m.w.N.

Zu Unrecht. Der Verfolgungswille der Staatsanwaltschaft war nach Auffassung des BGH ersichtlich darauf gerichtet, sämtliche Tathandlungen, die zu den in der Anklageschrift bezeichneten Verletzungen führten, der Kognition des Gerichts zu unterbreiten. **Erfolgsdelikte sind regelmäßig bereits durch die Art des Erfolgs und das Tatopfer hinreichend konkretisiert, sodass die Tatidentität auch bei Abweichungen vom zugelassenen Anklagesatz hinsichtlich der Tatzeit, dem Tatort und der Art und Weise der Tatbegehung gewahrt bleiben kann. Das Landgericht hätte prüfen müssen, ob andere Handlungen des Angeklagten oder ein Unterlassen ursächlich für die schweren Verletzungen waren.** Im Übrigen hatte das Schwurgericht § 225 StGB übersehen.

Das gilt aber nur für Taten zum Nachteil eines bestimmten Opfers. 219

Fall 37: Prozessuale Tat bei Tötungshandlungen zum Nachteil mehrerer

X und Y, zwei Türsteher, sind vor einer Disco erschossen worden. A wurde angeklagt, den X mit zwei Schüssen getötet zu haben. Die Beweisaufnahme ergab, dass die in der Leiche von X gefundenen Projektile nicht mit Sicherheit aus der Waffe des A stammten. Allerdings war im Körper von Y ein Projektil gefunden worden, welches aus der Waffe des A stammte. Der auf Y abgegebene Schuss war jedoch nicht Gegenstand der Anklage. Die jeweils zweiten tödlichen Schüsse waren offenbar von einem nicht ermittelten Täter abgegeben worden. Das Schwurgericht verurteilte A (unter anderem) wegen versuchten Totschlags in zwei Fällen.
(Fall nach BGH StraFO 2008, 383).

Dass die auf die beiden Opfer abgegebenen Schüsse zeitlich aufeinander folgten und unter denselben äußeren und inneren Umständen ausgelöst wurden, genügt nicht, um von einer einheitlichen prozessualen Tat auszugehen. Jede Tötungshandlung gegenüber einem bestimmten Menschen hebt sich, soweit nicht die Voraussetzungen des § 52 StGB vorliegen, so sehr von jeder Tötungshandlung gegenüber einem anderen Menschen ab, dass ein noch so enger äußerer, zeitlicher und psychologischer Zusammenhang verschiedene Tötungshandlungen nicht zu einer Tat machen kann. Etwas anderes kann nur dann gelten, wenn eine Aufspaltung in Einzeltaten wegen eines außergewöhnlich engen zeitlichen und situativen Zusammenhangs, etwa bei Messerstichen innerhalb weniger Sekunden, bei einem gegen eine aus der Sicht des Täters nicht individualisierte Personenmehrheit gerichteten Angriff oder bei zeitgleich und wechselweise erfolgenden Angriffen auf mehrere Opfer, willkürlich und gekünstelt erschiene. Sinn dieser einschränkenden Rspr. ist, einem denkbaren Strafklageverbrauch bezüglich weiterer, noch unbekannter Taten entgegenzuwirken.

---

220 Ob **Beihilfe- und Anschlussdelikte** eine einheitliche Tat mit der Vortat bilden, ist immer wieder Gegenstand von Entscheidungen gewesen. Probleme bereiten vor allem Fälle, in denen der Täter wegen Diebstahls angeklagt ist (z.B. Entwendung eines Navigationsgerätes aus einem Pkw), dem Täter aber in der Hauptverhandlung nur der spätere Ankauf, mithin Hehlerei nachgewiesen werden kann. Die h.M. ist bislang davon ausgegangen, dass ein richterlicher Hinweis gemäß § 265 StPO nicht ausreichend ist, sondern vielmehr wegen des Vorwurfes des Diebstahls ein Freispruch erfolgen und neue Anklage bzw. Nachtragsanklage erhoben werden muss.[294] Der BGH stellt sich nunmehr auf den Standpunkt, dass ein für § 264 StPO ausreichender enger sachlicher Zusammenhang nicht nur zwischen verschiedenen Formen der Beteiligung an einer materiellrechtlichen Tat, sondern auch zwischen Hehlerei oder Begünstigung und dem Vordelikt besteht, jedenfalls sofern nicht ein längerer zeitlicher Abstand zwischen beidem liegt, sodass ein rechtlicher Hinweis gemäß § 265 StPO ausreichend ist.[295]

2. Inhalt des Urteils

Die Hauptverhandlung schließt mit der auf die Beratung folgenden Verkündung des Urteils, § 260 Abs. 1 StPO. Das Gericht kann ein Prozessurteil oder ein Sachurteil fällen.

a) Prozessurteil

221 Gemäß § 260 Abs. 3 StPO ist im Urteil die Einstellung des Verfahrens auszusprechen, wenn ein Verfahrenshindernis besteht, z.B. Strafklageverbrauch, Verjährung, fehlender Strafantrag bei absoluten Antragsdelikten oder der Tod des Angeklagten. Handelt es sich um ein behebbares Verfahrenshindernis, ist die Staatsanwaltschaft nicht gehindert, ggf. eine neue Anklage zu erheben, ein Strafklageverbrauch tritt nicht ein.

b) Sachurteil

222 Ergeht ein Sachurteil, gibt gemäß § 260 Abs. 4 StPO die Urteilsformel die rechtliche Bezeichnung der Tat an, deren der Angeklagte schuldig befunden wird. Hat ein Straftatbestand eine gesetzliche Überschrift, soll diese verwendet werden. Wird der Angeklagte zu einer Geldstrafe verurteilt, sind Zahl und Höhe der Tagessätze mit aufzunehmen. Nach Abs. 5 werden nach der Urteilsformel die angewendeten Vorschriften präzise aufgeführt.

Beispiel: Der Angeklagte ist des Diebstahls in Tatmehrheit mit Betrug schuldig. Er wird zu einer Gesamtgeldstrafe von 50 Tagessätzen zu je 20,- € verurteilt. Er trägt die Kosten des Verfahrens. Angewendete Vorschriften: §§ 242 Abs. 1, 263 Abs. 1, 53 StGB.

Beispiel für Freispruch: Der Angeklagte wird auf Kosten der Landeskasse, die auch seine notwendigen Auslagen zu tragen hat, freigesprochen.

---

294 OLG Karlsruhe RÜ2 2016, 255; Kudlich JuS 2005, 236 mit Nachweisen zur auch in der Rspr. gelegentlich vertretenen Gegenauffassung.

295 BGH RÜ 2017, 377.

Beispiel für Teilfreispruch: Der Angeklagte ist des Diebstahls schuldig, im Übrigen wird er freigesprochen. Soweit er verurteilt worden ist, trägt er die Kosten des Verfahrens. Im Übrigen trägt die Landeskasse die Kosten des Verfahrens sowie die notwendigen Auslagen des Angeklagten.[296]

Nicht in die Urteilsformel gehören Strafzumessungsregeln wie § 21 StGB, unbenannte Strafschärfungs- und -milderungsvorschriften oder besonders schweren Fälle.

Die Urteilsgründe ergeben sich aus § 267 StPO. Im Falle einer Verurteilung gliedern sich die Gründe üblicherweise wie folgt:

I. Feststellungen zur Person des Angeklagten (persönlicher Werdegang und Vorstrafen)

II. Feststellungen zur Tat (was ist nach der Überzeugung des Gerichts geschehen?)

III. Beweiswürdigung (Vorbringen des Angeklagten – Zeugen, Sachverständige usw.)

IV. Rechtliche Würdigung

V. Strafzumessung

VI. Kosten

§ 267 StPO schreibt nicht vor, dass das Tatgericht sich zur **Verwertbarkeit von Beweismitteln** verhält. Vielmehr würde z.B. das Revisionsgericht auf eine entsprechende Rüge freibeweislich klären, ob ein Verwertungsverbot vorliegt.[297]

Vgl. zu den Anforderungen an die Urteilsgründe bei einem Freispruch § 267 Abs. 5 StPO.

296 Siehe zu den Kosten: §§ 465, 467 StPO.

297 BGH NJW 2006, 603.

Beispiel für ein Strafurteil

Gericht und Aktenzeichen	**Amtsgericht Kiel** – 3 Ds 177/20 –
	Im Namen des Volkes Urteil
Rubrum	In der Strafsache gegen den Schlosser Michael Meier geb. am 30.05.1972 in Rendsburg wohnhaft Westring 221, 24103 Kiel wegen Diebstahls u.a. hat das Amtsgericht Kiel in der Sitzung vom 19.02.2018, an der teilgenommen haben RiAG Schnell Staatsanwalt Dr. Scharf als Beamter der Staatsanwaltschaft Rechtsanwalt Dr. Sorge als Verteidiger JuAng Lippert als Urkundsbeamtin der Geschäftsstelle für Recht erkannt:
Tenor	Der Angeklagte wird wegen Betruges in Tateinheit mit Urkundenfälschung zu einer Geldstrafe in Höhe von 40 Tagessätzen zu je 45 € verurteilt. Der Mantel „Boss" wird eingezogen. Der Angeklagte trägt die Kosten des Verfahrens. Angewendete Vorschriften: §§ 263 Abs. 1, 267 Abs. 1, 52, 73 Abs. 1 StGB
Vgl. § 267 Abs. 3 StPO	Gründe
	I.
Zur Person	Der Angeklagte hat nach abgeschlossener Hauptschule den Beruf des Schlossers gelernt. Er arbeitet seit sieben Jahren bei … Er erhält monatlich einen Arbeitslohn …., von dem ihm nach Abzug aller Sozialabgaben ein Betrag in Höhe von … verbleibt. Er ist bislang wie folgt in Erscheinung getreten: …
	II.
Festgestellter Sachverhalt	Am 21.12.2019 begab sich der Angeklagte in die Verkaufsräume des Bekleidungsgeschäfts Meier in der Holstenstraße in Kiel. Dort erwarb er einen Wintermantel der Marke Boss im Wert von 799,-- €. Diesen bezahlte er mit der ec-Karte seines Freundes Marcel Roller, die er zuvor heimlich an sich gebracht hatte. Er unterschrieb den Lastschriftbeleg mit dessen Namen und nahm den Mantel sodann mit. Die ec-Karte steckte er dem Zeugen Roller später heimlich wieder zu. Der Angeklagte handelte, um ohne Gegenleistung an den Mantel zu gelangen.
	III.
Beweiswürdigung	Der Angeklagte bestreitet die Tat. Er gibt an, nicht derjenige zu sein, der den Beleg unterschrieben hat. Diese Einlassung ist widerlegt worden durch die Aussage der Zeugin Schmittke. Diese hat den Angeklagten eindeutig und sicher wiedererkannt. Gründe, an der Richtigkeit dieser Angaben zu zweifeln, zeigen sich nicht. Auch zeigen sich deutliche Ähnlichkeiten zwischen der Unterschrift auf dem Lastschriftbeleg und der des Angeklagten. Schließlich ist der ertrogene Mantel bei einer Durchsuchung beim Angeklagten aufgefunden worden.

IV.

Rechtliche Würdigung

Hierdurch hat sich der Angeklagte eines Betruges in Tateinheit mit Urkundenfälschung schuldig gemacht.

V.

Strafzumessung

Der Betrug und die Urkundenfälschung weisen einen Strafrahmen von Freiheitsstrafe bis zu fünf Jahren oder Geldstrafe vor.

Bei der Strafzumessung ist zugunsten des Angeklagten zu berücksichtigen, dass es sich um die erste einschlägige Straftat handelt. Auch ist der Mantel noch neuwertig an das Geschäft zurückgegeben worden, so dass er erneut verkauft werden konnte. Zum Nachteil des Angeklagten ist ins Feld zu führen, dass er in Kauf genommen hat, einen langjährigen Freund mit einer unbegründeten Forderung zu belasten. Auch die Höhe des Schadens bewegt sich nicht am unteren Rand.

Gleichwohl erachtet das Gericht eine Geldstrafe für tat- und schuldangemessen …

Durch die Tat hat der Angeklagte den Mantel der Marke „Boss" erlangt. Dieser war daher gemäß § 73 Abs. 1 StGB einzuziehen.

VI.

Nebenentscheidungen und Unterschrift

Die Kostenentscheidung beruht auf § 465 StPO.

Schnell
(Richter am Amtsgericht)

2. Teil: Instanzenzug und Rechtsmittel

223 Das Dritte Buch der StPO behandelt die Rechtsmittel und gliedert sich in die Abschnitte Allgemeine Vorschriften (§§ 296–303 StPO), Beschwerde (§ 304–311 a StPO), Berufung (§§ 312–332 StPO) und Revision (§§ 333–358 StPO).

Rechtsmittel haben die Funktion, eine noch nicht rechtskräftige Entscheidung zur Nachprüfung vor ein Gericht höherer Ordnung zu bringen (sog. **Devolutiveffekt**). Ferner wird durch die Einlegung von Berufung und Revision der Eintritt der Rechtskraft verhindert, sodass die angefochtene Entscheidung nicht vollzogen werden kann (sog. **Suspensiveffekt**). Durch die Einlegung der Beschwerde treten diese Effekte nicht ein, sodass sie kein Rechtsmittel im engeren Sinne ist.[298]

A. Allgemeine Vorschriften

224 **Zur Anfechtung berechtigt** sind

- gemäß § 296 StPO der **Beschuldigte** und die **Staatsanwaltschaft**, letztere auch zugunsten des Beschuldigten. Gemäß § 301 StPO hat jedes von der Staatsanwaltschaft eingelegte Rechtsmittel die Wirkung, dass die angefochtene Entscheidung auch zugunsten des Beschuldigten abgeändert oder aufgehoben werden kann. Erklärt sie nicht ausdrücklich, ob sie eine Entscheidung zugunsten oder zuungunsten des Beschuldigten anficht, ist davon auszugehen, dass sie die weitreichendste Überprüfung anstrebt. Damit betreibt die Staatsanwaltschaft im Zweifel das Rechtsmittel zuungunsten des Beschuldigten.
- gemäß § 297 StPO der **Verteidiger** aus eigenem Recht, jedoch nicht gegen den Willen des Beschuldigten.
- gemäß § 297 StPO der **gesetzliche Vertreter**.
- der **Privatkläger** gemäß § 390 StPO.
- der **Nebenkläger** gemäß § 401 StPO.

225 Alle Rechtsmittel und -behelfe setzen eine **Beschwer** desjenigen voraus, der sie betreibt.[299] Der Beschuldigte ist durch jede für ihn nachteilige Entscheidung beschwert. Will er ein Urteil anfechten, ist dies nicht möglich, wenn er freigesprochen worden ist, mögen ihm auch die Gründe dafür nicht gefallen. Es gilt der Grundsatz der sog. Tenorbeschwer.[300] Da die Staatsanwaltschaft keine Partei des Strafverfahrens ist, sondern Aufgaben der Rechtspflege erfüllt, ist sie berechtigt, unabhängig von der Frage nach einer Beschwer nach pflichtgemäßem Ermessen Entscheidungen anzufechten. Dies gilt naturgemäß nicht, wenn sie ausschließlich zugunsten des Beschuldigten handelt. Das gilt selbst dann, wenn das Gericht in der angefochtenen Entscheidung dem Antrag der Staatsanwaltschaft entsprochen hat oder wenn es auf einer Verständigung beruht.[301]

---

298 Meyer-Goßner/Schmitt vor § 296 Rn. 2.

299 Meyer-Goßner/Schmitt vor § 296 Rn. 7.

300 BGHSt 16, 374; Meyer-Goßner/Schmitt Vor § 296 Rn. 13 f.

301 Meyer-Goßner/Schmitt vor § 296 Rn. 16 m.w.N.

Allerdings soll gemäß Nr. 147 RiStBV der Staatsanwalt ein Rechtsmittel nur einlegen, wenn **wesentliche Belange der Allgemeinheit oder der am Verfahren beteiligten Personen** es gebieten und wenn das Rechtsmittel **aussichtsreich ist**. Entspricht es dagegen der Sachlage, kann eine Entscheidung auch dann unangefochten bleiben, wenn eine Rechtsnorm nicht oder nicht richtig angewendet worden ist. Rechtsmittel zur Überprüfung des Strafmaßes sollen nur eingelegt werden, wenn die Strafe in einem offensichtlichen Missverhältnis zur Schwere der Tat steht. Dass ein anderer Rechtsmittel eingelegt hat, ist kein hinreichender Grund, ein Urteil ebenfalls anzufechten.

Ein Rechtsmittel kann nach § 302 StPO **zurückgenommen** werden, auch ein **Verzicht** ist möglich, wenn dem Urteil keine Verständigung i.S.d. § 257 c StPO vorausgegangen ist. Auch eine Teilanfechtung ist möglich (vgl. § 318 StPO für die Berufung und § 348 StPO für die Revision), z.B. durch Beschränkung des Rechtsmittels auf den Rechtsfolgenausspruch. Ist die Beschränkung zulässig, wird ein angefochtenes Urteil im Übrigen rechtskräftig (sog. Teilrechtskraft). **226**

Für die Rechtsmittel im engeren Sinn gilt das **Verschlechterungsverbot** (§§ 331, 358 StPO), das sog. „**Verbot der reformatio in peius**", wenn das Urteil ausschließlich zugunsten des Angeklagten angefochten wird. Für die Beschwerde gilt das Verbot nicht.[302] **227**

Fall 38: Reformatio in peius und Zurückverweisung

Die A ist wegen Ladendiebstahls vom Strafrichter zu einer Geldstrafe von 30 Tagessätzen zu je 30 € verurteilt worden. Sie legt Berufung ein. Die Hauptverhandlung in der Berufungsinstanz ergibt, dass A gegen die sie verfolgende Ladenangestellte L, die sie vor dem Geschäft auf der Straße einholte, Gewalt angewandt hat, um mit der Beute entkommen zu können. Wie wird das Berufungsgericht entscheiden?

Es hat nicht das Vergehen eines Diebstahls (§ 242 StGB), sondern das Verbrechen des räuberischen Diebstahls (§ 252 StGB) vorgelegen. Da nur die Angeklagte Berufung eingelegt hat, gilt das Verbot der „reformatio in peius", § 331 Abs. 1 StPO. Dieses Verschlechterungsverbot bezieht sich aber nur auf „Art und Höhe der **Rechtsfolgen** der Tat". Eine Änderung des Schuldspruchs zum Nachteil des Angeklagten ist nach h.M. möglich.[303] Das Berufungsgericht müsste daher an sich wegen räuberischen Diebstahls schuldig sprechen, wobei es aber nur zu einer Geldstrafe von 30 Tagessätzen zu je 30 € verurteilen dürfte. Hier ist indes gemäß § 328 Abs. 2 StPO das angefochtene Urteil aufzuheben und zur erneuten Verhandlung und Entscheidung in erster Instanz an das Amtsgericht – Schöffengericht – zu verweisen, da der Angeklagten in erster Instanz ihr gesetzlicher Richter vorenthalten worden war. In der erneuten Verhandlung vor dem Schöffengericht gilt das Verbot der reformatio in peius nicht mehr, da der Prozess von vorne beginnt.[304]

Das Verschlechterungsverbot steht der Anordnung der Unterbringung in einem psychiatrischen Krankenhaus oder einer Entziehungsanstalt nicht entgegen, § 331 Abs. 2

302 Meyer-Goßner/Schmitt vor § 304 Rn. 5.

303 Meyer-Goßner/Schmitt § 331 Rn. 8.

304 Meyer-Goßner/Schmitt § 328 Rn. 7, 331 Rn. 4 a.

StPO. Alle anderen Maßregeln der Besserung und Sicherung (vgl. § 61 StGB) – z.B. Entziehung der Fahrerlaubnis[305] – fallen unter das Verschlechterungsverbot. Das ergibt sich aus einem Umkehrschluss aus § 331 Abs. 2 StPO, für die Revision aus § 358 Abs. 2 S. 3 StPO.

B. Instanzenzug

I. Eingangsinstanz

228 Die erstinstanzliche Zuständigkeit der jeweiligen Gerichte bestimmt sich wie folgt:

Gemäß § 25 GVG entscheidet der Richter beim Amtsgericht als **Strafrichter** bei Vergehen, wenn sie im Wege der Privatklage verfolgt werden oder wenn eine höhere Strafe als zwei Jahre Freiheitsstrafe nicht zu erwarten ist. Für Verbrechen ist er unabhängig von der Straferwartung nicht sachlich zuständig.

Für die übrigen zu der Zuständigkeit der Amtsgerichte gehörenden Strafsachen ist gemäß § 28 GVG das Schöffengericht zuständig. Zu den Amtsgerichten gehören die Verfahren i.S.d. § 24 GVG, also alle Verfahren, die nicht nach §§ 74 Abs. 1, 74 a GVG zur Zuständigkeit des Landgerichts oder nach §§ 120, 120 b des Oberlandesgerichts gehören. Ebenfalls nicht bei den Amtsgerichten verhandelt werden Verfahren, bei denen eine höhere Strafe als vier Jahre Freiheitsstrafe oder die Unterbringung des Beschuldigten zu erwarten ist. Auch besteht die Möglichkeit, dass die Staatsanwaltschaft wegen besonderer Umstände (z.B. besonderer Bedeutung) Anklage beim Landgericht erhebt. In den übrigen Fällen ist das Schöffengericht zuständig. Es besteht gemäß § 29 GVG aus einem Berufsrichter und zwei Schöffen. Wegen des Umfangs der Sache kann auch ein weiterer Berufsrichter hinzugezogen werden, sog. erweitertes Schöffengericht. Die Schöffen sind Laienrichter, die gemäß § 30 GVG während der Hauptverhandlung das Richteramt in vollem Umfang ausüben. Sie haben insbesondere bei der Urteilsfindung das gleiche Stimmrecht wie der Berufsrichter.

229 Beim Landgericht sind die **großen Strafkammern** zuständig für alle Verbrechen, die nicht zur Zuständigkeit des Amtsgerichts oder des Oberlandesgerichts gehören, §§ 74 Abs. 1 S. 1, 76 Abs. 1, 2 GVG, also in erster Linie wenn eine Freiheitsstrafe von mehr als vier Jahren zu erwarten ist. In den Fällen der § 74 Abs. 2 GVG ist die Strafkammer als **Schwurgericht** für Mord, Totschlag und sonstige Delikte mit Todesfolge zuständig (also nicht fahrlässige Tötung). Weitere Kammern sind die Staatsschutzkammer (§ 74 a GVG), Jugendkammer (§ 74 b GVG, § 33 b JGG) und die Wirtschaftsstrafkammer (§ 74 c GVG). Die großen Strafkammern sind mit drei Richtern und zwei Schöffen besetzt, verhandeln aber regelmäßig gemäß § 76 Abs. 2 S. 4 GVG nur mit zwei Berufsrichtern. Das Schwurgericht verhandelt gemäß Abs. 2 S. 3 stets in der Besetzung mit drei Berufsrichtern, bei Verhandlungen, die voraussichtlich länger als zehn Tage dauern oder wenn die Strafkammer als Wirtschaftsstrafkammer zuständig ist, in der Regel ebenfalls.

Die Zuständigkeit der **Strafsenate des Oberlandesgerichts** in erster Instanz ist in § 120 GVG geregelt und umfasst in erster Linie Staatsschutzdelikte.

---

305 Vgl. BGHSt 5, 168, 178; OLG Oldenburg MDR 1976, 162.

II. Rechtsmittelweg

Gemäß § 312 StPO ist die **Berufung** statthaft gegen Urteile des Amtsgerichts, also des 230
Strafrichters und des Schöffengerichts. Sie wird beim Landgericht vor der **kleinen Strafkammer** verhandelt, die mit dem Vorsitzenden und zwei Schöffen besetzt ist, sofern sie nicht über Berufungen des erweiterten Schöffengerichts verhandelt §§ 74 Abs. 3, 76 Abs. 1, 6 GVG.

Es ist aber auch möglich, die Berufungsinstanz zu überspringen und **Sprungrevision** einzulegen, § 335 StPO. Hierüber entscheidet gemäß §§ 121, 122 StPO der Strafsenat des Oberlandesgerichts.

Gegen erstinstanzliche Urteile des Landgerichts oder des Oberlandesgerichts ist ausschließlich das Rechtsmittel der **Revision** gemäß § 333 StPO statthaft. Eine zweite Tatsacheninstanz gibt es in diesen Fällen nicht. Über das Rechtsmittel entscheidet gemäß §§ 135, 139 GVG der BGH.[306]

Rechtsmittelweg / Instanzen

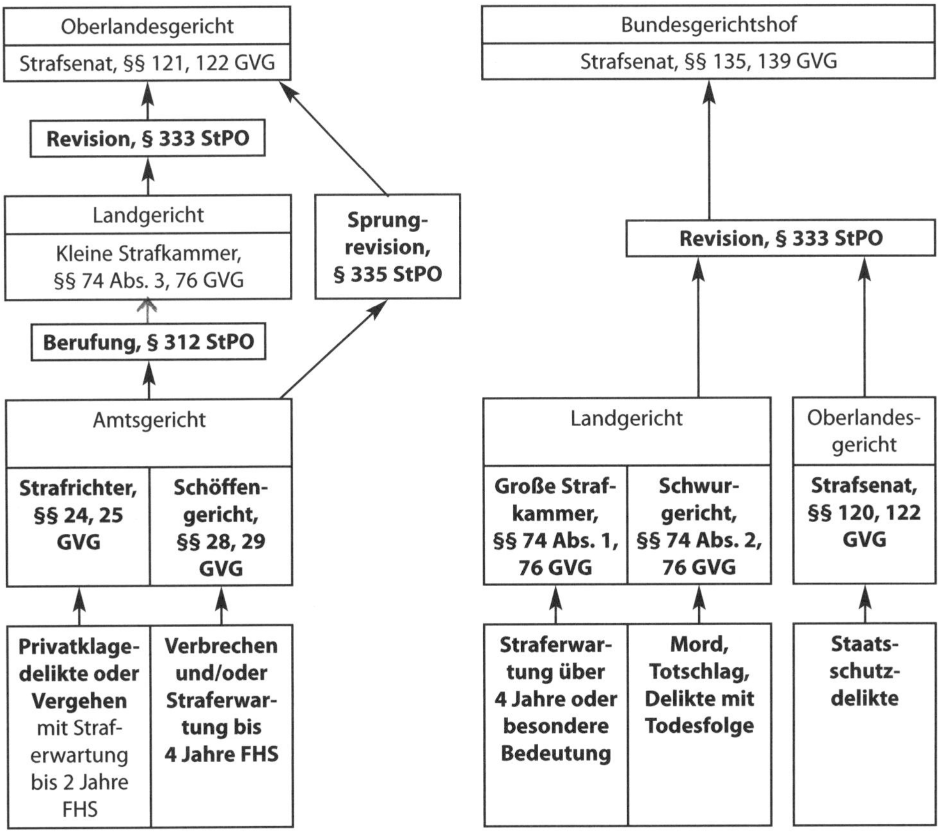

306 Wird ausschließlich die Verletzung von Landesgesetzen gerügt, entscheidet das OLG gemäß § 121 Abs. 1 Nr. 1 c) GVG auch über Revisionen gegen Urteile des Landgerichts – extrem selten.

III. Berufung

231 Die Berufung (§§ 312–332 StPO) führt zur **Überprüfung** des Urteils **sowohl in tatsächlicher als auch in rechtlicher Hinsicht**. Da die Berufungsinstanz eine zweite Tatsacheninstanz ist, wird in ihr also nicht nur geprüft, ob aufgrund des in der ersten Instanz festgestellten Tatsachenstoffes richtig entschieden ist, sondern es können neue Tatsachen und Beweismittel eingeführt werden.

1. Annahmeberufung

232 Für Fälle der kleineren Kriminalität gilt das Erfordernis der **Annahmeberufung** gemäß §§ 313, 322 a StPO. Ist der Angeklagte zu einer Geldstrafe von nicht mehr als 15 Tagessätzen verurteilt worden, ist eine entsprechende Verwarnung mit Strafvorbehalt ausgesprochen worden oder ist er nur zu einer Geldbuße verurteilt worden, ist die Berufung nur zulässig, wenn sie angenommen wird. Das Gleiche gilt, wenn der Angeklagte freigesprochen oder das Verfahren gemäß § 260 Abs. 3 StPO eingestellt worden ist und die Staatsanwaltschaft eine Geldstrafe von nicht mehr als dreißig Tagessätzen beantragt hatte. Die Berufung wird gemäß § 313 Abs. 2 StPO angenommen, wenn sie nicht **offensichtlich unbegründet** ist. Anderenfalls wird sie als **unzulässig** (!) verworfen. Die Entscheidung ist gemäß § 322 S. 2 StPO unanfechtbar und bedarf daher gemäß § 34 StPO keiner Begründung bzw. es reicht wie in der Revision der schlichte Hinweis aus, das Rechtsmittel sei „offensichtlich unbegründet" (sog. o-u-Entscheidung).[307] Die Erfolgsaussichten einer Annahmeberufung sind daher in aller Regel mehr als gering.

2. Form und Frist

233 Die Berufung ist gemäß § 314 Abs. 1 StPO beim Gericht des ersten Rechtszuges grundsätzlich binnen einer Woche nach Verkündung des Urteils zu Protokoll der Geschäftsstelle oder schriftlich einzulegen. Durch die Einlegung wird gemäß § 316 Abs. 1 StPO die Rechtskraft des Urteils gehemmt (Suspensiveffekt). Sie kann nach § 317 StPO, muss aber nicht binnen einer Woche nach Zustellung des Urteils begründet werden.

Der erste Hs. der Vorschrift („einer weiteren Woche nach Ablauf der Frist zur Einlegung des Rechtsmittels") hat kaum Bedeutung, denn er setzt voraus, dass das Urteil innerhalb dieser Woche bereits zugestellt war. Das wird in aller Regel nicht der Fall sein, es sei denn, der Angeklagte war zum Zeitpunkt der Verkündung des Urteils abwesend und nicht vertreten (vgl. § 314 Abs. 2 StPO). Anders als bei der Revision ist die Versäumung dieser Frist unschädlich, denn das Berufungsgericht muss auch Ausführungen berücksichtigen, die erst nach Fristablauf gemacht werden.[308]

3. Berufungshauptverhandlung

234 Die Berufungshauptverhandlung entspricht gemäß § 324 StPO im Wesentlichen der des ersten Rechtszugs. Allerdings kommt es zu keiner Verlesung der Anklageschrift, vielmehr hält ein Berichterstatter (also im Regelfall der Vorsitzende als einziger Berufsrichter) einen Vortrag über die Ergebnisse des bisherigen Verfahrens. Das Urteil des ersten Rechtszugs ist zu verlesen, soweit es von Bedeutung ist, es sei denn, Staatsanwaltschaft,

307 Meyer-Goßner/Schmitt § 322 a Rn. 7.
308 Meyer-Goßner/Schmitt § 317 Rn. 2.

Verteidiger und Angeklagter verzichten darauf. Anschließend erfolgt die Beweisaufnahme, bei der gemäß § 325 StPO erweiterte Verlesungsmöglichkeiten bestehen. Nach Schluss der Beweisaufnahme folgen die Schlussvorträge, wobei der Beschwerdeführer, also derjenige, der das Rechtsmittel betreibt, beginnt. Wird das Urteil von beiden gleich angefochten, gilt die Reihenfolge des § 258 StPO. Der Angeklagte hat wie stets das letzte Wort, § 326 StPO.

Ist die Berufung begründet, hat das Gericht gemäß § 328 Abs. 1 StPO unter Aufhebung des Urteils in der Sache zu erkennen. Ist das Berufungsgericht allerdings zu dem Schluss gelangt, dass das erstinstanzliche Gericht nicht zuständig gewesen ist, muss es das Urteil aufheben und nach § 328 Abs. 2 StPO an das zuständige Gericht verweisen. In der Sache selbst darf es dann nicht mehr entscheiden (siehe Fall 38).

Ist der Angeklagte allerdings gemäß § 329 Abs. 1 StPO nicht erschienen, ist auch kein Verteidiger mit schriftlicher Vertretungsvollmacht anwesend[309] und ist das Ausbleiben nicht genügend entschuldigt, hat das Gericht seine Berufung ohne Verhandlung zu verwerfen. Hiergegen steht ihm die Revision wie auch ein Antrag auf Wiedereinsetzung in den vorigen Stand zu, §§ 329 Abs. 7, 342 StPO. Handelt es sich um die Berufung der Staatsanwaltschaft, kann der Angeklagte nach Abs. 3 auch vorgeführt oder verhaftet werden.

IV. Revision

Anders als die Berufung ist die Revision (§§ 333–358 StPO) keine Tatsacheninstanz. Ob die vom Tatgericht getroffenen Feststellungen zutreffen, wird vom Revisionsgericht nicht mehr geprüft. Es geht ausschließlich um Rechtsfehler, § 337 StPO.

1. Form und Frist von Einlegung und Begründung

Die Revision ist gemäß § 341 StPO binnen einer Woche einzulegen (die Vorschrift ist 235
praktisch wortgleich mit der Parallelvorschrift für die Berufung § 314 StPO). Sie muss gemäß § 345 innerhalb eines Monats nach Ablauf der Frist zur Einlegung des Rechtsmittels begründet werden bzw. – was wie bei der Berufung regelmäßig der Fall ist – binnen eines Monats nach Zustellung der Urteilsgründe. Anders als dort muss das Rechtsmittel **zwingend begründet** werden. Die **Revisionsbegründung** kann zu Protokoll der Geschäftsstelle angebracht werden (vgl. hierzu Nr. 150 RiStBV), muss aber anderenfalls, sofern sie nicht von der Staatsanwaltschaft betrieben wird, von einem Verteidiger oder Rechtsanwalt unterzeichnet sein.

In der Revisionsbegründung hat der Beschwerdeführer die Erklärung abzugeben, inwieweit er das Urteil anfechte und dessen Aufhebung beantrage. Ferner muss er die Anträge begründen, § 345 Abs. 1 StPO. Außerdem muss aus der Begründung hervorgehen, ob das Urteil wegen Verfahrensfehlern (formelles Recht) oder wegen sachlich-rechtlicher Fehler (Verletzung materiellen Rechts) angefochten wird. Verfahrensfehler müssen nach § 344 Abs. 2 S. 2 StPO so präzise begründet werden, dass das Revisionsgericht die

309 Ist das Verfahren durch einen Strafbefehl begonnen worden, kann sich der Angeklagte wie in erster Instanz (vgl. § 411 Abs. 2 S. 1 StPO) auch in der Berufungsinstanz von einem Verteidiger vertreten lassen, Meyer-Goßner/Schmitt § 329 Rn. 14.

Fehler ohne Rückgriff auf die Sachakten prüfen kann. Verweisungen und Bezugnahmen sind unzulässig.[310]

2. Revisionsgründe

236 Die Revision ist begründet, wenn Verfahrensvoraussetzungen fehlen, Verfahrenshindernisse vorliegen oder Verfahrensfehler geschehen sind, auf denen das Urteil beruht. Ferner ist die Revision begründet, wenn das materielle Recht falsch angewendet worden ist.

a) Verfahrensvoraussetzungen und -hindernisse

237 Bei Fehlern dieser Art hätte das Gericht nicht entscheiden dürfen. Vielmehr hätte es entweder die Eröffnung des Hauptverfahrens ablehnen (§ 204 StPO) oder das Verfahren durch Prozessurteil einstellen müssen (§ 260 Abs. 3 StPO).

Zu den wichtigsten **Verfahrensvoraussetzungen und -hindernissen**[311] zählen:

- Absolute Strafunmündigkeit, § 19 StGB
- Bei Privatklage Minderjährigkeit des Angeklagten, § 80 JGG
- Exterritorialität des Angeklagten, §§ 18–20 GVG
- Immunität als Abgeordneter, Art. 46 Abs. 2 GG, § 152 a StPO
- Straffreiheitsgesetz (Amnestie)
- Beschränkungen bei der Auslieferung nach dem Grundsatz der Spezialität, § 83 h IRG
- Fehlen der deutschen Gerichtsbarkeit, §§ 3 ff. StGB
- Fehlen eines behördlichen Strafverlangens oder einer Strafverfolgungsermächtigung
- Verfolgungsverjährung gemäß §§ 78 ff. StGB
- Tod des Angeklagten
- Dauernde Verhandlungsunfähigkeit
- Fehlender Strafantrag und ggf. fehlende (ggf. konkludente) Erklärung zum besonderen öffentlichen Interesse an der Strafverfolgung durch Staatsanwaltschaft
- Anderweitige Rechtskraft oder Anhängigkeit (ne bis in idem)
- Fehlerhafte/fehlende(r) Anklageschrift bzw. Eröffnungsbeschluss
- Verstoß gegen Verbot der reformatio in peius
- Fehlende sachliche Zuständigkeit gemäß § 6 StPO

Verfahrenshindernisse prüft das Revisionsgericht auch ohne ausdrückliche Rüge von Amts wegen.[312]

---

310 Siehe zu den Rügeobliegenheiten bei Verfahrensrügen Meyer-Goßner/Schmitt § 344 Rn. 20 ff.

311 Meyer-Goßner/Schmitt unterscheiden zwischen Befassungs- und Bestrafungsverboten. Erstere stünden dem Verfahren selbst entgegen, ermöglichten bei Wegfall aber ein neues (z.B. unwirksame Anklage), letztere stünden dem Verfahren nicht entgegen, sondern nur der Bestrafung selbst (z.B. Verjährung, fehlender Strafantrag). Die Befassungsverbote würden von Amts wegen geprüft, die Bestrafungsverbote nur auf zulässige Rüge hin, Einl. Rn. 143, 150, § 337 Rn. 6. Da eine Rüge Zulässigkeitsvoraussetzung ist und die allgemeine Sachrüge, die die Prüfung durch das Revisionsgericht ermöglicht, praktisch immer eingelegt wird, hat diese Unterscheidung faktisch keine Bedeutung.

312 Einschränkend Meyer-Goßner/Schmitt § 337 Rn. 6.

b) Verfahrensfehler

Die Verfahrensfehler unterteilen sich in absolute und relative Revisionsgründe. Allen Verfahrensfehlern ist gemein, dass die Revision nur dann erfolgreich sein kann, wenn das Urteil auf ihnen **beruht**. Dies ist dann der Fall, wenn ein rechtsfehlerfreies Verfahren **möglicherweise zu einem anderen Ergebnis** geführt hätte. Wird ein Fehler rechtzeitig geheilt, schließt dies in der Regel das Beruhen aus. **238**

aa) Absolute Revisionsgründe

§ 338 StPO listet Verstöße auf, auf denen das Urteil stets beruhen soll, weil der Nachweis des Beruhens in diesen Fällen nur schwer geführt werden kann. § 338 StPO stellt dabei nicht selbst das verletzte Gesetz dar, sondern regelt nur die Beruhensfrage. Trotz des eindeutigen Wortlautes ist aber weitgehend anerkannt, dass Verstöße auch geheilt werden können. Auch wird von der Rspr. der eigentlich eindeutige Wortlaut („stets“) dadurch aufgeweicht, dass es Fälle geben kann, in denen das Beruhen denkgesetzlich ausgeschlossen ist.[313] **239**

(1) § 338 Nr. 1 StPO: Vorschriftswidrige Besetzung[314]

Nach § 338 Nr. 1 **Hs. 1 StPO** ist ein absoluter Revisionsgrund gegeben, wenn das erkennende Gericht **nicht vorschriftsmäßig besetzt** war. Die Vorschrift sichert das grundgesetzlich verankerte Recht auf den gesetzlichen Richter. **240**

Zu den typischen Fallgruppen zählen Fehler im gerichts- oder kammerinternen **Geschäftsverteilungsplan**, Mängel bei der konkreten Auslosung und Verteilung der Schöffen nach §§ 45 ff. GVG oder wenn ein Schöffe gemäß § 32 GVG unfähig zum Schöffenamt ist oder Fehler bei dessen Vereidigung geschehen. Allen diesen Verfahrensfehlern ist gemein, dass eine Urteilsaufhebung nach der Rspr. nur dann in Betracht kommt, wenn die Richterentziehung auf Willkür beruht.

Zu den klausurrelevantesten Fehlern zählen **Mängel in der Person des Richters oder Schöffen.**[315] Hierzu zählen blinde, stumme oder taube Richter/Schöffen, ferner der schlafende oder abgelenkte/unaufmerksame Richter, letztere jedoch nur, wenn diese Mängel in einem **wesentlichen** Teil der Hauptverhandlung (z.B. Beweisaufnahme) über einen erheblichen Zeitraum der Hauptverhandlung auftreten.

Weiteres Beispiel: „Reichsbürger“ als Schöffe,[316] nicht dagegen Schöffin mit religiös motiviertem Kopftuch.[317]

---

313 Meyer-Goßner/Schmitt § 338 Rn. 2; LR/Franke § 338 Rn. 4, KK-StPO/Gericke § 338 Rn. 5, jeweils m.w.N.

314 Siehe zu den einzelnen Revisionsgründen: Meyer-Goßner/Schmitt § 338 Rn. 5 ff.; LR/Franke § 338 Rn. 6 ff., jeweils m.w.N.

315 Meyer-Goßner/Schmitt § 338 Rn. 10 ff.

316 OLG Hamm NStZ-RR 2017, 354.

317 KG NStZ-RR 2013, 156.

(2) § 338 Nr. 2 StPO: Mitwirkung eines ausgeschlossenen Richters

241 Bei dem Urteil darf kein Richter oder Schöffe mitgewirkt haben, der **von der Ausübung des Richteramtes kraft Gesetzes ausgeschlossen** war. Nicht ausreichend für die Rüge sind Verfügungen zur Vorbereitung der Hauptverhandlung (z. B. Eröffnungsbeschluss, Anberaumung des Hauptverhandlungstermins). Gemäß § 22 StPO ist der Richter ausgeschlossen, wenn er selbst durch die Straftat verletzt ist (Nr. 1), wenn er Ehegatte, Lebenspartner pp. des Beschuldigten oder Verletzten ist oder gewesen ist (Nr. 2), wenn er mit dem Beschuldigten verwandt oder verschwägert ist (Nr. 3), wenn er in der Sache (wenn auch in untergeordneter Weise) als Beamter der Staatsanwaltschaft, als Polizeibeamter, als Anwalt des Verletzten oder als Verteidiger tätig gewesen ist (Nr. 4) oder wenn er in der Sache als Zeuge oder Sachverständiger vernommen ist (Nr. 5).

(3) § 338 Nr. 3 StPO: Der abgelehnte Richter

242 Die Revision kann darauf gestützt werden, dass bei dem Urteil ein Richter oder Schöffe mitgewirkt hat, nachdem er wegen **Besorgnis der Befangenheit abgelehnt war und das Ablehnungsgesuch entweder für begründet erklärt war oder mit Unrecht verworfen worden ist**.

Gemäß § 24 Abs. 1 StPO kann ein Richter abgelehnt werden, wenn er von der Ausübung des Richteramtes kraft Gesetzes ausgeschlossen ist (s. o.) oder wegen Besorgnis der Befangenheit. Nach Abs. 2 findet wegen Besorgnis der Befangenheit die Ablehnung statt, **wenn ein Grund vorliegt, der geeignet ist, Misstrauen gegen die Unparteilichkeit eines Richters zu rechtfertigen**. Das ist dann der Fall, wenn der Abgelehnte bei verständiger Würdigung des ihm bekannten Sachverhaltes Grund zu der Annahme hat, dass der oder die abgelehnten Richter ihm gegenüber eine innere Haltung einnehmen, die ihre Unparteilichkeit und Unvoreingenommenheit störend beeinflussen kann.

Beispiele für Befangenheit:

Ein Richter befragt im Vorfeld eines Prozesses einen Außenstehenden zu Strafmaßvorstellungen des Angeklagten. Solche Vorstellungen bilden sich regelmäßig nur Personen, die tatsächlich Straftaten begangen haben und daher davon ausgehen, schuldig gesprochen zu werden. Die Frage zeigt, dass der Richter dem Angeklagten nicht unvoreingenommen gegenübertritt.[318]

Die Besorgnis der Befangenheit hat der BGH auch angenommen bei einer Schöffin, die während der Beweisaufnahme zwei SMS verschickt hat, weil sie damit demonstrierte, dass sie Privates über dienstliche Pflichten stellen würde.[319]

Gleiches hat der BGH wegen Inhalten eines facebook-Profils eines Vorsitzenden Richters am Landgericht angenommen: „Wir geben ihrer Zukunft ein Zuhause: JVA, 2. Große Strafkammer bei Landgericht R.", „Das ist mein „Wenn du raus kommst, bin ich in Rente"-Blick", „ … sprach der schwedische Gardinen-Verkäufer".[320]

---

318 BGH RÜ2 2015, 161.

319 BGH RÜ2 2015, 719.

320 BGH RÜ2 2016, 113.

(4) § 338 Nr. 4 StPO: Unzuständigkeit des Gerichts

§ 338 Nr. 4 StPO spricht zwar lediglich davon, dass das Gericht mit Unrecht seine Zuständigkeit angenommen haben muss, jedoch fällt hierunter anerkannter Maßen nicht die sachliche Zuständigkeit gemäß § 6 StPO als Verfahrensvoraussetzung. Sie wird vom Revisionsgericht bereits von Amts wegen auf die allgemeine Sachrüge hin geprüft.[321] **243**

Hauptanwendungsfälle von § 338 Nr. 4 StPO sind die **fehlende funktionelle Zuständigkeit besonderer Strafkammern** (§ 6 a StPO, z.B. Schwurgericht, Wirtschaftsstrafkammer, Staatsschutzkammer, allgemeine Strafkammer) und die **fehlende örtliche Zuständigkeit** (§ 16 StPO).

(5) § 338 Nr. 5 StPO: Vorschriftswidrige Abwesenheit

Hat die Hauptverhandlung in **Abwesenheit** der Staatsanwaltschaft (vgl. § 226 StPO) oder einer Person, deren Anwesenheit das Gesetz vorschreibt, stattgefunden, ist ein Revisionsgrund i.S.d. § 338 Nr. 5 StPO gegeben. Nicht hierunter fallen Richter oder Schöffen (siehe § 338 Nr. 1 StPO), wohl aber der Urkundsbeamte der Geschäftsstelle oder ein Dolmetscher. Das Gesetz schreibt in § 230 Abs. 1 StPO vor, **dass gegen einen ausgebliebenen Angeklagten eine Hauptverhandlung nicht stattfindet**. Ist gemäß § 140 StPO ein Fall der notwendigen Verteidigung gegeben, begründet auch das Fehlen eines Verteidigers die Revision. Die Abwesenheit muss während eines **wesentlichen Teils der Hauptverhandlung** gegeben sein.[322] Ist der Teil der Hauptverhandlung (z.B. Aufruf von Zeugen) nicht wesentlich, so ist das Beruhen denkgesetzlich ausgeschlossen. **244**

(6) § 338 Nr. 6 StPO: Ungesetzliche Beschränkung der Öffentlichkeit

Dieser absolute Revisionsgrund setzt voraus, dass die Vorschriften über die Öffentlichkeit des Verfahrens verletzt sind. Verhandlungen vor dem erkennenden Gericht sind gemäß § 169 S. 1 GVG grundsätzlich öffentlich. Verfahren gegen Jugendliche sind gemäß § 48 Abs. 1 JGG nicht öffentlich, nicht aber, wenn Heranwachsende oder Erwachsene mit angeklagt sind, Abs. 3, auch wenn ein Ausschluss der Öffentlichkeit im Interesse des Jugendlichen möglich ist. **245**

Verletzungen der Öffentlichkeitsvorschriften sind auf zwei Arten denkbar: Die rechtswidrige Erweiterung der Öffentlichkeit bei gebotenem Ausschluss und der umgekehrte Fall des rechtswidrigen Ausschlusses. Der Angeklagte selbst hat **keinen Anspruch auf Ausschluss der Öffentlichkeit**.[323] Daher ist § 338 Nr. 6 StPO nicht gegeben, wenn das Gericht die Öffentlichkeit nicht ausschließt, obwohl ein Grund hierfür gegeben wäre (dies würde einen relativen Revisionsgrund darstellen). Der ungesetzliche Ausschluss bereits einer Person reicht dagegen aus, um § 338 Nr. 6 StPO zu begründen. Fehler beim Öffentlichkeitsausschluss gemäß §§ 171 a ff. GVG (oder dem dazu führenden Verfahren) können nach h.M. nur bei einem **Verschulden des Gerichts** geltend gemacht werden.

321 Meyer-Goßner/Schmitt § 338 Rn. 20.

322 Meyer-Goßner/Schmitt § 338 Rn. 37 f.

323 Meyer-Goßner/Schmitt § 338 Rn. 47.

(7) § 338 Nr. 7 StPO: Fehlende oder verspätete Urteilsbegründung

246 Der Revisionsgrund ist gegeben, wenn das Urteil **keinerlei (nicht lediglich unzureichende) Urteilsgründe** enthält, etwa infolge des Todes des Richters oder dessen Ausscheiden aus dem Richterdienst.[324] Bedeutsamer ist die unzulässige Fristüberschreitung. Gemäß § 275 Abs. 1 StPO ist das Urteil grundsätzlich spätestens **fünf Wochen nach der Verkündung** zu den Akten zu bringen, wobei sich die Frist unter den dort beschriebenen Voraussetzungen verlängern kann. Ob das Urteil rechtzeitig zu den Akten gebracht worden ist, ist durch den Eingangsvermerk der Geschäftsstelle oder auf andere Weise (dienstliche Äußerung des Richters) mit hinreichender Gewissheit zu belegen. Nötig, aber auch ausreichend ist, dass das Urteil innerhalb der Frist unterschrieben und auf den Weg zur Geschäftsstelle gebracht wird, also zum Abtrag im Richterzimmer bereit liegt.

(8) § 338 Nr. 8 StPO: Unzulässige Beschränkung der Verteidigung

247 § 338 Nr. 8 StPO setzt die **unzulässige Beschränkung der Verteidigung durch einen Gerichtsbeschluss in einem wesentlichen Punkt** voraus. § 338 Nr. 8 StPO hat eine Sonderstellung, denn sie enthält keinen unbedingten Revisionsgrund, was sich in dem Erfordernis eines „wesentlichen Punktes" zeigt.[325] Über die Auslegung dieses Merkmals wird heftig gestritten. Die Rspr. nimmt einen wesentlichen Punkt dann an, wenn das Urteil auf dem Rechtsfehler beruht oder beruhen kann und legt damit hieran ähnliche Maßstäbe an wie an relative Revisionsgründe i.S.d. § 337 StPO. Eine Einordnung als Revisionsgrund i.S.d. § 338 Nr. 8 StPO würde hiernach keinen messbaren Vorteil bringen. Die Lit. wendet sich hiergegen und versucht, den Anwendungsbereich zu erweitern. Fest steht, dass es sich bei § 338 Nr. 8 StPO um eine Auffangvorschrift im Sinne einer „letzten Sicherheit" handelt. Die wohl h.M. verlangt die **Verletzung einer besonderen Verfahrensvorschrift**, wobei zwischen dem Fehler und dem Urteil eine konkret-kausale Beziehung bestehen muss. Sie kommt in Betracht, wenn das Gericht gegen den Grundsatz des fairen Verfahrens verstößt oder seine Fürsorgepflicht nicht beachtet.

Der Anwendungsbereich von § 338 Nr. 8 StPO ist nicht scharf umrissen, sodass folgende Beispiele als typische Anwendungsmöglichkeiten zu nennen sind: Die Ablehnung von Beweisanträgen ohne jede inhaltliche Prüfung; die Weigerung, Anträge des Verteidigers entgegen zu nehmen; Verhandeln entgegen einer entsprechenden Zusicherung in Abwesenheit des Verteidigers; Ablehnung der Unterbrechung der Hauptverhandlung, um dem neu gewählten Verteidiger die Möglichkeit zur Vorbereitung zu geben; Weigerung, dem Verteidiger einen angemessenen Sitzplatz zuzuweisen; Nichtbeiordnung des Verteidigers des Vertrauens, Nichtgewährung von Akteneinsicht, Zurückweisung von Fragen entgegen § 241 Abs. 2 StPO. Die Prüfung ist dabei nicht pauschal, sondern stets am Einzelfall vorzunehmen.

324 Meyer-Goßner/Schmitt § 338 Rn. 52.
325 Meyer-Goßner/Schmitt § 338 Rn. 58 f.

bb) Relative Revisionsgründe

Sonstige revisible Verfahrensmängel (also nicht: bloße Ordnungsvorschriften) erfordern gemäß § 337 StPO eine vollstände zweistufige Prüfung. Zum einen muss Verfahrensrecht verletzt sein, zum anderen muss das Urteil auch darauf beruhen. Verletzt ist Verfahrensrecht, wenn eine gesetzlich vorgeschriebene Handlung unterblieben, wenn sie fehlerhaft vorgenommen worden ist oder wenn sie überhaupt unzulässig war.[326] Darüber hinaus kann jeder Beteiligte nur Verfahrensfehler rügen, die ihn selbst beschweren. Es geht dabei in erster Linie um Verfahrensmängel der Hauptverhandlung (Beweismittel werden nicht oder falsch eingeführt, Beweisanträge zu Unrecht abgelehnt, der Sachverhalt nicht ausreichend aufgeklärt, Beweismittel verwertet, die einem Beweisverwertungsverbot unterliegen, Zeugen mit Schweigerecht werden nicht belehrt, eine Verständigung ist nicht rechtskonform zustande gekommen usw.). Eine abschließende Aufzählung ist nicht möglich. **248**

Einige **Beispiele** für relative Revisionsgründe:

- Unterlassene/Verspätete Verlesung des Anklagesatzes, § 243 Abs. 3 S. 1 StPO (nur bei ganz einfachen Sach- und Rechtslagen unschädlich)
- Belehrungsmängel z. N. des Angeklagten, § 243 Abs. 5 S. 1 StPO
- Nichtaussetzung oder -unterbrechung der Verhandlung bei Anspruch gemäß §§ 217 Abs. 1, 218, 246 Abs. 2, 265 Abs. 3 StPO
- Überschreitung der Unterbrechungsfrist, § 229 StPO[327]
- Unterlassen eines richterlichen Hinweises, § 265 StPO: Fehlender Hinweis bei strafschärfender Berücksichtigung von gemäß § 154 a StPO ausgeschiedenem Verfahrensstoff, bei Abrücken von Wahrunterstellung oder einer Verständigung, § 257 c Abs. 4 S. 4 StPO
- Beschränkung/Entziehung des Fragerechts gemäß §§ 239 ff. StPO nach Zwischenrüge gemäß § 238 Abs. 2 StPO
- Fehler beim Schlussvortrag oder letzten Wort (§ 258 StPO), z.B. nach Wiedereintritt in die Beweisaufnahme
- Aufforderung an den Angeklagten, sich beim letzten Wort gemäß § 258 Abs. 2 StPO kurz zu fassen[328]
- Anwesenheit von nicht zugelassenen Personen (§ 193 GVG) bei der Beratung (z.B. Dolmetscher für nicht Deutsch sprechenden Schöffen – den es gemäß § 33 Nr. 5 GVG gar nicht geben sollte[329])
- Unterlassen der Dolmetschervereidigung, § 189 GVG
- Überschreitung der Urteilsverkündungsfrist, § 268 Abs. 3 S. 2 StPO
- Verletzung des § 145 Abs. 1 S. 2 StPO durch Unterlassen der Aussetzung bei Abwesenheit des Verteidigers[330]
- Verteidigung erhält nur eingeschränkt Akteneinsicht (vgl. § 147 StPO)[331]

326 BGH MDR 1981, 157; Meyer-Goßner/Schmitt § 337 Rn. 9.

327 Beruhen kann regelmäßig nicht ausgeschlossen werden; bloße Schiebetermine sind unzulässig, aber Anwesenheit des Angeklagten ist nicht unbedingt erforderlich, BGH NStZ 2014, 220 ff.

328 Meyer-Goßner/Schmitt § 258 Rn. 25.

329 BGH NStZ-RR 2011, 349.

330 BGH NJW 2013, 2981.

331 BGH RÜ 2017, 580.

c) Verletzung sachlichen Rechts

249 Die andere Seite der Revision ist die Prüfung der sog. Sachrüge. Sie kann in einem einzigen Satz bestehen („Gerügt wird die Verletzung sachlichen Rechts“) und ermöglicht dem Revisionsgericht zu prüfen, ob das Recht auf den festgestellten Sachverhalt richtig angewendet worden ist und ob die Urteilsfeststellungen überhaupt eine tragfähige Grundlage bilden. Sind sie nämlich nicht frei von Lücken, Widersprüchen und Verstößen gegen Denk- und Erfahrungssätzen, leidet das Urteil unter einem **Darstellungsmangel**. In diesem Fall kann das Recht nicht richtig angewendet worden sein.[332]

Die Sachrüge führt auch dazu, dass das Revisionsgericht von Amts wegen zu berücksichtigende Verfahrensvoraussetzungen und -fehler prüft. Auch der **Rechtsfolgenausspruch** wird überprüft. Allerdings beschränkt sich diese Prüfung auf Rechtsfehler. Geht es um Ermessenentscheidungen, wird das Revisionsgericht sein Ermessen nicht an die Stelle des Tatgerichts setzen (dürfen). Es prüft nur, ob der Richter sich der Befugnis, sein Ermessen auszuüben, bewusst gewesen ist und ob er es fehlerhaft ausgeübt hat, weil er die anzuwendenden Rechtsbegriffe überschritten hat oder ob der willkürlich oder grob missbräuchlich verfahren ist.[333]

3. Entscheidung des Revisionsgerichts

250 Meist entscheidet das Revisionsgericht gemäß § 349 StPO im **Beschlusswege** ohne Hauptverhandlung. Ist die Revision unzulässig, wird sie nach Abs. 1 verworfen. Ist sie offensichtlich unbegründet, kann sie durch einen (gemäß § 34 StPO keinem Begründungszwang unterliegenden) Beschluss als offensichtlich unbegründet verworfen werden, Abs. 2. Soll das Urteil zugunsten des Angeklagten aufgehoben werden, kann dies gemäß Abs. 4 durch Beschluss geschehen. Und nur in den verbliebenen Fällen kommt es nach Abs. 5 zu einer Revisionshauptverhandlung (z.B. bei einer Urteilsaufhebung zuungunsten des Angeklagten).

Ist die Revision begründet, hebt das Revisionsgericht gemäß § 353 Abs. 1 StPO das Urteil (ganz oder auch teilweise) auf. Liegt nur ein sachlich-rechtlicher Mangel vor, kann das Revisionsgericht u.U. selbst entscheiden (bei Freispruch, Einstellung, lebenslanger Freiheitsstrafe, gesetzlich niedrigster Strafe, Absehen von Strafe), § 354 Abs. 1 StPO. Tut es dies – wie meist – nicht, muss die Sache erneut verhandelt werden. Dann werden neben dem Urteil gemäß § 353 Abs. 2 StPO auch die zugrunde liegenden Feststellungen aufgehoben. Zugleich wird die Sache gemäß § 354 Abs. 2 StPO zur erneuten Verhandlung und Entscheidung zurückverwiesen.

---

332 Meyer-Goßner/Schmitt § 337 Rn. 21.

333 Meyer-Goßner/Schmitt § 337 Rn. 17.

V. Beschwerde

Gegen alle von den Gerichten erlassenen Beschlüsse und gegen die Verfügungen des Vorsitzenden, des Ermittlungsrichters oder eines beauftragten oder ersuchten Richters ist gemäß § 304 Abs. 1 StPO die **Beschwerde** statthaft, soweit das Gesetz nicht ausdrücklich etwas anders bestimmt. Entscheidungen der erkennenden Gerichte, die der Urteilsfällung vorausgehen, sind gemäß § 305 S. 1 StPO nicht mit der Beschwerde angreifbar, soweit es nicht um Verhaftungen, die Unterbringung, Beschlagnahmen, Führerscheine, ein vorläufiges Berufsverbot oder Entscheidungen geht, die dritte Personen betreffen. Die Ablehnung eines Beweisantrages in der Hauptverhandlung ist damit nicht mit der Beschwerde angreifbar. 251

Die Beschwerde wird gemäß § 306 Abs. 1 StPO bei dem Gericht, von dem die angefochtene Entscheidung stammt, schriftlich oder zu Protokoll der Geschäftsstelle eingelegt. Hält das Gericht die Beschwerde für begründet, kann sie ihr gemäß Abs. 2 **abhelfen**, was die Beschwerde von den anderen Rechtsmitteln unterscheidet (kein Devolutiveffekt). Anderenfalls wird die Sache dem Beschwerdegericht vorgelegt.

Durch die Einlegung der Beschwerde wird der **Vollzug** der angefochtenen Entscheidung gemäß § 307 StPO **nicht gehemmt**. Allerdings kann angeordnet werden, dass die Vollziehung der angefochtenen Entscheidung auszusetzen ist.

Wird Beschwerde gegen die Aufhebung eines Haftbefehls eingelegt, ist ein Antrag gemäß § 307 Abs. 2 StPO nicht möglich, weil gemäß § 120 Abs. 2 StPO durch die Einlegung des Rechtsmittels die Freilassung des Beschuldigten nicht aufgehalten werden darf.

Die Entscheidung über die Beschwerde ergeht gemäß § 309 StPO ohne mündliche Verhandlung durch Beschluss. Das Gericht trifft dabei eine eigene Sachentscheidung, und zwar auch in Ermessensfragen (Unterschied zur Revision).[334] In aller Regel kann diese Entscheidung nicht weiter angefochten werden. Eine Ausnahme macht § 310 StPO nur für Beschwerdeentscheidungen des Landgerichts (oder ggf. Oberlandesgerichts), die eine Verhaftung, einstweilige Unterbringung oder einen Vermögensarrest nach § 111 e StPO betreffen.

In einigen Fällen ist die Beschwerde an eine Frist gebunden. Schreibt das Gesetz als Rechtsbehelf die **sofortige Beschwerde** vor (z.B. bei § 81 Abs. 4 StPO – hier mit aufschiebender Wirkung – oder beim Nichteröffnungsbeschluss gemäß § 210 Abs. 2 StPO), dann muss diese binnen einer Woche nach Bekanntmachung eingelegt werden, § 311 StPO. Anders als bei der Beschwerde kann das Gericht bei einer sofortigen Beschwerde grundsätzlich keine Nichtabhilfeentscheidung treffen, § 311 Abs. 3 StPO.

334 Meyer-Goßner/Schmitt § 309 Rn. 4.

3. Teil: Besondere Rechtsbehelfe

A. Wiedereinsetzung in den vorigen Stand

252 Die Wiedereinsetzung in den vorigen Stand ist der statthafte Rechtsbehelf gegen die **Versäumung** einer beim Gericht wahrzunehmenden **prozessualen Frist**. Sie wird besonders praktisch bei Versäumung von **Rechtsmittelfristen**, aber auch bei der Versäumung eines Hauptverhandlungstermins kann ggf. um Wiedereinsetzung nachgesucht werden, vgl. §§ 315, 342 StPO. Auf Präklusionszeitpunkte (z.B. §§ 6 a, 16, 222 b StPO) ist sie jedoch nicht anwendbar.

Wird Wiedereinsetzung gewährt, so hat das zur Folge, dass die Frist als gewahrt gilt und die infolge der Fristversäumung eingetretenen prozessualen Folgen beseitigt werden. Die aufgrund der Fristversäumung eingetretene Rechtskraft der Entscheidung fällt ohne Weiteres weg.

Die Wiedereinsetzung ist **binnen einer Woche nach Wegfall des Hindernisses** zu **beantragen**, § 45 Abs. 1 S. 1 StPO.

Zuständig ist das Gericht, bei dem die Frist wahrzunehmen gewesen wäre, sog. iudex a quo, aber auch eine Antragstellung beim iudex ad quem ist zulässig, § 45 Abs. 1 S. 2 StPO.

Die Tatsachen zur Begründung des Antrags sind **glaubhaft** zu machen, § 45 Abs. 2 S. 2 StPO, d.h. die Richtigkeit des Tatsachenvortrags muss dem Gericht als wahrscheinlich erscheinen. Mittel der Glaubhaftmachung sind u.a. eidesstattliche Versicherungen (jedoch nicht die des Antragstellers).

Weiterhin muss innerhalb der Antragsfrist die **versäumte Handlung nachgeholt** werden, § 45 Abs. 2 S. 2 StPO.

Voraussetzung für die Wiedereinsetzung **ist schließlich gemäß § 44 Abs. 1 S. 1 StPO**, dass **der Antragsteller ohne (Mit-)Verschulden verhindert war, die Frist einzuhalten**. Die Versäumung einer Rechtsmittelfrist gilt als unverschuldet, wenn die vorgeschriebene Rechtsmittelbelehrung (§ 35 a StPO) unterblieben ist, § 44 S. 2 StPO. Zu der Rechtsmittelbelehrung gehört nicht nur die Belehrung über Frist und Form der Revision, sondern auch über Frist und Form der Revisionsbegründung. Wenn das Tatgericht bei dem Urteil eine richtige Rechtsmittelbelehrung erteilt hat, kann als Wiedereinsetzungsgrund nur geltend gemacht werden, dass er ohne sein Verschulden verhindert war, die Revisionsbegründungsfrist einzuhalten.

Im Zivilprozess wird Anwaltsverschulden gemäß § 85 Abs. 2 ZPO zugerechnet. Da in der StPO eine vergleichbare Regelung nicht enthalten ist, **lässt sich im Strafprozess ein Verschulden aus der anwaltlichen Sphäre dem Beschuldigten nicht zurechnen.**[335]

335 BGHSt 14, 306, 308; LG Schwerin NJW 2006, 1448; Meyer-Goßner/Schmitt § 44 Rn. 18.

B. Wiederaufnahme des Verfahrens

Von der Wiedereinsetzung in den vorigen Stand ist die Wiederaufnahme des Verfahrens gemäß §§ 359 ff. StPO zu unterscheiden. Die Wiederaufnahme ist ein außerordentlicher Rechtsbehelf, um ein durch rechtskräftiges Urteil abgeschlossenes Verfahren erneut aufzugreifen, wenn das Urteil sich nachträglich als untragbar falsch erweist. **253**

Die Wiederaufnahme ist nicht nur zugunsten des Angeklagten (§ 359 SPO), sondern auch zuungunsten (§ 362 StPO) möglich.

Voraussetzung ist ein **Antrag**. Hierfür gelten über § 365 StPO die allgemeinen Rechtsmittelvorschriften der §§ 296–303 StPO entsprechend. Die StA kann den Antrag also auch zugunsten des Verurteilten stellen (§ 296 Abs. 2 StPO).
Der Angeklagte (Verurteilte) kann den Antrag nur mittels einer vom Verteidiger oder einem Rechtsanwalt unterzeichneten Schrift oder zu Protokoll der Geschäftsstelle stellen (§ 366 Abs. 2 StPO).

Bei den auf die Behauptung einer Straftat gegründeten Wiederaufnahmeanträgen (§§ 359 Nr. 1–3, 362 Nr. 1–3 StPO) ist die Wiederaufnahme **nur dann zulässig, wenn wegen dieser Tat rechtskräftig verurteilt worden** ist oder wenn die Einleitung oder Durchführung eines Strafverfahrens aus anderen Gründen als wegen Mangels an Beweisen nicht erfolgen kann, § 364 StPO.

Unzulässig ist die Wiederaufnahme zwecks bloßer Änderung des Strafmaßes bei gleichbleibendem Schuldspruch sowie zu dem Zweck, eine Milderung der Strafe wegen verminderter Schuldfähigkeit herbeizuführen, § 363 StPO.

Das Wiederaufnahmeverfahren zerfällt in drei Abschnitte:

I. Zulässigkeitsprüfung (sog. Additionsverfahren)

Wenn die Wiederaufnahme unzulässig ist, ergeht gemäß § 368 StPO ein Verwerfungsbeschluss. Anderenfalls ergeht umgekehrt ein Zulassungsbeschluss.

II. Begründetheitsprüfung (sog. Probationsverfahren)

Es erfolgt eine Beweisaufnahme über die geltend gemachten Wiederaufnahmegründe. Ist der Antrag unbegründet, wird er ohne mündliche Verhandlung verworfen, anderenfalls ordnet das Gericht die Wiederaufnahme und die Erneuerung der Hauptverhandlung an, § 370 StPO.

4. Teil: Besondere Verfahrensarten

254 Die Erhebung der öffentlichen Klage in Form der Anklage ist die wichtigste, aber nicht die einzige Möglichkeit, Straftaten vor Gericht zu bringen. Der Gesetzgeber hat mehrere weitere Möglichkeiten geregelt, nämlich die Privatklage, das Strafbefehlsverfahren und das beschleunigte Verfahren. Außerdem wird bestimmten Personen die Möglichkeit eingeräumt, als Nebenkläger selbst als Verfahrensbeteiligte am Prozess teilzunehmen.

A. Die Privatklage

255 Eigentlich liegt das Anklagemonopol bei der Staatsanwaltschaft. Allerdings sind in § 374 StPO Delikte genannt, die der Staatsanwalt gemäß § 376 StPO nur dann anklagt, wenn dies im **öffentlichen Interesse** liegt, z.B. Hausfriedensbruch, Verletzung des höchstpersönlichen Lebensbereiches durch Bildaufnahmen, Verletzung des Briefgeheimnisses, Beleidigung, Körperverletzung, Nötigung, Bedrohung und Sachbeschädigung.

Wann das öffentliche Interesse zu bejahen ist, regeln die RiStBV im Allgemeinen in Nr. 86 Abs. 2, in Nr. 229 für die Beleidigung und in Nr. 233 für die Körperverletzung. Dieses besteht i.d.R., wenn die Tat nicht nur den Rechtskreis der Beteiligten (Täter–Opfer) tangiert, sondern auch die Allgemeinheit (und sei es aus dem Gesichtspunkt der Generalprävention). Damit nicht zu verwechseln ist der Umstand, dass bestimmte Delikte nach dem StGB von vornherein nur verfolgt werden können, wenn entweder ein Strafantrag des Verletzten vorliegt oder die StA das besondere öffentliche Interesse bejaht, vgl. z.B. §§ 230, 248 a StGB.

Dies gilt aber nur dann, wenn die Entschließung eine prozessuale Tat betrifft, die ausschließlich **Privatklagedelikte** zum Gegenstand hat. Treffen dagegen Privatklage- und Offizialdelikte innerhalb einer prozessualen Tat zusammen, muss das Verfahren einheitlich geführt werden; das Offizialverfahren, in dem das Privatklagedelikt ohne Rücksicht auf das öffentliche Interesse mitzuverfolgen ist, hat dann Vorrang.[336]

Verneint die Staatsanwaltschaft das öffentliche Interesse an der Strafverfolgung, stellt sie das Ermittlungsverfahren ein und verweist den Antragsteller auf den Privatklageweg. Bei einigen Delikten ist gemäß § 380 StPO ein erfolgloser **Sühneversuch** Zulässigkeitsvoraussetzung. Die Erhebung der Privatklage geschieht gemäß § 381 durch Einreichung einer Anklageschrift, die den Erfordernissen des § 200 StPO entsprechen muss. Die Staatsanwaltschaft ist zu einer Mitwirkung nach § 377 StPO nicht verpflichtet, kann aber in jeder Lage des Verfahrens die Verfolgung übernehmen. Gemäß § 383 StPO kann das Gericht das Hauptverfahren eröffnen, die Klage zurückweisen oder das Verfahren wegen geringer Schuld einstellen. Hiergegen ist die sofortige Beschwerde statthaft.

Hier zeigt sich, warum eine Einstellung des Ermittlungsverfahrens nebst Verweisung auf den Privatklageweg gegenüber § 153 Abs. 1 S. 1 und 2 StPO spezieller ist. Während nach dieser Vorschrift eine geringe Schuld UND das fehlende öffentliche Interesse an der Strafverfolgung Einstellungsvoraussetzung sind, ist eine Verweisung auf den Privatklageweg nach § 376 StPO nur bei fehlendem Verfolgungsinteresse möglich. Die zweite Voraussetzung – geringe Schuld – prüft dann das Gericht. Große Bedeutung hat dieses Verfahren nicht erlangt. Privatklageverfahren sind in der Rechtspraxis selten.

336 BGH RÜ2 2016, 133; Meyer-Goßner/Schmitt § 376 Rn. 9 f.

Für das weitere Verfahren gelten nach § 384 StPO die Vorschriften für die öffentliche Klage. Als Besonderheit ist die Möglichkeit der Widerklage gemäß § 388 StPO zu nennen. Ergibt das Hauptverfahren, dass die Straftat doch ein Offizialdelikt darstellt, muss das Privatklageverfahren gemäß § 389 StPO durch Urteil eingestellt werden.

B. Die Nebenklage

Es gibt Delikte, bei denen auf Opferseite das Bedürfnis erwächst, persönlich am Prozess **256**
teilzunehmen. In den Fällen des § 395 StPO kann sich der Verletzte einer Tat mit der **Nebenklage** anschließen. Hierzu zählen Sexualdelikte, Mord und Totschlag, Aussetzung, Körperverletzungsdelikte und diverse Straftaten gegen die persönliche Freiheit. Angehörige Getöteter können ebenfalls eine Anschlusserklärung abgeben. Auch bei Ehrdelikten, Wohnungseinbruchsdiebstahl und Raubtaten ist ein Anschluss möglich, wenn dies aus besonderen Gründe, z.B. wegen der schweren Folgen der Tat, zur Wahrnehmung der Interessen des Verletzten geboten ist. Der Anschluss ist in jeder Lage des Verfahrens möglich, sogar nach gesprochenem Urteil zum Zweck der Einlegung von Rechtsmitteln ist er noch möglich.

Bei der Nebenklage tritt im öffentlichen Anklageverfahren eine mit eigenen prozessualen Rechten ausgestattete Privatperson neben der StA als sog. **Nebenkläger** auf. Da der Nebenkläger Verfahrensbeteiligter ist, kann er in dem in § 397 StPO genannten Umfang Einfluss auf den Prozess nehmen. Der Nebenkläger kann auch **Rechtsmittel** einlegen, § 401 StPO, allerdings **nur, soweit er beschwert ist** und nicht lediglich eine andere Rechtsfolge anstrebt (§ 400 StPO). Entscheidungen über die Untersuchungshaft des Angeklagten beschweren ihn nicht, weshalb er sich nicht dagegen wenden kann, wohl aber, wenn das Gericht einen Beweisantrag ablehnt, der dem Beweis eines Nebenklagedeliktes i.S.d. § 395 dienen soll.[337]

C. Das Strafbefehlsverfahren

Das Strafbefehlsverfahren dient dazu, möglichst schnell, kostengünstig und ohne auf- **257**
wendige Hauptverhandlung eine Verurteilung zu erreichen. Namentlich in einfacher liegenden Fällen, bei denen nach Abschluss des Ermittlungsverfahrens der Sachverhalt geklärt und der Täter geständig ist und keine schweren Delikte vorliegen, kommt ein Strafbefehl in Betracht.

Das Strafbefehlsverfahren ist für das Gericht ein summarisches Verfahren nach Aktenlage ohne Hauptverhandlung. Allerdings kann der Beschuldigte Einspruch einlegen; dann kommt es doch zur Hauptverhandlung.

Die Staatsanwaltschaft beantragt gemäß § 407 Abs. 1 StPO einen Strafbefehl, wenn sie nach dem Ergebnis der Ermittlungen eine Hauptverhandlung nicht für erforderlich erachtet. Zur Vereinfachung und Beschleunigung des Geschäftsgangs geschieht das in der Praxis so, dass die StA nach Abschluss der Ermittlungen einen **Strafbefehlsentwurf** einreicht und **beantragt, einen Strafbefehl dieses Inhalts zu erlassen.**

---

337 Meyer-Goßner/Schmitt § 400 Rn. 1.

258 Da der Antrag die Funktion einer Anklageschrift erfüllt, muss er den Erfordernissen des § 409 StPO genügen und – im Unterschied zur Anklageschrift – bereits den **Antrag auf Festsetzung einer bestimmten Rechtsfolge** enthalten. Zulässig sind im Strafbefehlsverfahren gemäß **§ 407 Abs. 2 StPO** grundsätzlich nur Geldstrafe sowie gewisse Nebenstrafen und Nebenfolgen; von den Maßregeln der Besserung und Sicherung nur Entziehung der Fahrerlaubnis, bei der die Sperrfrist nicht mehr als zwei Jahre betragen darf. Hat der Beschuldigte allerdings einen Verteidiger, so kann auch Freiheitsstrafe bis zu einem Jahr festgesetzt werden, wenn deren Vollstreckung zur Bewährung ausgesetzt wird, § 407 Abs. 2 S. 2 StPO.

Nach § 407 Abs. 1 S. 1 kann ein Strafbefehl vor dem Strafrichter und im Verfahren, das zur Zuständigkeit des Schöffengerichts gehört, beantragt werden. Die zulässigen Rechtsfolgen sind allerdings für das Schöffengericht zu gering. Das Schöffengericht ist zuständig bei Verbrechen mit einer Straferwartung bis vier Jahren oder bei Vergehen bei einer Straferwartung von zwei bis vier Jahren. Dies hat seinen Grund darin, dass früher eine Anklage zum Schöffengericht wegen der Bedeutung der Sache möglich war, so wie heute noch bei Strafkammeranklagen (vgl. § 24 Abs. 1 Nr. 3 GVG). Das Schöffengericht ist für Strafbefehlsanträge stets unzuständig, nur im Fall des § 408 a StPO ist ein Strafbefehl durch das Schöffengericht theoretisch möglich.[338]

259 Der Richter prüft zunächst seine **Zuständigkeit, vgl. § 408 Abs. 1 StPO**. Anschließend überprüft er nach Aktenlage summarisch, ob wie von der Staatsanwaltschaft **angenommen hinreichender Tatverdacht** besteht. Ist dies nicht der Fall, lehnt er den Erlass des Strafbefehls gemäß § 408 Abs. 2 StPO ab, was der Ablehnung der Eröffnung des Hauptverfahrens gleichsteht.

Stehen dem Erlass des Strafbefehls keine Bedenken entgegen, so hat der Richter dem Antrag der Staatsanwaltschaft zu entsprechen, § 408 Abs. 3 StPO, d.h. er hat den Strafbefehl inhaltlich auch so zu **erlassen**, wie er beantragt ist. Er kann aber auch eine **Hauptverhandlung anberaumen**, wenn er Bedenken hat, ohne eine solche zu entscheiden oder wenn er von der rechtlichen Beurteilung im Strafbefehlsantrag **abweichen** oder eine **andere Rechtsfolge** festsetzen will.

Weiterhin ist es möglich, gegen einen Angeklagten, der trotz ordnungsgemäßer Ladung nicht zur Hauptverhandlung erschienen ist, gemäß § 408 a StPO einen Strafbefehl zu erlassen.

260 Der Angeklagte kann gegen den Strafbefehl innerhalb von zwei Wochen nach Zustellung **Einspruch** einlegen. Anderenfalls entfaltet der Strafbefehl die Wirkungen einer rechtskräftigen Verurteilung (allerdings mit erleichterter Wiederaufnahmemöglichkeit, § 373 a StPO, wenn sich die Tat nachträglich als Verbrechen darstellt).

Wird der Einspruch nicht zurückgenommen und nimmt auch die StA die mit dem Antrag auf Erlass des Strafbefehls bereits erhobene öffentliche Klage nicht zurück, dann muss **grundsätzlich** eine **Hauptverhandlung** stattfinden.

Die Rücknahme der Anklage oder des Einspruchs kann noch bis zur Verkündung des Urteils im ersten Rechtszug geschehen, § 411 Abs. 3 S. 1 StPO. Nach Beginn der Hauptverhandlung bedarf dies allerdings jeweils der Zustimmung des Gegners, §§ 411 Abs. 3 S. 2, 303 StPO.

338 Meyer-Goßner/Schmitt § 408 Rn. 5 f.

Durch den ordnungsgemäßen Einspruch ist der Strafbefehl beseitigt. Grundlage für die Hauptverhandlung ist nun der Strafbefehl, der von dem Vertreter der Staatsanwaltschaft als Anklagesatz verlesen wird (§ 243 Abs. 3 S. 1 StPO). Da nunmehr das normale Strafverfahren stattfindet, ist das Gericht weder an den (beseitigten) Strafbefehl gebunden (§ 411 Abs. 4 StPO), auch **gilt das Verbot der reformatio in peius nicht**. Das Gericht kann nur dann nicht zum Nachteil des Angeklagten von der Entscheidung abweichen, wenn er seinen Einspruch auf die Höhe der Tagessätze beschränkt hat und das Gericht hierüber durch Beschluss entscheiden kann, § 411 Abs. 1 S. 3 StPO.[339]

Im Gegensatz zum normalen Verfahren (vgl. §§ 230–233 StPO) besteht in einer auf den Einspruch anberaumten Hauptverhandlung für den Angeklagten keine grundsätzliche Anwesenheitspflicht. Er kann sich immer durch einen Verteidiger vertreten lassen, § 411 Abs. 2 StPO, der allerdings über eine schriftliche Vertretungsvollmacht verfügen muss. Daran ändert sich nach hM auch nichts durch die Anordnung des persönlichen Erscheinen gemäß § 236 StPO.[340]

261 Gemäß § 411 Abs. 2 S. 2 StPO ist § 420 StPO anzuwenden. Diese Vorschrift aus dem Abschnitt über das beschleunigte Verfahren ist eine Aufweichung des Unmittelbarkeitsgrundsatzes des § 250 StPO (siehe unten Rn. 264).

Gegen den **unentschuldigt ausgebliebenen** und auch **nicht** durch einen **Verteidiger vertretenen Angeklagten** wird die Hauptverhandlung nicht durchgeführt (keine Beweisaufnahme), sondern der **Einspruch durch Urteil verworfen**, §§ 412, 329 Abs. 1 StPO (entsprechende Anwendung der Vorschrift über die Berufungsverwerfung). Durch dieses Verwerfungsurteil tritt der Strafbefehl wieder in Kraft und wird rechtskräftig.

D. Das beschleunigte Verfahren

262 Ist der Sachverhalt einfach oder die Beweislage klar und die Sache deswegen zur sofortigen Verhandlung geeignet, beantragt der Staatsanwalt schriftlich oder mündlich, im beschleunigten Verfahren zu entscheiden.

Beim **Strafbefehlsverfahren** ist die Sach- und Rechtslage klar und daher eine Hauptverhandlung entbehrlich. **Beim beschleunigten Verfahren** ist die Sachlage einfach oder die Beweislage klar, aber eine Hauptverhandlung ist erforderlich, z.B. um die Höhe der Schuld zu ermitteln, welche allein aus der Aktenlage nicht hervorgeht. Das beschleunigte Verfahren ist anders als das Strafbefehlsverfahren auch bei Verbrechen möglich (allerdings beträgt die höchstmögliche Sanktion ein Jahr Freiheitsstrafe, § 419 Abs. 1 S. 2 StPO).

263 Stellt die Staatsanwaltschaft den Antrag, so wird **gemäß § 418 StPO die Hauptverhandlung sofort oder in kurzer Frist** (maximal sechs Wochen) **durchgeführt**, ohne dass es einer Entscheidung über die Eröffnung des Hauptverfahrens bedarf. D.h. **ein Zwischenverfahren findet nicht statt**. Gemäß § 418 Abs. 3 StPO ist noch nicht einmal die Einreichung einer Anklageschrift erforderlich; die Anklage wird mündlich in der Hauptverhandlung erhoben. Gemäß § 418 Abs. 2 StPO wird der Beschuldigte nur gela-

339 H.M.: Meyer-Goßner/Schmitt § 411 Rn. 11.

340 Meyer-Goßner/Schmitt § 411 Rn. 4.

den, wenn er sich nicht freiwillig zur Hauptverhandlung stellt oder nicht dem Gericht vorgeführt wird. Die **Ladungsfrist beträgt lediglich vierundzwanzig Stunden, § 418 Abs. 2 S. 3**. § 127 b StPO ermöglicht zudem die vorläufige Festnahme bzw. Verhaftung des Beschuldigten zur Sicherung des beschleunigten Verfahrens. Ist Freiheitsstrafe von mindestens sechs Monaten zu erwarten, so wird dem Beschuldigten, der noch keinen Verteidiger hat, für das beschleunigte Verfahren ein Verteidiger bestellt, § 418 Abs. 4 StPO.

264 **§ 420 StPO vereinfacht die Beweisaufnahme** in der Hauptverhandlung: Die Vernehmung eines Zeugen, Sachverständigen oder Mitbeschuldigten darf durch **Verlesung von Niederschriften** ersetzt werden. Allerdings ist gemäß § 420 Abs. 3 StPO die Zustimmung des Angeklagten, des Verteidigers und der StA erforderlich, sofern sie in der Hauptverhandlung anwesend sind. Insofern ergeben sich also Ausnahmen vom Unmittelbarkeitsgrundsatz i.S.v. § 250 StPO. Gemäß **§ 420 Abs. 4 StPO** bestimmt sich der **Umfang der Beweisaufnahme nur nach § 244 Abs. 2 StPO, d.h.** das Gericht ist im Falle eines Beweisantrages **nicht an die** strengen **Ablehnungsgründe des § 244 Abs. 3 StPO gebunden**. Der Richter kann daher, falls er glaubt, der Sachverhalt sei bereits erwiesen, einen Beweisantrag zurückweisen.

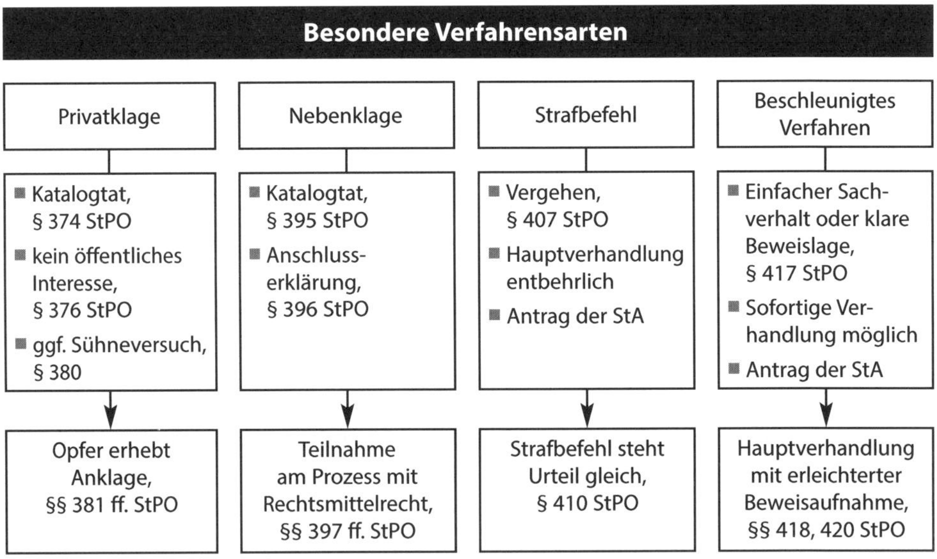

5. Teil: Rechtskraft

Die formelle Rechtskraft ist von der materiellen zu unterscheiden. **265**

A. Die formelle Rechtskraft

Formelle Rechtskraft bedeutet, dass die Entscheidung von den Verfahrensbeteiligten nicht oder nicht mehr mit einem ordentlichen Rechtsmittel angefochten werden kann und damit nicht mehr abänderbar ist.[341] **Wird ein Urteil formell rechtkräftig, ist die Rechtshängigkeit beendet.**

Erstinstanzliche Urteile oder Berufungsurteile des Landgerichts werden dann formell rechtskräftig, wenn die Rechtsmittelfrist ungenutzt verstrichen ist, auf Rechtsmittel verzichtet oder ein eingelegtes Rechtsmittel zurückgenommen worden ist, § 302 StPO.

Teilweise wird noch zwischen absoluter und relativer Rechtskraft unterschieden.[342] Ein Urteil, das nur von einem Prozessbeteiligten nicht mehr angefochten werden kann, ist nicht rechtskräftig. Erst wenn alle Beteiligten ihr Anfechtungsrecht verloren haben, ist absolute Rechtskraft gegeben. Die relative Rechtskraft entfaltet nur eine teilweise Sperrwirkung: Verzichtet die Staatsanwaltschaft auf Rechtsmittel und legt der Angeklagte gegen ein Urteil Berufung oder Revision ein, führt dies zum Verböserungsverbot, §§ 331, 358 StPO (sog. subjektiv-relative Rechtskraft). Im Übrigen ist es auch möglich, nicht das vollständige Urteil, sondern nur Teile davon anzufechten, z.B. den Rechtsfolgenausspruch. In diesem Fall tritt mit der **Beschränkung des Rechtsmittels** im Übrigen **teilweise Rechtskraft** ein, nur eben nicht absolut.

Die formelle Rechtskraft ist Voraussetzung für die Strafvollstreckung, § 449 StPO, Eintragung der Verurteilung in das Bundeszentralregister gemäß § 4 BZRG und das Fahreignungsregister (FAER) gemäß § 28 StVG.

B. Die materielle Rechtskraft

Wird ein Urteil formell rechtskräftig, tritt damit auch materielle Rechtskraft ein. Hierdurch werden der Schuld- und der Rechtsfolgenausspruch unabänderlich. Auf die Entscheidungsgründe und insbesondere auf die Feststellungen bezieht sich die Rechtskraft dagegen nicht. Daraus folgt, dass ein künftiges Straf- oder Zivilgericht zu anderen Feststellungen kommen kann.[343] Eine Ausnahme gilt dann, wenn das Gesetz selbst eine Bindung vorschreibt, wie z.B. bei der Beleidigung, § 190 StGB. **266**

341 Meyer-Goßner/Schmitt Einl. Rn. 164.

342 Meyer-Goßner/Schmitt Einl. Rn. 164 einerseits, LR/Kühne Einl. K Rn. 70 andererseits

343 Meyer-Goßner/Schmitt Einl. 169 f.

I. Strafklageverbrauch

267 Durch den Eintritt der materiellen Rechtskraft wird die Strafklage verbraucht. Eine erneute Strafverfolgung wegen derselben Tat gegen denselben Täter ist unzulässig, Art. 103 Abs. 3 GG. Dies gilt auch bei einem rechtskräftig gewordenen Freispruch.[344] Gemäß § 84 Abs. 2 OWiG steht ein rechtskräftiges Urteil über die Tat als Ordnungswidrigkeit auch ihrer Verfolgung als Straftat entgegen.

Der Strafklageverbrauch kann problematisch werden, wenn der Täter z.B. wegen Diebstahls rechtskräftig verurteilt worden ist und sich später herausstellt, dass er tatsächlich die Ware vom Dieb angekauft hat, also Hehler ist – oder umgekehrt. Der Strafklageverbrauch umfasst die gesamte prozessuale Tat i.S.d. § 264 StPO, sodass sich die Frage stellt, ob bei derartigen Konstellationen bei natürlicher Betrachtungsweise ein einheitlicher Lebensvorgang gegeben ist. Der BGH hat entschieden, dass ein ausreichend enger sachlicher Zusammenhang, der eine einheitliche prozessuale Tat begründet, nicht nur zwischen den verschiedenen Formen der Beteiligung an einer materiell-rechtlichen Tat, sondern grundsätzlich auch zwischen Hehlerei oder Begünstigung und dem Vordelikt besteht.[345] Ob hiervon bei Zugrundelegung einer natürlichen Betrachtungsweise eine Ausnahme zu machen ist, wenn ein längerer zeitlicher Abstand gegeben ist, wird von ihm dagegen nicht einheitlich beurteilt.[346]

Nach st.Rspr. ist es auch nicht möglich, im Falle einer Verurteilung wegen Körperverletzung eine erneute Anklage zu erheben, wenn das Opfer später seinen Verletzungen erliegt.[347] Auch eine Wiederaufnahme zuungunsten des Angeklagten ist nicht möglich, da kein Wiederaufnahmegrund i.S.d. § 362 StPO vorliegt.

II. Prozessurteile

268 Prozessurteile i.S.d. § 260 Abs. 3 StPO haben grundsätzlich keinen Verbrauch der Strafklage zur Folge. Ist das Prozesshindernis behebbar und behoben, kann die StA eine neue Anklageschrift einreichen.[348] Es gibt jedoch Situationen, in denen sich das Gericht nach h.M. über eine fehlende Prozessvoraussetzung hinwegsetzen kann:

Wird wegen Körperverletzung verhandelt und stellt sich die Unschuld des Angeklagten heraus, kann es vorkommen, dass das Opfer den Strafantrag zurücknimmt. Erfolgt keine (ggf. konkludente[349]) Erklärung zum besonderen öffentlichen Interesse durch die Staatsanwaltschaft, müsste das Gericht an sich gemäß § 260 Abs. 3 StPO das Verfahren durch Urteil einstellen. Dies hat jedoch keinen Einfluss auf die Möglichkeit der StA, noch-

344 BVerfGE 3, 248; 12, 66.

345 BGH RÜ 2017, 377.

346 Übersicht zur Rspr. KK-StPO/Ott § 264 Rn. 23 ff.

347 BVerfG NJW 19834, 604.

348 BGHSt 1, 231, 235.

349 Vgl. BGH RÜ2 2016, 180; siehe zu den Möglichkeiten der konkludenten Bejahung des besonderen öffentlichen Interesses auch BGH RÜ2 2016, 133; und insbesondere zur konkludenten Bejahung durch Verurteilungsantrag BayObLG NJW 1990, 461; OLG Düsseldorf, Beschl. v. 17.03.2003 – III-2a Ss 28/03 – 16/03 II, BeckRS 2003, 30311729; MünchKomm-StGB/Hardtung § 230 Rn. 35.

mals Anklage zu erheben. Daher kann das Gericht nach dem Grundsatz „Freispruch vor Einstellung" den Angeklagten gleichwohl freisprechen.[350] Deswegen wird auch vertreten, dass bei Zusammentreffen eines freizusprechenden Delikts mit einem nicht mehr verfolgbaren Delikt jedenfalls dann Freispruch zu ergehen hat, falls das erste Delikt schwerer ist.[351]

Beispiel: A wird angeklagt, vor über 20 Jahren eine Frau zur Verdeckung einer vorangegangenen Vergewaltigung ermordet zu haben. Die Vergewaltigung wird nicht mit angeklagt, weil die Tat mittlerweile verjährt ist. Kommt das Gericht zu dem Ergebnis, dass zwar die Tötung – die als Totschlag verjährt wäre – bewiesen werden kann, nicht jedoch die zu verdeckende Tat, scheitert der Nachweis der Verdeckungsabsicht. In diesem Fall wäre A wegen des nicht verjährten Mordes freizusprechen.

III. Nichtige Urteile

Eine Nichtigkeit von Urteilen ist nur in einem engen Rahmen und bei besonders krassen Verstößen möglich. In der Rspr. finden sich kaum Entscheidungen hierzu.[352] Denkbar erscheint eine Nichtigkeit z.B. bei Verstößen gegen den Grundsatz ne bis in idem, fehlender Gerichtsbarkeit, mangelnder Strafmündigkeit, Überschreitung der Grenzen des prozessualen Tatbegriffs, Tod des Angeklagten oder Verurteilung wegen nicht bestehender Strafgesetze oder Verhängung einer unbekannten Sanktion.[353] **269**

Diskutiert wird die Nichtigkeit vor allem bei Personenverwechslungen. Unproblematisch ist es, wenn der Angeklagte einen falschen Namen nennt und unter diesem Namen verurteilt wird. In diesem Fall kann das Urteil im Beschlusswege korrigiert werden.[354] Schwieriger ist die Frage zu beurteilen, wenn der Angeklagte eine andere Person statt seiner in die Hauptverhandlung schickt, die dann verurteilt wird.

Nach einer Auffassung[355] liegt ein Verstoß gegen § 230 Abs. 1 StPO vor, wonach gegen einen ausgebliebenen Angeklagten keine Hauptverhandlung stattfindet. Einer Anfechtung des Urteils bedürfe es nicht, weil es weder gegen den richtigen Angeklagten noch gegen den Scheinangeklagten wirksam sei.

Nach anderer Auffassung wirkt das Urteil gegen die tatsächlich erschienene Person.[356]

Nach wohl h.M.[357] wirkt das Urteil gegen den Genannten und nicht gegen den Erschienenen. Der gemeinte Angeklagte kann das Urteil anfechten (absoluter Revisionsgrund i.S.d. § 338 Nr. 5 StPO). Falls es rechtskräftig geworden sein sollte, sei es gemäß § 359 Nr. 5 StPO im Wiederaufnahmeverfahren zu beseitigen. Überwiegend wird daher nicht von Nichtigkeit des Urteils ausgegangen, sondern nur von Anfechtbarkeit.

350 Meyer-Goßner/Schmitt § 260 Rn. 44.
351 Meyer-Goßner/Schmitt § 260 Rn. 46.
352 Vgl. die Nachweise bei LR/Kühne Einl. K Rn. 126.
353 LR/Kühne Einl. K Rn. 119 ff.
354 BGH NStZ-RR 1996, 9.
355 KK-StPO/Gmel § 230 Rn. 7.
356 KG NStZ-RR 2004, 240.
357 BGH NStZ 1990, 290; OLG Bamberg NStZ 2007, 292; Meyer-Goßner/Schmitt § 230 Rn. 27.

IV. Rechtskraft des Strafbefehls

270 Nach § 410 Abs. 3 StPO erlangt ein Strafbefehl, gegen den nicht rechtzeitig Einspruch erhoben worden ist, die Wirkung eines rechtskräftigen Urteils. **Nach ganz h.M. und Rspr. ist allerdings die materielle Rechtskraft eines Strafbefehls gegenüber der eines Urteils eingeschränkt.** Dies wird damit begründet, dass es sich bei dem Strafbefehlsverfahren nur um ein **summarisches Verfahren** handele, bei dem der Strafrichter nicht die Möglichkeit hat, aufgrund einer Hauptverhandlung den Sachverhalt aufzuklären und ggf. die Strafklage umzugestalten, sondern nur nach Aktenlage entscheidet.[358]

Der Gesetzgeber hat hieraus die Konsequenz gezogen. In **§ 373 a StPO** hat er allerdings eine verfahrensmäßig rein wiederaufnahmerechtliche Lösung gewählt. Neben den allgemeinen Wiederaufnahmegründen zuungunsten des Verurteilten nach § 362 StPO, die hier nicht erfüllt sind, schafft § 373 a Abs. 1 StPO für den Strafbefehl den zusätzlichen **Wiederaufnahmegrund**, dass neue Tatsachen oder Beweismittel beigebracht sind, die eine Verurteilung **wegen eines Verbrechens** möglich erscheinen lassen.

Da der Strafbefehl ohne mündliche Verhandlung auf Grundlage der Akten ergeht, sind Tatsachen und Beweismittel neu, die nicht aus den Akten ersichtlich sind.[359] Ähnlich ist die Regelung in § 153 a Abs. 1 S. 5 StPO.

358 Vgl. auch BVerfG NJW 1984, 604, 605, NJW 2007, 207, 208.

359 BVerfG NJW 2007, 207, 208; Rieß/Hilger NStZ 1987, 204, 206 Fn 294.

Stichwortverzeichnis

Die Zahlen verweisen auf die Randnummern.

Absprachen ... 211
Abwesenheit, vorschriftswidrige ... 244
Adhäsionsverfahren ... 40
agent provocateur ... 188
Akkusationsprinzip ... 13
Akustische Wohnraumüberwachung ... 99
Allgemeinkundigkeit ... 158
Anfangsverdacht ... 4
Angeklagter ... 8, 27
Angeschuldigter ... 7, 27, 134
Anklagesatz ... 135
Anklageschrift ... 135
Annahmeberufung ... 232
Anordnungskompetenz ... 67
Arztvorbehalt ... 87
Auskunftsverweigerungsrecht ... 36

Bedeutungslosigkeit ... 159
Befragung, informatorische ... 187
Belehrung, qualifizierte ... 203
Belehrungsfehler ... 203
Berufung ... 231
Berufungshauptverhandlung ... 234
Beschlagnahme ... 72
Beschlagnahmefreiheit ... 73
Beschleunigungsgrundsatz ... 16
Beschränkung der Öffentlichkeit ... 245
Beschuldigte ... 27
Beschuldigtenbegriff
  subjektiv-objektiver ... 28
Beschuldigtenbelehrung ... 203
Beschuldigter ... 5
Beschwer ... 225
Beschwerde ... 251
Bestandsdaten ... 110
Betroffen auf frischer Tat ... 56
Beweisantizipation ... 154
Beweisantrag ... 148
Beweisbedürftigkeit ... 151
Beweiserhebung, unzulässige ... 157
Beweiserhebungsverbote ... 174
  relative ... 174
Beweisermittlungsantrag ... 148
Beweismethodenverbote ... 174
Beweismittel, präsente ... 155, 166
Beweismittelverbote ... 174
Beweisperson ... 167
Beweisthemenverbote ... 174
Beweisverbote ... 173
Beweisverwendungsverbote ... 191
Beweisverwertungsverbote ... 175
  eingeschränkte ... 190
  gesetzlich geregelte ... 183
  selbstständige ... 176
  uneingeschränkte ... 184
  unselbstständige ... 192
Blutprobe ... 84

Darknet ... 104
Darstellungsmangel ... 249
Deal ... 211
Devolutiveffekt ... 223
Dienstaufsichtsbeschwerde, sachliche ... 133
Dringender Tatverdacht ... 6, 45
Durchsuchung bei anderen Personen ... 66
Durchsuchung beim Beschuldigten ... 64
Durchsuchung zur Identitätsfeststellung ... 69

Einsatz technischer Mittel ... 94
Einstellung ... 122
E-Mail-Bestand ... 74
Entscheidung des Revisionsgerichts ... 250
Entschließung ... 5, 121
Erkenntnisverfahren ... 3
Erkennungsdienstliche Behandlung ... 89
Ermittler, verdeckte ... 188
Ermittlungsmöglichkeiten ... 5
Ermittlungsverfahren ... 26
Ersatzeingriff
  hypothetischer ... 196
Erstes Staatsexamen ... 1
Erwiesenheit ... 160
Eventualbeweisantrag ... 156

Fahrerlaubnis ... 76
Fernwirkung ... 209
Festnahme, vorläufige ... 43
Flucht ... 46
Fluchtgefahr ... 46
Freibeweis ... 18
Frühwirkung ... 210
Fruit of the poisonous tree-doctrine ... 209
Führerschein ... 76
Funkzellenabfrage ... 108

Gefahr im Verzug ... 67
Gerichte ... 26
Gerichtskundigkeit ... 158
Geschäftsverteilungsplan ... 240
Grenzen der Überwachung ... 100
Großer Lauschangriff ... 99
Grundsatz der freien Beweiswürdigung ... 20
Grundsatz der Öffentlichkeit ... 17
Grundsatz des fairen Verfahrens (fair trial) ... 23

Haftgründe ... 46
Hauptverfahren ... 26, 138
Hauptverhandlung ... 8, 138
Hauptverhandlungshaft ... 51
Herausgabe ... 70
Hilfsbeweisantrag ... 156
Hinreichender Tatverdacht ... 5
Hörfalle ... 185

In dubio pro reo ... 21
Informationsfunktion ... 136
Ingewahrsamnahme ... 71
Instanzenzug ... 223, 228
IP-Tracking ... 104

Klageerzwingungsverfahren ... 129
Kleiner Lauschangriff ... 101
Körperliche Untersuchung ... 83

Legalitätsprinzip ... 14
Legendierte Kontrolle ... 117
List, kriminalistisch ... 189

Mailserver des Providers ... 74
Mängel in der Person des Richters ... 240
Mängel in der Person des Schöffen ... 240
Maßnahmen zur Identitäts-
feststellung ... 63
Mitbeschuldigtenbegriff
formeller ... 29
materieller ... 29
Molekulargenetische Untersuchung ... 91
Mündlichkeitsgrundsatz ... 17

Nebenklage ... 256
Nebenkläger ... 39
Nemo tenetur se ipsum accusare ... 22
NOEP ... 116
Notstaatsanwalt ... 26

Observation ... 101
Offenkundigkeit ... 158
Offizialprinzip ... 12
Online-Durchsuchung ... 98
Opportunitätsprinzip ... 14

Pflichtverteidiger ... 33
Polizei ... 25
Postsendung ... 75
Privatklage ... 254
Privatklagedelikte ... 123, 254
Protokollverlesung ... 167
Prozessmaximen ... 10
Prozessualer Tatbegriff ... 3
Prozessurteil ... 221
Prozessurteile ... 268

Recht auf Akteneinsicht ... 34
Rechtskraft ... 265
formelle ... 265
materielle ... 266
Rechtskraft des Strafbefehls ... 270
Rechtsmittel ... 223
Rechtsmittelweg ... 230
Rechtsschutz gegen einen
Untersuchungshaftbefehl ... 55
Rechtsschutz gegen Zwangsmittel ... 118
Rechtsstaatsprinzip ... 11
Revision ... 235
Revisionsbegründung ... 235
Revisionsgründe ... 236
absolute ... 239
relative ... 248
Richter
abgelehnter ... 242
ausgeschlossener ... 241
Richtervorbehalt ... 72, 197
RiStBV ... 2
Rücknahme ... 226

Sachkunde, eigene ... 164
Sachurteil ... 221
Sachverständiger ... 38
Schöffengericht ... 228
Schutzzweck der verletzten Norm ... 194
Schweigen ... 27
partielles ... 27
Totalschweigen ... 27
Schwurgericht ... 229
Sicherstellung ... 71
Spontanäußerungen ... 187
Spurenansatz ... 210
Staatlicher Strafanspruch ... 2
Staatsanwaltschaft ... 24
Strafbefehlsverfahren ... 257
Strafkammer
große ... 228
kleine ... 230
Strafklageverbrauch ... 267
beschränkter ... 124
Strafrichter ... 228
Strafsenate des Oberlandesgerichts ... 228
Strafvereitelung ... 31
Strengbeweis ... 18
Suspensiveffekt ... 223

Tagebuchaufzeichnungen ... 177
Tat im prozessualen Sinne ... 3
Tatbegriff, prozessualer ... 217
Tatverdacht, hinreichender ... 134
Täuschung ... 189
Technische Ermittlungsmaßnahmen
bei Mobilfunkendgeräten ... 111

Telekommunikationsüberwachung 95

Überhaft 53
Überwachung 94
Überwachung außerhalb von
Wohnraum 101
Umgrenzungsfunktion 136
Unerreichbarkeit eines Beweismittels 162
Ungeeignetheit, völlige 161
Unmittelbarkeitsgrundsatz 19, 167
Unterbringung 82
Untersuchung anderer Personen 90
Untersuchungsgrundsatz 15
Untersuchungshaftbefehl 44
Unzulässige Beschränkung der
Verteidigung 247
Unzuständigkeit des Gerichts 243
Urkundsbeweis 169
Urteil 216
Urteile, nichtige 269
Urteilsbegründung
fehlende 246
verspätete 246

Verborgen 46
Verbot der reformatio in peius 226
Verdeckte Ermittler 188
Verdunkelungsgefahr 48
Verfahren, beschleunigtes 262
Verfahrensfehler 238
Verfahrensgrundsätze 10
Verfahrenshindernisse 236
Verfahrensverstöße, willkürliche 197
Verfahrensvoraussetzungen 236
Verfolgung auf frischer Tat 56
Verkehrs- und Bestandsdaten 104
Verkündung des Urteils 216
Verletzter 39
Verletzung sachlichen Rechts 249
Vermögensabschöpfung 41
Verschleppungsabsicht 163
Verteidiger 30
Verteidigung, notwendige 33
Vertrauensperson 115, 188
Verzicht 226
V-Leute 188
Vollstreckungsverfahren 3, 9
Vorauswirkung 210
Vorermittlungen 4
Vorführung 54
Vorläufige Festnahme 56
Vorratsdaten 104
Vorschaltbeschwerde 129

Wahrunterstellung 163
Widerspruchslösung 199
Wiedereinsetzung in den vorigen Stand 252
Wiederholungsgefahr 50

Zeuge 35
angehöriger 207
auskunftsverweigerungsberechtigter 208
sachverständiger 38
Zeugnisverweigerungsrecht ..... 36 f.
Zwangsmaßnahmen 42
Zwischenverfahren 7, 26, 137